国家社会科学基金一般项目研究成果

温州大学 学术精品文库

城市公用事业 PPP项目

控制权配置对合作效率影响机制研究

龚军姣 ◎著

企业管理出版社
ENTERPRISE MANAGEMENT PUBLISHING HOUSE

图书在版编目（CIP）数据

城市公用事业PPP项目控制权配置对合作效率影响机制研究／龚军姣著．－北京：企业管理出版社，2022.5

ISBN 978-7-5164-2612-8

Ⅰ.①城… Ⅱ.①龚… Ⅲ.①政府投资－合作－社会资本－应用－城市－公用事业－研究－中国 Ⅳ.①F299.24

中国版本图书馆CIP数据核字(2022)第072360号

书　　名	城市公用事业PPP项目控制权配置对合作效率影响机制研究
书　　号	ISBN 978-7-5164-2612-8
作　　者	龚军姣
责任编辑	于湘怡
出版发行	企业管理出版社
经　　销	新华书店
地　　址	北京市海淀区紫竹院南路17号　　邮　　编：100048
网　　址	http://www.emph.cn　　电子信箱：1502219688@qq.com
电　　话	编辑部（010）68701661　　发行部（010）68701816
印　　刷	北京虎彩文化传播有限公司
版　　次	2022年5月 第1版
印　　次	2022年5月 第1次印刷
规　　格	700毫米×1000毫米　　开　本：1/16
印　　张	17.5印张
字　　数	238千字
定　　价	87.50元

版权所有　翻印必究　·　印装有误　负责调换

序 言

随着城市化进程的不断推进，城市公用事业的发展需要大量的资金支持，从2014年开始，政府有关部门就大力推行PPP（Public-Private-Partnership）模式，PPP模式成为推动我国城市公用事业发展、支持新型城镇化建设、改进政府公共服务和国家治理现代化的重要手段。如何鼓励民营企业参与城市公用事业PPP项目以提高公共服务供给效率，成为PPP模式有效运行的关键问题。从PPP发展的实际情况来看，不少民营企业参与的城市公用事业PPP项目合作效率不高。因此，如何分配PPP项目的控制权以提升PPP项目的合作效率，成为公私部门最为关注的问题之一。

许多研究文献从PPP项目控制权配置的角度来探讨合作效率，并通常采用模型分析或实验研究的方法，得出的研究结论虽然能够在一定程度上解释理论问题，但并没有对控制权配置影响PPP项目合作效率的作用机理进行深入分析，更缺少系统的案例研究。因此，相关研究结论缺乏可操作性，对实践中PPP项目合同的设计、签订和履约都缺乏现实指导意义。

由龚军姣博士主持的国家社会科学基金项目的研究成果——《城市公用事业PPP项目控制权配置对合作效率影响机制研究》，将由企业管理出版社出版，该书在龚军姣博士前期研究的基础上，以中国特色社会主义市场经济相对发达的温州市为主要研究场景，以富有企业家精神的温州民营企业参与的城市公用事业PPP项目为初始研究对象，聚焦垃圾处理、供水、污水处理、燃气和公交等五个行业，围绕控制权配置对PPP项目合作效率的影响机制做了系统深入研究，具有重要的理论价值和现实意义。

我认为，该书在以下几个方面较有特色。

第一，强调理论研究的实践性和应用性。作者对20个典型案例项目进行了30次正式访谈和46次补充访谈，获得24万余字的访谈资料，并到典型城市做了大量实地调研，掌握了大量第一手资料，使该书的理论研究具有坚实的实践基础。同时，作者对垃圾处理、供水、污水处理、燃气和公交等五个城市公用行业的PPP项目合作效率的差异进行较为系统的探讨，使该书具有较强的应用性。

第二，研究结论新颖，具有理论创新。该书运用公共管理学、政府管制经济学、产业经济学等学科理论，构建了"控制权配置—政企行为—PPP项目合作效率"的理论逻辑，提出逻辑主线：①城市公用事业PPP项目合作效率的高低取决于政企之间的控制权配置，合理的控制权配置可以有效引导政企行为；②民营企业拥有的控制权是提升城市公用事业PPP项目合作效率的重要动力，而动力的大小取决于政府行为和企业行为的实施力度。研究发现，城市公用事业PPP项目控制权配置因回报机制、行业产品或服务的公共化程度与路径依赖、区域经济发展水平和民营企业投资额度而不同。这些研究内容和结论将进一步完善控制权配置理论和合作效率理论体系。

第三，研究方法和设计切合研究主题。该书采用了跨学科的，解释性案例研究的研究方法。解释性案例研究的目的是获取有关起因和结果之间联系的证据，需要结构化的研究设计和强检验来获得因果链的深度解释。从该书的研究目的、研究对象和研究问题来看，更适合采取解释性案例研究方法，在遵循案例研究程序规范和数据分析规范的基础上，解释性案例获得的分析性结论而非统计性结论同样具有普遍意义。

第四，对策和建议具有一定的可操作性。该书从政府和企业两个层面提出具有一定决策参考价值和可操作性的建议，有利于PPP持续健康发展。一方面，政府需要结合地域特征，依据企业动态能力调整控制力度，激发民营企业自主创新的潜能。另一方面，企业需要不断提升动态能力突破政企合作信任瓶颈。尤其是该书对企业动态能力维度的划分和编码，可以为政府提供一个综合评价模板，同时联合银行、保险等机构多渠道完善评估标准，从而更准确地了解企业的动态能力，具有较强的可操作性。

我认为，该书是一本具有较高学术水平和应用价值的专著，有助于丰富和发展控制权理论和PPP项目合作效率理论，创新政企合作效率研究方法，为政府部门评价企业动态能力提供理论依据，进而促进PPP模式稳定发展。当然，该书提出的一些理论观点尚需要实践检验并不断完善。

王俊豪

二〇二二年四月十五日于杭州

前 言

城市公用事业作为城市发展的基础性事业，为城市居民的日常生活和企业的生产经营活动提供了必不可少的产品和服务。随着城市化进程的不断推进，城市公用事业的发展需要大量的资金支持，政府肯定PPP（Public-Private-Partnership的缩写，又称公私合作制，以下简称PPP）模式是推动我国城市公用事业发展、支持新型城镇化建设、改进政府公共服务和国家治理现代化的重要手段。

从发展历程来看，我国城市公用事业PPP大致经历了六个阶段：探索—小规模试点—推广试点—短暂停滞—"井喷式"发展—理性发展（从井喷式增长到严控PPP项目，强调PPP项目合作效率）。为了提高公共服务供给效率，鼓励民营企业进入城市公用事业PPP项目的政策目标和制度支持日益明确。然而，从国际和国内PPP发展情况来看，民营企业参与的城市公用事业PPP项目合作效率普遍不高。在一些区域存在政府和企业反复"讨价还价"现象，类似反复议价，"一抓就死，一放就乱"。

民营企业参与的城市公用事业PPP项目的合作效率客观上存在差异，探讨这种差异的形成，对政府和民营企业都可以提供有价值的参考。

PPP项目的合作效率在实践中是公私部门最为关注的问题之一，在理论界也引起学者的广泛探讨。本研究以民营企业参与的城市公用事业PPP项目为研究对象，聚焦垃圾处理、供水、污水处理、燃气和公交等五个行业，围绕控制权配置对PPP项目合作效率的影响机制展开研究。本研究试图解决以下四个紧密相关的子问题：其一，城市公用事业PPP项目的控制权和政企行为的维度构成；其二，城市公用事业PPP项目控制权配置对项目合作效率的影响机制；其三，控制权配置影响城市公用事业PPP项目合作效率的边界条件；其四，企业动态能力和政企行为对提升城市公用事业PPP项目合作效率的作用机理。

为了解决以上问题，本研究在汲取国内外相关研究成果的基础上，先以垃圾处理行业的PPP项目为研究对象，通过嵌入式探索性案例研究，初步建构了城市公用事业PPP项目控制权配置对合作效率影响的理论模型，厘清了城市公用事业PPP项目控制权配置与合作效率的关系；进而采用解释性案例研究与探索性案例研究相结合的方法，对供水、污水处理、燃气和公交四个行业在不同区域、采用不同回报机制的典型PPP项目进行案例内比较与案例间分析，得到一系列研究命题。通过归纳从不同行业得到的研究命题的共同点和差异点，剖析形成差异的可能原因，得出本研究的结论并提出相应的建议。

本研究具有跨学科的特点，涉及公共管理学、政府管制经济学、产业经济学等学科理论，结合提升我国城市公用事业PPP项目合作效率的现实需要，对中国特色PPP理论体系和实践问题做了尝试性探索，并努力在以下方面有所创新。

1. 在研究内容方面，尝试构建了城市公用事业PPP项目控制权配置、政企行为与项目合作效率的理论分析框架，论证了政企行为对城市公用事业PPP项目控制权配置与项目合作效率关系的中介效应，诠释了企业动态能力对控制权配置与合作效率关系的调节效应。首先，本研究构建了"控制权配置—政企行为—PPP项目合作效率"的理论逻辑，提出逻辑主线：①城市公用事业PPP项目合作效率的高低取决于政企之间的控制权配置，合理的控制权配置可以引导政企行为；②民营企业拥有的各类控制权是提升城市公用事业PPP项目合作效率的重要动力，而动力的大小取决于政府行为和企业行为的实施力度。其次，本研究诠释了三种典型的影响路径：①民营企业拥有的控制权直接影响城市公用事业PPP项目合作效率；②民营企业拥有的控制权直接影响政企行为；③政企行为作为中介变量影响民营企业拥有的控制权与城市公用事业PPP项目合作效率的作用路径。上述影响路径搭建了完整的论证逻辑。本研究以两个具体概念阐释为基础：①明确城市公用事业控制权的概念界定与构成维度，通过梳理有关文献，基于城市公用事业PPP项目的特征对控制权配置的构成维度进行了划分；②不同行业中的政企行为具备不同的协同力度，针对性地影响了城市公用事业PPP项目合作效率，具备不同的影响路径。因此，本研究将政企行为划分为政府行为和企业行为两类，政府行为由政府项目治理、政府服务和政府支持与保证三个维度构成；企业行为由自利性投入和公益性投入两个维度构成，分别考察政府行为和企业行为各个维度对控制权配置与城市公用事业PPP项目合作效率的桥梁作用。最后，本研究的假设前提是政府愿意让渡更多控制权给民营企业，且民营企业有能力、有实力、可驾驭拥有更多的控制权，并总是积极争取更多的控制权。基于上述潜在假设，本研究提炼出影响PPP项目合作效率的重要调节变量——企业动态能力。当政府专注于项目治理、提供服务，以及提供支持与保证，企业动态能力将会调节控制权配置对合作效率的影响程度，有助于提升合作效率。通过深度访谈和剖析供水、污水处理、燃气和公交四个不同行业的PPP项目，验证了企业动态能力与控制权配置对城市公用事业PPP项目合作效率的交互影响。本研究结合已有研究成果和对20个案例的深入访谈，进一步提炼出企业动态能力的三个主要维度，即技术能力、融资能力和资源配置能力。

2. 在研究设计方面，建构了跨学科的、解释性案例研究的研究方案。研究过程中对20个案例项目进行了30次正式访谈和46次补充访谈，获得24万余字的访谈资料。解释性案例研究的目的是获取有关起因和结果之间联系的证据，需要结构化的研究设计和强检验来获得因果链的深度解释。之所以采取解释性案例研究来获得研究结论，主要基于两点。第一，在遵循案例研究程序规范和数据分析规范的基础上，解释性案例获得的分析性结论而非统计性结论同样具有普遍意义。第二，本研究的研究目的、研究对象和研究问题更适合采取解释性案例研究方法。原因为：①从研究目的来看，本研究以不完全契约理论、资源基础理论、动态能力理论和政企合作治理理论为研究基础，从"激励—反应"视角揭示城市公用事业PPP项目控制权配置对合作效率的影响机制；②从研究对象来看，城市公用事业PPP项目合作效率是具有情境化特征的构念，而案例研究方法比较适合探讨特定情境下的演化过程与机理分析，有助于充分展示研究对象的动态演变规律，通过剖析典型案例，可以发现变量之间独特的因果关系；③从研究问题来看，本研究主要回答城市公用事业PPP项目的控制权配置对合作效率的影响机理，PPP项目多行业多案例研究有助于把握城市公用事业PPP项目政企之间控制权配置对合作效率影响的微观机理和形成机制。另外，多案例研究遵循复制法则，每个案例相当于一个独立的实验，使得个案之间得以进行反复验证，在比较中从多维度、多角度提炼理论，识别潜在因果关系并提升理论的外部效度，能够构建更具普适性的理论。

3. 在研究结论方面，尝试性地提出了提升城市公用事业PPP项目合作效率的基本建议和思路。在探索性案例研究和解释性案例研究的基础上，本研究从政府和企业的角度出发提出了借鉴性建议。一方面，政府需要客观评估企业的动态能力，并据此调整政府控制的力度，激发民营企业自主创新潜能，政府还需要结合地域特征、回报机制、行业产品或服务的公共化程度、路径依赖和锁定效应进行综合权衡,以制定相对最优的政府控制策略;另一方面,企业必须不断提升动态能力,因为动态能力的提升是突破合作信任瓶颈、激发创新潜能的必要条件。上述建议和思路为政府筛选优质民营企业参与城市公用事业PPP项目提供了可操作的实施方案,为民营企业明确参与城市公用事业PPP项目需要具备的资源储备和能力储备提供了有价值的参考和借鉴。

本书是国家社会科学基金一般项目"公私合作制权益配置对合作效率的影响机制研究(16BGL151)"的主要研究成果。作为本项目的阶段性研究成果,本书的部分成果已公开发表,具有一定的学术价值。同时,本项目强调理论联系实际,项目主持人参与王俊豪教授两份与本项目紧密相关的咨询报告的调研,并负责起草报告部分内容。两份咨询报告分别于2017年2月和2017年5月获领导批示。这些成果对PPP项目实践具有一定的指导意义,也成为本研究具有一定应用价值的实践基础。

本研究也是温州大学和温州龙湾区政府有关成员的集体研究成果。项目主持人龚军姣负责拟定本研究的基本框架和写作提纲,并负责修改定稿。参与撰写的作者有温州大学龚军姣副教授,温州大学张敏教授,参加资料收集和书稿校对的还有程倩萍、鲁颖钰、蒋景平、施皓、邱旋、梅象浠等。

特别要感谢在本项目前期研究中,浙江财经大学原校长、教育部长江特岗学者、浙江省特级专家、国家级教学名师王俊豪教授,伟明集团有限公司项光明董事长,伟明环保投资部吴默总经理和林攀副总经理,温州市城乡建设处赵璋处长,温州市住建委姚毕华,温州市瓯飞开发建设投资集团有限公司张春旭总经理等专家和领导的多次指导与大力支持。感谢温州大学和温州人经济研究中心的出版资助。当然,本研究若有不当之处,完全由作者负责。

本研究汲取和引用了国内外很多学者的研究成果,并尽可能做了说明和注释，在此对有关专家学者一并表示感谢。本书能在较短时间内高质量出版，还要感谢企业管理出版社的大力支持。

无论从理论角度看还是从实践角度看，城市公用事业PPP项目合作效率提升问题都需要认真研究和探索，本研究结合当前城市公用事业PPP项目实践进行了理论探索，许多问题还有待后续研究，尽管作者尽了最大努力，但由于水平有限，难免存在不少缺陷，敬请各位专家学者批评指正。

龚军姣

二〇二二年二月

目 录

第一章 研究背景、研究意义与研究内容 1

第一节 研究背景 2
一、研究的实践背景 2
二、研究的理论背景 5
三、研究的核心问题 8

第二节 研究目的与意义 10

第三节 关键概念的界定 12
一、城市公用事业PPP项目合作效率 12
二、城市公用事业PPP项目控制权 13
三、政府行为和企业行为 15
四、企业动态能力 15

第四节 研究方法与技术路线 16
一、研究方法 16
二、技术路线 18
三、结构安排 20

第二章 文献与理论研究述评 23

第一节 城市公用事业PPP项目合作效率的文献研究 24
一、城市公用事业PPP项目合作效率研究理论基础 24
二、城市公用事业PPP项目合作效率影响因素识别 29

三、城市公用事业PPP项目合作效率的评价与衡量 34

第二节 控制权配置的文献研究 36
一、城市公用事业PPP项目控制权配置 36
二、城市公用事业PPP项目控制权配置的影响因素 39

第三节 政企行为的文献研究 42
一、城市公用事业PPP项目政府行为及其分类 42
二、城市公用事业PPP项目企业行为及其分类 43
三、控制权配置、政企行为与合作效率 43

第四节 研究评述 44

第三章 数据分析方法 47

第一节 案例研究方法概述 48
一、案例研究的关键问题 48
二、案例研究的分类 49

第二节 案例研究的规范化设计 52
一、程序规范化 53
二、数据分析规范化 53

第三节 案例研究方法评述 56

第四章 城市公用事业PPP项目控制权配置与合作效率关系的探索性案例研究 61

第一节 理论背景与理论预设 62

第二节 研究设计 66
一、多案例研究的设计逻辑 66
二、案例的选取标准 67
三、案例研究的信度与效度 69

第三节 案例项目背景 74
一、L项目 74
二、R项目 75

三、Y项目 75

四、C项目 76

第四节 案例内分析 77

一、控制权配置 77

二、政企行为 80

三、合作效率 83

第五节 多案例比较研究 84

一、控制权配置与合作效率 85

二、政企行为对控制权配置与合作效率关系的中介效应 88

第五章 供水行业PPP项目控制权配置与合作效率关系的解释性案例研究 101

第一节 案例项目背景 102

一、Q项目 102

二、N项目 103

三、H项目 103

四、S项目 103

第二节 研究设计与数据来源 105

一、资料收集 105

二、资料编码 106

三、构念测度 108

第三节 案例分析与研究发现 111

一、控制权和企业动态能力交互效应下供水行业PPP项目合作效率分析框架 111

二、案例内分析与案例间分析 113

三、供水行业PPP项目合作效率的影响机制 128

第四节 研究结论 131

第六章　污水处理行业PPP项目控制权配置与合作效率关系的解释性案例研究　133
　第一节　案例项目背景　134
　　一、H项目　134
　　二、J项目　134
　　三、N项目　135
　　四、R项目　135
　第二节　研究设计与数据来源　137
　　一、资料收集　137
　　二、资料编码　138
　　三、构念测度　140
　第三节　案例分析与研究发现　143
　　一、控制权和企业动态能力交互效应下污水处理行业PPP项目合作效率分析框架　143
　　二、案例内分析与案例间分析　144
　　三、污水处理行业PPP项目合作效率的影响机制　158
　第四节　研究结论　161
第七章　燃气行业PPP项目控制权配置与合作效率关系的解释性案例研究　163
　第一节　案例项目背景　164
　　一、S项目　164
　　二、G项目　164
　　三、X项目　165
　　四、H项目　165
　第二节　研究设计与数据来源　167
　　一、资料收集　167
　　二、资料编码　167
　　三、构念测度　170

第三节　案例分析与研究发现　172
　　一、控制权和企业动态能力交互效应下燃气行业PPP项目合作效率
　　　　分析框架　173
　　二、案例内分析与案例间分析　174
　　三、燃气行业PPP项目合作效率的影响机制　189
第四节　研究结论　191

第八章　公交行业PPP项目控制权配置与合作效率关系的解释性案例研究　193

第一节　案例项目背景　194
　　一、C项目　194
　　二、S项目　194
　　三、N项目　195
　　四、R项目　195
第二节　研究设计与数据来源　197
　　一、资料收集　197
　　二、资料编码　198
　　三、构念测度　200
第三节　案例分析与研究发现　203
　　一、控制权和企业动态能力交互效应下公交行业PPP项目合作效率
　　　　分析框架　203
　　二、案例内分析与案例间分析　205
　　三、公交行业PPP项目合作效率的影响机制　219
第四节　研究结论　221

第九章　结论及建议　223

　　一、研究结论　224
　　二、对策建议　237
　　三、局限性和不足之处　239

参考文献　241

<第一章>
研究背景、研究意义与研究内容

第一节 研究背景

一、研究的实践背景

作为城市发展的基础性事业，城市公用事业为城市居民的日常生活和企业的生产经营活动提供必要的产品和服务。一方面，随着城市化进程的不断推进，城市公用事业的发展需要大量的资金支持。党的十九大报告提出"全面实施市场准入负面清单制度，清理废除妨碍统一市场和公平竞争的各种规定和做法"。这就意味着我国境内企业不分国有与民营，也不论规模大小，都将一视同仁，在涉及的市场领域方面，除了少数涉及国家主权的经济行为，各行业都可以引入负面清单制度，进一步放宽市场准入，充分发挥市场配置资源的能力（武常岐，2017）。同时，政府肯定PPP模式是推动中国城市公用事业发展、支持新型城镇化建设、改进政府公共服务和国家治理现代化的重要手段。另一方面，已有数据表明，民营企业参与的PPP行业领域中，事关国计民生的城市公用事业类占比最大，无论是累计落地示范项目数量，还是累计投资额，均位居第一。[1] 世界银行私人参与基础设施数据库的数据表明，中国城市公用事业PPP领域主要集中在城市供水、污水与垃圾处理、管道燃气、道路交通等行业。

从发展历程来看，中国城市公用事业PPP大致经历了六个阶段。

1. 探索阶段（1984—1993）

无政府部门牵头。

2. 小规模试点阶段（1994—2002）

逐步引入民间资本，并建立现代企业制度。试点工作由原国家计划委员会

---

[1] 中国PPP服务平台.全国PPP综合信息平台项目管理库2018年报 [EB/OL]. http://www.chinaPPP.cn/newscenter/newsdetail_16446.html, 2019-01-31.

（2003年改组为国家改革和发展委员会）有组织地推进，掀起了第一轮城市公用事业PPP高潮。

3. 推广试点阶段（2003—2005）

党的十六届三中全会鼓励民间资本参与城市公用事业的建设、运营与管理，国企、民企和外企等社会资本均积极参与。BOT、TOT、BOO、ROO、MBO、BT和PPP等模式应运而生。该阶段最典型的案例是上海竹园第一污水处理厂和北京地铁四号线项目。

4. 短暂停滞阶段（2006—2012）

随着民营企业全面渗透城市公用事业领域，市场失灵问题逐渐显现。比如，部分政府想要快速将现有资产套现，为新建项目筹集资金，未公开招投标，直接采取协议方式转让产权和授予特许经营权，导致难以实现合理的资产或经营权价格。同时，错位的理念使一些政府行为短期化，将很多城市公用企业的资产当成包袱甩卖，不愿意承担相应的责任。这种做法不仅使政府缺乏与私人部门长期合作的精神，还造成在公私合作的过程中对私人投资者支持、协调和监督不足。建设部于2005年发布了《关于加强市政公用事业监管的意见》，民营企业进入城市公用事业的步伐明显放缓（王俊豪，2011）。

5. "井喷式"发展阶段（2013—2016）

党的十八届三中全会提出"使市场在资源配置中起决定性作用"，2013年财政部部长楼继伟在PPP专题报告中，高度肯定PPP模式在改善国家治理、转变政府职能、促进城镇化等方面的重要作用。2014—2016年，PPP项目呈井喷式增长，中央和地方均推出大量PPP项目，掀起PPP发展的第三轮高潮。与以往不同，此轮PPP发展强调社会资本与政府共享利益、共担风险，制度配套上更加完善，并提出PPP立法。

6. 理性发展新阶段（2017年至今）

国家开始严控PPP项目，强调PPP项目合作效率。主要表现在以下几个方面。第一，财政部集中清理已入库项目，并多次发文强调新PPP项目入库标准，建立"正负面"清单，完善"能进能出"动态调整机制。并且明确如果一个地区的财政支出责任占比超过5%，就不能新增由政府付费的PPP项目。2020年，财政部又提出绩效管理理念，强化PPP项目的全生命周期绩效管理。第二，国家发展改革委员会发布《关于依法依规加强PPP项目投资和建设管理的通知》，规定所有拟采用PPP模式的项目，均须开展可行性论证。第三，国资委发文强调规范PPP股权投资，明确各地国有企业要严控PPP等高风险业务，从而在制度上控制央企、国企参与PPP项目（刘旭，2021）。

可见，为了提高公共服务供给效率，鼓励民营企业参与城市公用事业的制度支持和政策目标日益明确，政策措施不断具体化已成为大势所趋。然而，从国际和国内PPP发展情况来看，民营企业参与的城市公用事业PPP项目合作效率普遍不高。在一些区域存在政府和企业反复"讨价还价"现象，类似反复议价，"一抓就死，一放就乱"。比如，从国际PPP实践来看，Guasch等（2008）对拉丁美洲地区307个PPP项目进行实证研究，结果发现，在218个交通项目中，再议价的比例高达45.4%。从国内PPP实践来看，我国PPP项目也存在一些合作效率低下的案例（邵颖红等，2019）。

民营企业参与的城市公用事业PPP项目之间的合作效率在客观上存在差异。这种差异到底是如何产生的呢？这是摆在政府和民营企业面前一个亟需解决的问题。

二、研究的理论背景

对控制权进行合理的配置不仅能够降低交易成本，而且能够激励当事人进行专用性投资，从而增加交易收益，提升合作效率。因此，学术界一致认为，控制权配置的合理性是决定PPP项目合作效率的关键（叶晓甦，易朋成和吴书霞，2016；张喆，贾明和万迪昉，2009）。有关PPP项目控制权配置的研究始于私营部门间合作生产私人物品的控制权配置模型GHM，该模型提出控制权配置是决定企业间合作效率的关键。在此基础上，Hart，Shleifer和Vishny（1997）在不完全契约框架中首次引入公共部门，讨论了公共部门的最佳边界问题，并提出了有关公共品应该是公共部门所有还是私人部门承包这一问题的理论模型（即HSV模型）。随后，Besley和Ghatak（2001）用GHM的不完全契约思想研究了在合作生产纯公共品时控制权在公私部门之间的分配问题。借鉴这些研究，国内学者张喆，贾明和万迪昉（2009）；张淑华和李潘武（2019）；张云华（2020）发现政府主导下的中国PPP项目控制权配置对合作效率的重要影响。

关于PPP项目合作效率的决定因素，学者主要有以下几种观点。第一，控制权配置是造成PPP项目合作效率差异的主要原因（张喆，贾明和万迪昉，2009；叶晓甦和戚海沫，2015；张淑华，2019）。比如叶晓甦和戚海沫（2015）从控制权视角，发现主要有三个层次共11个关键因素会影响PPP项目合作效率。其中，在制度—监管层面，政府政策是影响PPP项目合作效率的首要因素。在契约管理层面，履约能力作为控制权实现的保障，对PPP项目合作效率的影响起着主导作用。在建设运营层面，承包商管理、运营能力及风险管控因素可以统一归纳为公共项目管理问题。这些关键因素的发现，为提出改善PPP项目合作效率的建议提供了有力依据。第二，龚军姣和张敏（2020）认为影响民营企业参与城市公用事业PPP项目的因素、PPP项目绩效等，也可以认为是影响城市公用事业PPP

项目合作效率的因素。并通过整合已有文献，将民营企业参与的城市公用事业PPP项目合作效率影响因素归纳为政府主导型因素和企业主导型因素。其中，政府主导型因素包括政策法规、政府承诺缺失、公平竞争、风险分配、政企关系、政府观念、风险评估。此外，政府行为也是影响PPP项目合作效率的政府主导的因素之一（Abednego和Ogunlana，2006；Panayides和Parola，2015；Sabry，2015；Wu等，2018；王守清，张博和牛耘诗，2019）。企业主导型因素包括技术经验和机会识别（龚军姣和张敏，2020）。在此基础上，本研究认为企业动态能力（包括技术能力、管理能力和融资能力）是决定PPP项目合作效率的关键因素。这是因为，对于民营企业参与的城市公用事业PPP项目而言，民营企业的动态能力取决于它们能够持续为项目带来什么及带来多少资源，如果政府严重依赖于一个民营企业所贡献的资源，而且其他企业要么无法提供，要么相当昂贵，那么这个民营企业的动态能力就会转化为可以获取更高的控制权的筹码，进而影响合作效率。值得注意的是，企业的努力行为也会对基础设施PPP项目合作效率产生影响（张淑华，2019）。张喆，贾明和万迪昉（2009）研究发现，企业的自利性投入会降低PPP项目合作效率，公益性投入会提升PPP项目合作效率。

以上观点对于理解民营企业参与的城市公用事业PPP项目合作效率都有着重要意义：PPP项目合作效率主要受政府主导，如政策法规、政府承诺、政府行为等；PPP项目合作效率的高低取决于企业的实力和主观能动性的发挥，如企业动态能力和企业行为；PPP项目合作效率取决于政企之间的合作，如控制权配置等。PPP项目的实践告诉我们，PPP项目的合作效率一定是政府和企业共同影响的结果，但它们却很少被纳入同一个研究框架中。

尽管一些学者已经意识到控制权配置对PPP项目合作效率的重要影响，但是现有PPP项目控制权配置的研究多采用模型分析或实验研究的方法，得出的研究结论虽然能够在一定程度上揭示其内在规律，但往往缺乏可操作性，对于实践中PPP项目合同的设计与签订缺乏现实的指导意义。由于上述领域缺少系统的案例研究，对控制权配置影响PPP项目合作效率的作用机理缺乏细致刻画与深入探讨，民营企业参与的城市公用事业PPP项目合作效率的研究还处于起步阶段。特别是在以下几个关键问题上还需要进一步明确。第一，哪些控制权对民营企业参与的城市公用事业PPP项目合作效率产生影响？第二，民营企业参与的城市公用事业PPP项目中，政府和企业都有哪些典型行为？第三，控制权配置是否可以影响政企行为，从而影响PPP项目合作效率？综合考虑以上问题，以及国内外现有研究的不足，本研究的目的就是从控制权配置的视角探讨PPP项目合作效率的影响机理，并将控制权与政企行为纳入同一个研究框架，试图探索控制权配置在城市公用事业PPP项目合作效率中所发挥的作用，期望可以弥补PPP项目合作效率和控制权配置理论的不足。本研究通过阐明控制权配置如何影响城市公用事业PPP项目合作效率，从而揭示城市公用事业PPP项目合作效率差异的根本原因。本研究通过访谈和调研参与城市公用事业PPP项目的民营企业、政府相关部门，采用理论探索与经验研究、探索性案例研究和解释性案例研究相结合的方法，分析影响民营企业参与的城市公用事业PPP项目的控制权配置，以及政府和企业的主要行为，并探索控制权配置对城市公用事业PPP项目合作效率的影响机制。同时分析控制权配置在企业动态能力的调节作用下影响城市公用事业PPP项目合作效率的机理，并探索政企行为作为控制权配置对城市公用事业PPP项目合作效率影响的中介效应。希望本研究在控制权配置与城市公用事业PPP项目合作效率的关系方面所进行的探索性研究可以起到抛砖引玉的作用。

三、研究的核心问题

基于上述实践背景和理论背景，一个关键的问题是：在同样的制度环境下，为什么有些城市公用事业PPP项目合作效率高，而有些城市公用事业PPP项目合作效率低甚至合作项目不得不终止？本研究拟在已有研究的基础上，以城市公用事业PPP项目控制权配置为切入点，结合合作效率理论，探讨城市公用事业PPP项目控制权配置对合作效率的作用机理。为了揭示其机理过程，本研究从政府行为和企业行为两个维度探讨政企行为是否在控制权配置与城市公用事业PPP项目合作效率之间充当中介角色，尝试构建"控制权配置—政企行为—PPP项目合作效率"的理论逻辑和分析框架。重点探讨以下四个子问题。

子问题一：探讨城市公用事业PPP项目的控制权和政企行为的维度构成。

Fama（1983）、叶晓甦等人（2011）、江其玫等人（2019）将控制权分为提议权、审批权、执行权、监督权四个特征维度。因为审批是决策过程中构想和行动的临界点，且明确由一个主体单独拥有，所以审批权是控制权的核心。杜亚灵和王剑云（2013）直接用审批权代替控制权进行研究。参考已有研究成果，本研究基于实地访谈与三角验证，识别当前我国城市公用事业PPP项目实践的典型特征，提炼出影响城市公用事业PPP项目合作效率的控制权类型。本研究提出城市公用事业PPP项目的提议权、审批权和执行权是控制权的三个核心维度。城市公用事业所提供的产品和服务基本属于准公共产品，国家出台一系列政策鼓励民营企业积极参与，通过提升企业的专业能力和市场的调节效率，从而提高PPP项目的供给效率。但是，城市公用事业民营化和市场化的同时，更加需要政府的有效监管。因此，我国城市公用事业PPP项目的监督权基本由政府掌控，以政府监督民营企业为主，不存在政企之间的分配，因而本研究未将监督权涵盖在内。提议权和执行权同样重要，且项目之间存在显著差异，也应该关注。

已有文献将影响PPP项目绩效的政府行为主要分为四个方面：政府前期准备、项目治理、政府服务和政府支持与保证。考虑到本研究关注的是控制权配置之后的政府行为，所以政府前期准备不纳入研究。本研究的政府行为主要由项目治理、政府服务、政府支持与保证三个维度构成。参照张喆，贾明和万迪昉（2009）的研究，本研究的企业行为由自利性投入和公益性投入两个维度构成。

子问题二：揭示城市公用事业PPP项目控制权配置对项目合作效率的影响机制。

以往的研究缺少控制权配置对城市公用事业PPP项目合作效率影响的案例研究，更少有研究涉及二者之间的影响机理。但是，揭示控制权配置对城市公用事业PPP项目合作效率的作用机制，打开二者之间的"黑箱"，应该是未来的研究趋势。

子问题三：探索控制权配置影响城市公用事业PPP项目合作效率的边界条件。

从控制权视角来研究其对PPP项目合作效率的影响大体上都是采用模型分析或实验研究的方法，将PPP项目全过程或所划分成的若干时区的控制权视为一个整体，并在政府部门和私营部门之间按照某一比例进行配置，得出控制权配置与PPP项目合作效率的关系。本研究结合民营企业参与的城市公用事业PPP项目的实际情况，将控制权视为一个权利束，依据PPP项目全过程中的决策节点将其解构为各个具体权利，并通过项目合同获取各项权利在公私之间的配置情况。从控制权配置视角，通过探索性案例研究，构建了控制权的三个维度（提议权、审批权和执行权）对城市公用事业PPP项目合作效率影响的概念模型，在此基础上，采用解释性案例研究方法，以城市公用事业不同行业为对象，对此概念模型进行实证检验。

本研究的假设前提是政府愿意让渡更多控制权给民营企业，且民营企业有能力、有实力、可驾驭拥有更多的控制权，并总是积极争取更多的控制权。基于上述潜在假设，本研究探索控制权配置影响PPP项目合作效率的理论边界，提炼出影响PPP项目合作效率的重要调节变量——企业动态能力，并讨论其理论意义与实践意义。

子问题四：探索企业动态能力和政企行为对城市公用事业PPP项目合作效率的作用机理。

通过深度访谈和剖析城市公用事业不同行业的PPP项目实施进程，探索企业动态能力是否会正向调节控制权配置对合作效率的影响程度，企业动态能力如何与控制权配置交互影响城市公用事业PPP项目的合作效率。同时，结合本研究主题，对政企行为的分类、政企行为与PPP项目合作效率的关系进行理论综述。通过深度访谈与理论分析，提出政企行为与城市公用事业PPP项目合作效率关系的命题，通过解释性案例研究，厘清政企行为对PPP项目合作效率的作用机理。

第二节　研究目的与意义

影响城市公用事业PPP项目的合作效率关键因素是什么？不完全契约理论的观点是，控制权配置是影响项目合作效率的关键变量。事实上，政府和民营企业都开始关注风险分担与收益分享机制对交易设计的影响。张喆，贾明和万迪昉（2009）；赖丹馨和费方域（2010）等也提出控制权配置是影响PPP项目合作效率的决定性因素。考察城市公用事业PPP项目合作效率的影响机制，可以有效地揭示城市公用事业PPP项目合作效率差异的本质，阐释控制权配置的作用机理。鉴于此，本研究的主要目的是以提升城市公用事业PPP项目合作效率为核心目标，探讨控制权配置的影响及其影响机制。为了清楚地揭示控制权配置对民营企业参与的城市公用事业PPP项目合作效率的影响机制，本研究借助不完全契约理论、委托代理理论、资源基础理论、合作治理理论和动态能力理论等，运用探索性案例研究和解释性案例研究，对影响城市公用事业PPP项目的合作效率的内在机理予以揭示。

本研究的理论意义与贡献。

首先，一方面，中央到地方都肯定PPP模式在改善国家治理、转变政府职能、促进城镇化等方面的重要作用；另一方面，为了提高公共服务供给效率，鼓励民营企业进入城市公用事业的政策目标和制度支持日益明确，政策措施不断具体化。在这样的背景下，结合不完全契约理论、委托代理理论、资源基础理论和合作治理理论，对民营企业参与的城市公用事业PPP项目中控制权配置的影响作用以及影响机制进行探讨，丰富并深化了控制权配置理论和合作效率理论，有助于推动这两个领域的发展与融合。

其次，本研究剖析了控制权配置对城市公用事业PPP项目合作效率的影响机制，一方面弥补了当前城市公用事业PPP项目合作效率理论的缺乏；另一方面也为政府和民营企业利用控制权合理配置，激励政府和企业公益性投入，从而提升PPP项目合作效率提供了一些指导。同时，为了揭示控制权配置对城市公用事业PPP项目合作效率影响的"黑箱"，本研究在已有研究的基础上，分析和检验了政企行为的中介效应，提出控制权配置是通过激励政企行为，从而提升PPP项目合作效率。

最后，根据理论的潜在假设，本研究分析企业动态能力对控制权配置与城市公用事业PPP项目合作效率的调节作用，有助于加深现有研究对PPP项目合作效率差异的解释。

本研究的实践意义。

首先，政府和民营企业之间的控制权配置对城市公用事业PPP项目的合作效率起着至关重要的作用。一般来说，企业与企业之间的合作提议和执行由同一主体完成，审批和监督由同一主体完成。政府与企业之间的合作并不全是如此，因为审批和监督并不由同一主体完成。值得注意的是，除了审批权，提议权和执行权也同样会影响城市公用事业PPP项目的合作效率。

其次，民营企业拥有更多的控制权已成为城市公用事业PPP项目获得更高合作效率的关键，这就要求，一方面，政府要有意识地让渡更多控制权给民营企业，以激励其加大公益性投入；另一方面，政府要提升城市公用事业PPP项目治理能力，提供更多的服务、支持与保证，从而提升城市公用事业PPP项目合作效率。

最后，城市公用事业PPP项目合作效率涉及很多方面，除了受控制权配置的影响之外，还会受到企业动态能力的影响，这是因为企业动态能力的不同会导致控制权配置对合作效率的影响程度不同。

第三节　关键概念的界定

一、城市公用事业PPP项目合作效率

城市公用事业指在城市区域内，通过基础设施向个人和组织提供普遍必需品和服务的产业（刘戒骄，2007）。本研究所指的城市公用事业主要包括垃圾处理、供水、污水处理、燃气、公交等经营性行业。

城市公用事业行业具有以下共同的基本特征：民生必需性、自然垄断性、网络性、产品或服务具有准公共物品的性质、地域性、产品或服务供给的连续

性和消费的非均衡性、产品或服务具有较强的外部性等（仇保兴和王俊豪，2009；刘戒骄，2007）。

本研究中的城市公用事业PPP项目特指政府和民营企业合作的项目。民营企业和政府分别代表两种不同的资源配置手段，民营企业代表市场，使资源按照市场机制灵活配置，具有较高的效率；政府代表资源的计划配置方式，将资源配置到最需要的地方，提高市场失灵状态下的效率。在合作供给中，政府提供项目治理、服务、财政支持等，民营企业提供资金、技术和管理等，二者通过资源整合和优化配置，节约交易成本和增加交易收益是政府和企业的共同目标。所以本研究参考王熹（2012）和邵颖红等（2019）的研究，用交易收益和交易成本来衡量城市公用事业PPP项目的合作效率。如果交易成本低，交易收益高，就认为城市公用事业PPP项目合作效率高，反之，合作效率低。

二、城市公用事业PPP项目控制权

一些学者从不同角度对企业控制权进行界定。如德姆塞茨认为，企业控制权是一组排他性使用和处置企业稀缺资源的权利束。周其仁则认为企业控制权指对企业的业务经营和决策有主导性的权力，是排他性地利用企业资产的权利，尤其是利用企业资产从事投资和市场运营的决策权。

PPP项目控制权是企业控制权在PPP项目上的具体表现形式（张淑华等，2019），在此基础上，学者提出了PPP项目控制权的定义。徐霞和郑志林（2009）认为，PPP项目控制权是围绕"决策"过程的一系列权利，决策是实现PPP项目控制权的载体。将PPP项目控制权定义为PPP项目参与主体掌握项目投资最终的决策权。叶晓甦等（2011）和王守清等（2017）认为PPP项目控制权是项目参与主体基于资源的投入而拥有的各种权利的集合。本研究参照杜亚灵和王剑云（2013）的研究，将控制权视为一个权利束，为了明确划分公私之间的权利，依据城市公用事业PPP项目全过程的控制节点将其解构为各个具体权利。从配置主体——政府和民营企业的角度，将项目合同中的条款转化为控制权配置。

借鉴江其玟等（2019）的研究结论，本研究识别出城市公用事业PPP项目合同中涵盖的28项决策，且不同的决策可能发生在项目设计、施工、运营等阶段。根据Fama（1983）的理论，每一项的决策权利可以从四个方面加以描述，分别是提议权、审批权、执行权和监督权。提议权指决策主体提出或设计决策方案或计划的权利；审批权指决策主体在若干方案中选择或对计划是否可行进行判断的权利；执行权指决策主体将确定的方案或计划付诸实践的权利；监督权指决策主体对计划与方案的执行过程与结果进行跟踪评价的权利（杜亚灵和王剑云，2013）。其中，审批权的主体只能是一个，其他权利可由多主体共同拥有。

在已有研究成果的基础上，本研究基于实地访谈与三角验证，识别当前我国城市公用事业PPP项目实践的典型特征，提炼出影响城市公用事业PPP项目合作效率的控制权类型，提议权、审批权和执行权是城市公用事业PPP控制权的三个核心维度。城市公用事业所提供的产品和服务基本属于准公共产品，国家出台一系列政策鼓励民营企业积极参与，通过提升企业的专业能力和市场的调节效率，从而提高PPP项目的供给效率。在城市公用事业民营化和市场化的同时，更加需要政府的有效监管。因此，我国城市公用事业PPP项目的"监督权"基本由政府掌控，以政府监督民营企业为主，不存在政企之间的分配，因而本研究未将监督权涵盖在内。但是，提议权和执行权同样重要，且城市公用事业PPP项目之间存在显著差异，也应该关注。鉴于此，本研究将城市公用事业控制权分为提议权、审批权和执行权三个维度。

三、政府行为和企业行为

（一）政府行为

王守清，张博和牛耘诗（2019）认为，在PPP项目全生命周期过程中，"政府行为"特指由政府方发起或执行、有可能对PPP项目绩效产生影响的行为。影响PPP项目绩效的政府行为主要分为四个方面：政府前期准备、项目治理、政府服务和政府支持与保证。

借鉴已有研究，本研究的"政府行为"特指在城市公用事业PPP项目全生命周期过程中，由政府方发起或执行、有可能对城市公用事业PPP项目合作效率产生一定影响的行为。考虑本研究主要关注控制权配置之后的政府行为，所以未将"政府前期准备"纳入其中。因此，本研究的政府行为主要由项目治理、政府服务、政府支持与保证三个维度构成。

（二）企业行为

借鉴张喆，贾明和万迪昉（2009）的研究，本研究中的企业行为特指民营企业与政府合作城市公用事业PPP项目过程中的投入行为，包括自利性投入和公益性投入。其中，自利性投入指企业在合作过程中进行的给其自身带来收益，同时也会对合作项目收益产生负面影响的投入行为，包括企业在宣传产品、关联销售两方面的投入。公益性投入指企业以增加合作项目总收益为目的的公益性质投入，主要包括人、财、物的支持以及与第三方沟通协调的努力程度。

四、企业动态能力

动态能力理论是在组织理论、演化理论和资源基础理论的基础上发展起来的。由于不同的理论基础和研究视角，有关企业动态能力概念的界定目前并没有统一。国外代表性学者Teece和Pisano（1994）认为企业动态能力是企业能力的子集，可使企业快速适应外部环境的变化，可以分为适应能力、整合能力和重构能力三个维度。在此基础上，Teece（1997）提出企业动态能力指对内外部能力进行整合、构建和重构的一种能力，主要由整合能力、构建能力和重构能力三个维度构成。Helfat等（2003）认为企业动态能力是构建、扩展或者修改其资源基础的一种能力，主要由构建能力、获取能力、整合能力和释放能力四个维度构成。Wu（2010）将企业动态能力定义为整合能力、学习能力和资源重构能力。国内代表性学者贺小刚等（2006）提出动态能力主要强调学习和应对市场变化的能力，主要由市场潜力、组织柔性、战略隔绝、组织学习和组织变革五个维度构成。辛晴（2011）将企业动态能力定义为通过识别和获取外部知识并与已有知识进行整合，创造性地使用内外部知识资源，以实现新的资源组合的能力，主要由外部知识的搜寻识别、筛选评估和转化整合三个维度构成。寇元虎（2017）认为企业动态能力指通过学习知识，整合资源，以快速适应环境获取竞争优势的能力，主要由组织学习、整合重构和组织变革三个维度构成。

在已有研究成果的基础上，结合对20个案例的深入访谈、PPP项目的特征，以及PPP项目合作效率的关键影响因素，本研究对企业动态能力内涵的界定是：民营企业参与城市公用事业PPP项目的过程中，为了提高项目的合作效率，企业需要具备的获取资源和动员资源的一组能力。本研究将企业动态能力划分为三个维度，即技术能力、融资能力和资源配置能力。

第四节 研究方法与技术路线

一、研究方法

本研究采用理论研究结合案例研究、定性研究结合定量研究，文献梳理结合访谈调研的方法，遵循"文献梳理与理论推演—探索性案例研究—解释性案例研究—形成结论"的研究思路逐步深入。具体研究方法如下。

（一）文献梳理与理论推演

为了探讨控制权配置对城市公用事业PPP项目合作效率的影响机制，首先需要系统收集整理和阅读分析与本研究主题相关的已有研究。笔者从2015年申报国家课题"公私合作制权益配置对合作效率的影响机制研究"就开始广泛查阅有关PPP项目合作效率理论、资源基础理论、不完全契约理论和合作治理理论等的国内外文献。2016年笔者申报的国家社会科学基金项目得到立项，在前期研究的基础上，又阅读了有关控制权配置、企业动态能力、政企行为和PPP项目绩效等的国内外文献，并进行了系统梳理，基本归纳出控制权配置对城市公用事业PPP项目合作效率影响的各主要变量的维度及测量方式。同时，对AMR、AMJ、ARS、ASQ、SMJ等近10年涉及合作效率、政企行为、企业动态能力、控制权的文献进行阅读，在此基础上初步综述控制权关键构成维度及其与PPP项目合作效率的关系。结合本研究的主题与现实背景，进一步收集有关"控制权配置、政企行为、PPP项目合作效率"三者关系的国内外文献，探索控制权配置通过激励政企行为对PPP项目合作效率产生影响的内在机理，从而为研究控制权配置对城市公用事业PPP项目合作效率的影响机制奠定了文献基础。

（二）探索性案例研究

本研究根据Yin（1994）等学者关于案例研究的观点，采用探索性案例研究方法。在深度访谈的基础上，选择同一家企业参与的四个典型垃圾处理PPP项目案例进行探索性研究，得到控制权配置各维度、政企行为与PPP项目合作效率之间关系的初步研究命题，同时通过案例企业内部分析与案例企业间比较分析，构建相对完整的理论框架。

（三）解释性案例研究

解释性案例研究的目的是获取有关起因和结果之间联系的证据，包括：自变量、因变量识别（有时也包括中介变量、控制变量）；确定自变量与因变量之间相互关系性质（线性相关、二次相关等）。和描述性研究一样，解释性研究也需要有方案和结构的设计，而且结构化程度更高。解释性变量的因果关系是通过强检验获得的，即通过直接证据获得的因果链。

本研究之所以采取解释性案例研究来获得研究结论，主要基于两点。第一，在遵循案例研究程序规范和数据分析规范的基础上，解释性案例研究获得的分析性结论而非统计性结论同样具有普遍意义。第二，本研究的研究目的、研究对象和研究问题更适合采取解释性案例研究。首先，从研究目的来看，本研究从不完全契约理论、资源基础理论、激励反应模式和政企合作治理的视角，揭示城市公用事业PPP项目控制权配置对合作效率的影响机制。其次，从研究对象来看，城市公用事业PPP项目合作效率是具有情境化特征的构念，案例研究方法比较适合探讨特定情境下的演化过程与机理分析，有助于充分展示研究对象的动态演变规律。通过剖析典型案例，可发现变量之间独特的因果关系（Welch等，2011；毛基业和李高勇，2014）。最后，从研究问题来看，本研究主要回答激励—反应视角下的城市公用事业PPP项目的控制权配置对合作效率的影响机理，PPP项目多案例研究有助于把握城市公用事业PPP项目政企之间控制权配置对合作效率影响的微观机理和形成机制。另外，多案例研究遵循复制法则，每个案例相当于一个独立的实验，使个案之间可以进行反复验证，在比较中可从多维度、多角度提炼理论，识别潜在因果关系并提升理论的外部效度（Yin，2009），能够构建更具普适性的理论（毛基业和陈诚，2017）。

二、技术路线

本研究紧紧围绕"控制权配置如何影响城市公用事业PPP项目合作效率"这一基本问题，从"激励—反应"模式的视角逐步深入剖析控制权配置对城市公用事业PPP项目合作效率的影响机制。本研究技术路线如图1-1所示。

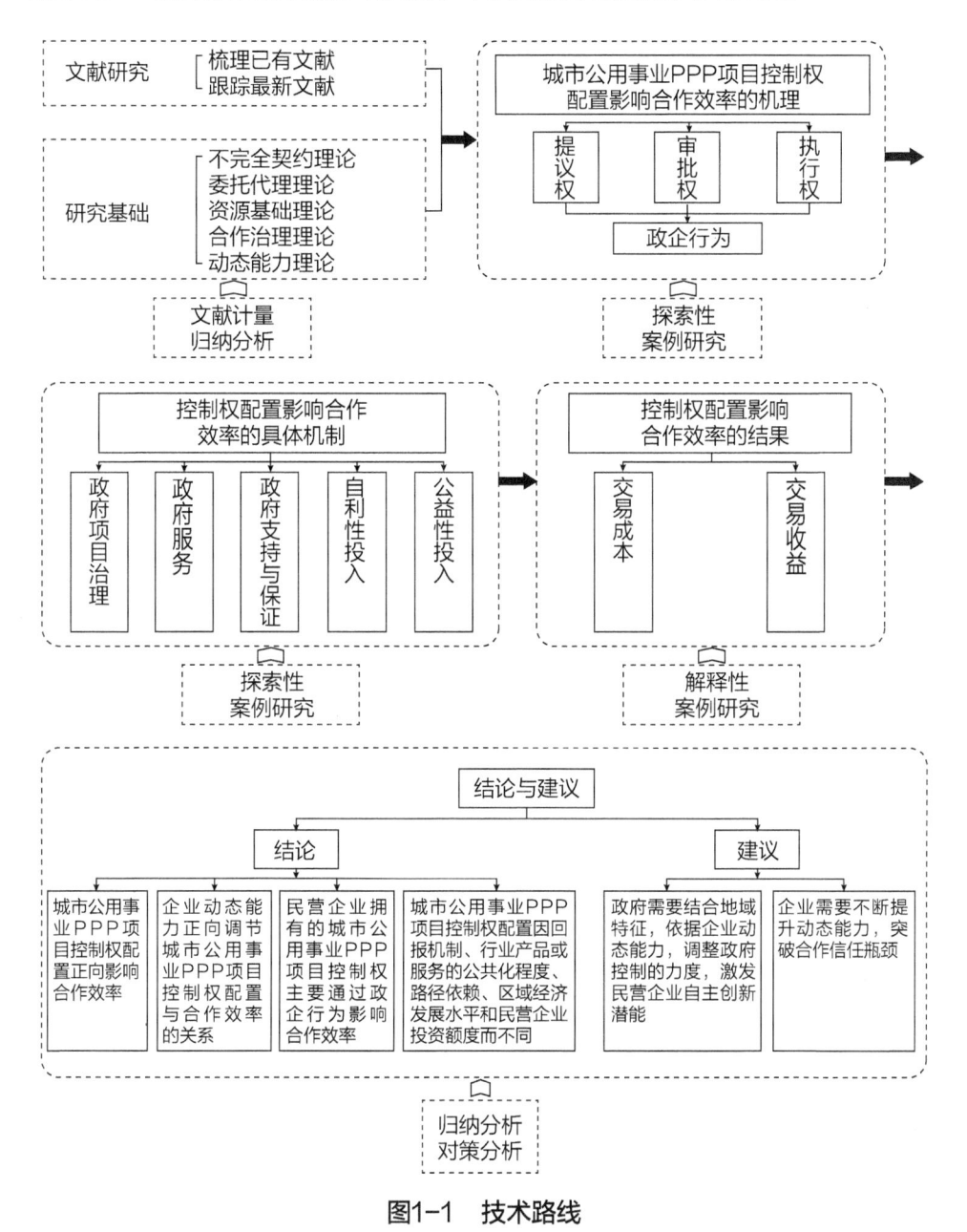

图1-1 技术路线

第一，文献研究。本研究以不完全契约理论、委托代理理论、合作治理理论、资源基础理论和动态能力理论为基础，通过文献计量和归纳分析的方法梳理已有文献并跟踪最新文献。

第二，探索城市公用事业PPP项目控制权配置影响合作效率的机理。根据研究 结合相关文献梳理，初步提出控制权配置与城市公用事业PPP项目合作效率关系的理论构想。通过嵌入式探索性案例研究，对同一家民营企业参与的四个城市公用事业PPP项目进行分析归纳，提出城市公用事业控制权配置影响合作效率的机理。本研究主要关注城市公用事业PPP项目控制权的三个维度——提议权、审批权和执行权是否通过政企行为影响PPP项目的合作效率。

第三，剖析控制权配置影响合作效率的具体机制。通过探索性案例研究，基于实地访谈与三角验证，结合已有的研究成果，提炼出影响城市公用事业PPP项目合作效率的政企行为类型。其中，政府行为主要包括政府项目治理、服务、支持与保证，企业行为主要包括自利性投入和公益性投入。由此推导出控制权配置、政企行为与PPP项目合作效率关系的初始命题。

第四，得到控制权配置影响合作效率的结果。在探索性案例研究的基础上，分别以民营企业参与的城市公用事业的供水行业、污水处理行业、燃气行业和公交行业的典型PPP项目为研究对象，运用解释性案例研究的方法，对探索性案例研究提出的命题进行检验，同时结合现实情境的差异，探索理论框架的边界，进一步细化和完善已有研究命题。

第五，通过跨行业比较分析，归纳出研究结论并提出相应对策。

三、结构安排

按照以上研究方法和技术路线的安排，本研究共分九章展开分析（如图1-2所示）。

第一章：研究背景、研究意义与研究内容。首先从实践背景与理论背景出发，抛出提高城市公用事业PPP项目合作效率的紧迫性问题。再根据控制权配置研究和政企行为研究的新趋势，提出本研究所要解决的主要问题，阐明研究目的与意义，界定城市公用事业PPP项目合作效率、PPP项目控制权、政企行为等概念，并对全文的技术路线、章节安排、研究方法等进行介绍。

第二章：文献与理论研究述评。系统回顾城市公用事业PPP项目合作效率研究的理论基础、影响因素及评价和衡量，在此基础上，继续回顾控制权配置研究、政企行为研究，并对有关控制权配置、政企行为与城市公用事业PPP项目合作效率三者关系的文献进行梳理，提出可能的创新切入点。

第三章：数据分析方法。对本研究后续章节将要采用的研究方法进行详细介绍和说明，主要内容包括案例研究方法、案例研究的规范性、不同案例研究之间的区别与联系以及适用情境。

第四章：城市公用事业PPP项目控制权配置与合作效率关系的探索性案例研究。根据第二章的文献梳理及所提出的研究切入点，选择同一家民营企业参与的四个城市公用事业PPP项目进行探索性案例研究。经过理论假设、案例选择、数据收集、编码、变量测量、企业案例内部分析与企业间比较分析，探索城市公用事业PPP项目控制权配置、政企行为与PPP项目合作效率之间的关系，并形成20个初始研究命题。

第五章至八章：基于探索性案例分析得到的框架模型，采用解释性案例研究方法，选择供水行业、污水处理行业、燃气行业和公交行业四个城市公用事业行业PPP项目典型案例作为分析对象，在深度剖析控制权配置与合作效率之间的关系及影响机制的同时，探索控制权配置影响城市公用事业PPP项目合作效率的边界条件。一方面检验探索性案例研究所提出的命题，另一方面对已有研究命题进行进一步细化和完善。

第九章：结论及建议。通过跨行业比较分析，归纳出研究结论并提出相应对策，并指出本研究的不足、有待进一步改进的方面和未来的研究方向。

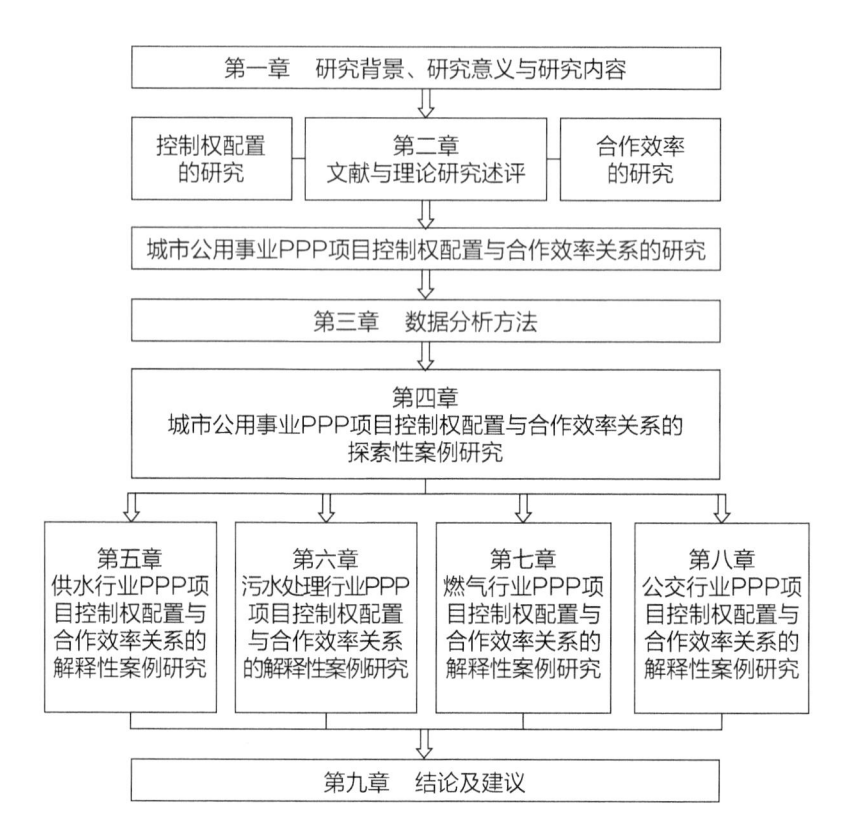

图1-2 章节安排及内容

<第二章>

文献与理论研究述评

本章将针对第一章提出的研究问题和研究内容，梳理、归纳和评价城市公用事业PPP项目合作效率、控制权配置以及政企行为等领域的相关文献，以现有文献成果作为基础，为后文研究指明方向，并提供强有力的理论依据。

第一节 城市公用事业PPP项目合作效率的文献研究

一、城市公用事业PPP项目合作效率研究理论基础

（一）不完全契约理论

相对于新古典经济学中的完全契约概念，Williamson和Oliver（2002）认为契约具有不完全性，这是因为契约环境可能很复杂、交易双方对所有随机事件均有明显的不可预测性。这使得交易双方在面对预见情况时，高成本或者解读契约成本等会出现在无争议约定中（Tirole，1999；Segal，1999；Rasmusen，2001）。

不完全契约主要指，在交易之前交易双方不能对未知的情况进行约定。不完全契约理论认为契约的不完全性使交易活动的效率不高，主要包括交易费用理论和产权理论两大模型。交易费用理论强调事后结构治理，通过降低交易费用来解决契约的不完全性带来的低效率问题；产权理论则强调事前产权配置，比如控制权配置。另外，不完全契约理论认为，由于契约具有一定的不完全性特性，因此对事件未来的发展情况，交易双方均不能进行准确预测，在这种情况下，交易主体会减少对事前项目的认可，降低投资，如此便会给交易效率带来影响。所以，利用事前控制权配置的方式对双方做出的投资行为进行激励是解决契约的不完全性对交易效率影响的关键（Hart和Moore，1999）。

国外学者围绕不完全契约理论展开了丰富研究，研究重点关注不完全契约带来的城市公用事业PPP项目合作效率不高的问题。伴随城市化发展，想要发展

城市公共事业必须有资金基础。相关数据证实，目前PPP行业中，民营企业数量占比最多的当属城市公用事业类，其中民营企业不但数量非常多，而且投资额也位居第一。[1] 在不完全契约理论中，产权理论是比较经典和成熟的，它有助于指导政府与企业之间的控制权配置，激励政府和企业的投资行为，从而提升城市公用事业PPP项目合作效率，为城市公用事业PPP项目运行及发展提供了指导。

（二）委托代理理论

从委托代理理论角度看，代理人和委托人两者有授权关系存在，但两者受到信息不对称或者偏好不同等因素带来的影响（Boycko，Shleifer和Vishny，1996），那么代理人或委托人的投机行为会造成严重的效率损失。民营企业参与城市公用事业的过程中，政府与企业两者的关系从本质上来讲也是委托代理关系的一种形式。因此，委托代理理论适用于城市公用事业PPP项目。政府作为委托人，拥有实际控制权，如果某家民营企业"相对能力禀赋"超群并获得政府信任，为了激励代理人——民营企业，进而提升合作效率，政府是愿意让渡一部分控制权的。

委托代理关系的关键是解决协作问题，对所涉及服务的质与量易于测量。当政府与企业的目标不一致或者风险分担设计不合理时，政企之间的控制权配置可能出现不合理。进一步，在政府自由裁量权比较高的情境下，民营企业将只能获得更低的控制权。反之，当政府与企业的目标一致、风险分担设计合理，且没有可替代的竞争对手时，政企之间的合作将会很顺利，从而使民营企业可以获得更高的控制权。

解决代理效率低下的问题，可以尝试掌握更多控制权，将这些控制权下沉到民营组织中。首先，根据激励性规制理论，被规制企业具有信息优势和策略

---

[1] 中国PPP服务平台.全国PPP综合信息平台项目管理库2018年报[EB/OL].http://www.chinaPPP.cn/newscenter/newsdetail_16446.html，2019-01-31.

选择而形成的激励潜力（刘华涛，2014），规制者应让渡给被规制企业更多自由裁量权，以此作为一种激励性策略促使企业耗费的成本支出得到减少，增强经营收益，为社会发展贡献更多的价值（张帆和罗雪凡，2017）。其次，让民营企业拥有更多的控制权也是符合PPP项目实践情境的。《PPP项目合同指南（试行）》财金〔2014〕156号指出：政府在项目公司中的持股比例应当低于50%，且不具有实际控制力及管理权。此外，政府让渡更多的控制权给民营企业，一方面有助于政府将更多的精力放在本就擅长的监管行为和治理行为，可以大幅降低社会管理成本；另一方面，也有助于企业获得控制权带来的安全感和激励作用，并提升项目的公益性，减少自利投入份额，增强项目合作效率与公共治理效率。

（三）资源基础理论

资源基础理论的观点认为，企业是一个追求生产效率和分配效率的组织，企业自身才是竞争优势的源泉（Capron和Hulland，1999）。企业竞争优势由公司获得的资源所决定（Barney，1991；Peteraf，1993；Teece等，1997），而且强调组织内部因素对其行为的影响。无论是公司获得的资源，还是组织内部因素都隐含着企业拥有的控制权。

其中，独有产权是假定进入模式，它也具有理想状态的经营模式（Stopford和Wells，1972）。这种假定方式在某种程度上和美国本土企业偏向的独有产权模式有着非常高的一致性（Anderson等，1986）。类似，PPP项目吸收更多的民营企业的力量，实质上也是企业的一种进入行为。企业为了争取更优的进入模式，一定会积极争取更高的控制权，这也是本研究的基本假设前提。同时，资源依赖观点提出，组织是理性的，在执行各种活动时会运用手中权力保障自身利益最大（Pfeffer和Salancik，1978），这一理论为本研究的假设前提提供了理论支撑。事实上，受访者曾表示：民营企业参与PPP项目，最终目的是降本创收，"降本"指降低成本，就是要通过提高控制权，让项目更加优质，同时不断提升技术和管理，增加收益。

（四）动态能力理论

产业组织理论提出，外部环境会影响组织竞争实力。资源基础理论认为，企业只有具备差异化的资源或能力才能拥有强劲的竞争优势。那么，企业的持续竞争优势是如何产生的呢？Teece（1994）的研究中引入了资源基础理论，并提出关于动态能力有关的界定方式，总结出组织动态会影响组织竞争力和发展力，并得到了企业动态能力理论。企业动态能力理论从动态变化的视角进一步分析了企业内部资源和能力因素对企业竞争力的影响，突破了企业资源异质性和不可流动性的静态视角（焦豪，杨季枫和应瑛，2021）。类似，城市公用事业PPP项目的合作效率，实质上也是绩效的一种表现形式，当企业具有更强的动态能力时，其参与PPP项目的积极性会更高，与其他主体的合作效率会更高。

（五）合作治理理论

随着公共治理理论的成熟发展，衍生了合作治理理论。其中，合作治理是以规则作为前提，以参与作为基础的治理方式。具体的治理水平会受到各合作主体能力、包容度等因素带来的影响。另外，只有各合作主体发挥最大作用，才能提升合作治理的效果（敬乂嘉，2009）。

在长期实践中，合作治理表现出的复合性特性非常明显，这种特性主要出现在治理主体和治理管理中。合作治理的前提在于必须明确各合作主体的关系，尤其是直接委托代理关系的公私治理主体（如政府与民营企业）与市场之间的关系。合作治理涉及不同管理领域的复合，比如管理和市场两者的复合、市场与法律两者的复合等。一方面，合作治理环节，市场会受到来自合同管理的影响，这种影响在政策优化和市场调控后，会形成反向影响效果。比如，实力雄厚的厂商和政府形成合作必将创造更多的经济效益。然而，这种合作方式也会间接性形成对市场的垄断，进而影响市场的良性发展和公平竞争。另一方面，可从市场中选择更多优质主体合作，从而实现合作治理的效果，让更多主体认同这一治理模式。

PPP项目的主要作用是使公共服务总体的供给效率和供给质量得到提升。无论是公共部门还是私人部门均需要以公共服务作为核心，以法律作为基础，充分发挥各自的资源价值来为公共服务提供相应的供给（王俊豪和付金存，2014）。在新公共治理（NPG）背景下，PPP被视为介于公共治理和市场治理之间的、替代传统公共产品供给的治理工具（Buse和Walt，2000），具备典型的政企合作治理特征。但是，PPP模式也可能带来新的治理挑战。Dutz（2006）等指出，从传统的公共部门治理向政企合作治理的转变对政府机构提出了新的要求。由于PPP项目特许经营的时间较长和政府承诺的不确定性，政府需要具有设计一揽子风险和激励措施的能力，以吸引私营部门参与。此外，政府还需要合同管理技能来监督合同有效期内的多方参与的计划执行情况。

无论是市场配置还是政府干预，都是为了促进经济发展。随着民营组织实力增强，加上竞争机制和激励机制完善，它们也会提高参与PPP项目的积极性，对提高民营企业的控制权，进而提升PPP项目的运营效率都发挥积极作用。然而，在市场机制不断健全和完善的今天，诸多公共产品出现了质量降低但价格增高的现象，应当引起政府部门的高度重视。可见，无论是政府、企业还是市场，互相合作才能发挥最大作用。因此，从政府和企业合作治理的视角来对城市公用事业PPP项目有关的控制权配置问题做深入研究，目的在于为推动PPP项目的良性发展，提高合作效率提供强有力的理论依据。

综上所述，不完全契约理论、委托代理理论和合作治理理论，强调政企之间的协作对合作效率的影响，资源基础理论和动态能力理论则强调企业自主权对行为的影响，政企协作与企业自主权都隐含着控制权配置问题。

本研究重点探讨的PPP项目合作效率包括"交易成本"和"交易收益"的相关内容，揭示了民营企业参与城市公用事业PPP项目的交易成本和交易收益情况，分析了交易成本和收益高低变化的成因。另外，张淑华（2019）从利益相关者角度出发，通过数学建模的方法对PPP项目涉及的控制权问题进行分析，并深层次研究影响合作效率的具体因素。基础设施PPP项目和城市公用事业PPP项目是否存在差别？民营企业参与和一般的社会资本参与有何不同？不完全契约理论、委托代理理论皆强调控制权的决定性作用，那么，控制权配置能否影响民营企业的参与积极性？如若存在一定的影响，其影响机制如何？所有这些问题还没有得到学者的足够重视，值得我们进一步深入研究。

本研究主要以新公共管理领域作为出发点，并以三种理论作为导向（资源基础理论、合作治理理论、动态能力理论）对PPP项目中民营企业总体的参与度与合作效率等问题进行分析，提出研究思路，将控制权视为民营企业的一种特殊性质的资源，研究其对政府和企业行为的影响，进而研究其对PPP项目合作效率的影响。期望本研究对提升城市公用事业PPP项目合作效率提供一些指导。

二、城市公用事业PPP项目合作效率影响因素识别

（一）控制权视角的影响PPP项目合作效率的关键因素

国内学者叶晓甦和戚海沫（2015）从控制权理论入手，分析了影响PPP项目合作及合作效率的独立因素。其研究提出，主要有来自三个层面的影响因素，一是制度监管层，二是建设运营层，三是契约管理层。

以制度监管层而言，主要涉及的影响因素有四个，一是政策，二是合作渠道，三是监督机制，四是群众参与度。其中，对PPP项目合作效率带来影响最大的当属政府政策。正常情况下，法律制度和政策文件具备一定权威性和威严性，任何人或组织均不能违背这些制度条例，因此，政府通过政策来掌握PPP项目的主要控制权和决策权。基于此，只有提升政策的合理性和科学性，才能有效提升PPP项目合作效率。所谓合作渠道主要涉及三个方面，一是合作部门，二是合作态度，三是政策执行情况，三者之间相互影响和相互关联，其中任一方面出现问题都会影响其他二者。监督机制作为有效提升PPP项目合作效率的核心

基础，会受到政策或控制主体的影响，如若监督机制尚不健全和完善，那么必将影响合作效率。群众参与度对PPP项目合作效率带来的影响较低，这是因为一方面公众参与的意识不强，另一方面我国目前制定的各项制度条例尚未对群众参与做出规定，同时也没有说明参与渠道。

以建设运营层而言，主要涉及的影响因素有四个，一是制度监管，二是管理承包企业，三是经济环境，四是风险控制。比如，管理承包企业主要的作用是对PPP项目整个建设周期的各项情况进行管理，包括管理进度、项目质量等。再比如，项目建设期间，施工企业主要负责建造项目和管理项目，会关注建造环节的成本支出、质量，以及工程进度等，通过有效的管理方式来确保项目目标顺利实现。另外，在项目运营环节，控制权会从施工单位转到私人部门，同时私人部门会掌握运营管理权力，可实现风险配置，优化剩余控制权。这样对PPP项目合作及合作效率会有一定影响。此外，宏观经济环境会影响项目交易成本与收益，进而影响PPP项目合作效率。

以契约管理层而言，主要涉及的影响因素有三个，一是契约主体履行契约的能力，二是主体公开信息的能力，三是主体融资实施的能力。首先，参与主体的履约能力将直接决定PPP项目的成败。项目控制权配置都是明确到合同中的，会通过文字方式展现出来，双方能否按合同约定履行相应的责任和义务能够决定项目的发展。举例来说，部分地方政府并未将职能价值充分发挥，遇事推三阻四，这种现象不能得到有效处理会使PPP项目的落实和发展以失败告终。只有提高参与主体的履约能力，才能提高PPP项目的合作效率。其次，信息公开程度会影响PPP项目的合作效率。受到信息不对称的影响，在项目合作者进行谈判时，信息获取较为全面的一方会占领项目的主导权，信息获取缺失的一方则会处于被动地位，如此会降低PPP项目合作的整体效率。最后，融资能力是PPP项目实施的保障。公私部门如若具备非常强的融资能力，那么整个PPP项目的发展便不会受到资金影响。

综上所述，从控制权视角剖析其对PPP项目合作效率的影响，主要涉及三个层面共11个核心影响因素。其中影响程度最大的两个因素是制度监督层的政府政策和契约管理层的履约能力。政府政策文件凭借其权威性，是任何个人或组织均不能违背的。履约能力是有效控制与管理PPP项目的保障。另外，无论是承包商管理出现的问题，还是建设运营层面出现的问题，均属于公共项目管理类型的问题，如果在PPP项目开展的过程中能够及时找出这些问题，则对项目合作效率的提升有极大好处。

（二）民营企业参与的城市公用事业PPP项目合作效率的影响因素

Albalate等（2013）在研究后表示，只有为PPP项目构建完善回报制度，才能实现充分调动民营企业在城市公共事业中的参与积极性。Liu和Wilkinson（2013）在研究后表示，在PPP项目的参与中，能够对民营企业带来影响的因素在于两点，一是投资回报率；二是运营效率。目前，不论是国外学术界，还是国内学术界，以影响因素作为主体研究影响PPP项目合作效率的文献非常少。诸多实践证明，不论是影响参与度因素，还是PPP项目绩效等都会受到合作效率的影响。基于此，本研究汇总了学术界现有的研究文献，并对各研究成果进行深层次的解读与分析（如表2-1所示），并总结了影响PPP项目合作效率的两维度因素：一是政府主导型因素，二是企业主导型因素。

表2-1　影响民营企业参与PPP项目的因素研究汇总

研究者	影响因素
程涛（2015），许宪春（2013），张文君（2015）	政府政策
陈琤等（2017）	政策学习模式
Roumboutsos等（2013）	投资收益率、风险转嫁情况、政府承诺等
Liu（2016）	政企关系
王俊豪（2017）	政府持有的观点或市场营造的竞争环境等

续表

研究者	影响因素
马慧（2018）	政治环境、基础设施建设
卫志民和孙杨（2016）	融资能力
郑传斌等（2018）	融资或管理等能力、参与者的协同度
Albalate等（2013）	投资收益率
Roumboutsos等（2013）；Liu和Wilkinson（2013）	投资回报率、运营效率

以政府因素作为切入点的研究，部分学者在研究时从微观角度着手分析。第一，企业投资融资等行为会受到来自政府政策的影响。比如，程涛（2015）研究表示，民营企业呈现的投资行为会受到公共财政支出或政府补贴等政策带来的正相关影响；许宪春等（2013）研究表示，财政政策呈现出的特性不同对企业投资带来的影响也会有所不同；张文君（2015）研究表示，如果财政政策具备一定的积极性特性，则可以解决国有企业出现的融资问题。第二，政策学习模式会对民营企业在PPP项目中的参与度产生影响。陈琤等（2017）研究表示，在PPP项目的参与中，民营企业会受到政府政策模式或国有企业参与情况等因素造成的影响；同时非正式类型的制度也会影响民营企业的参与积极性。王俊豪，朱晓玲和陈海彬（2017）指出，民营企业之所以会在PPP项目中参与度较低，主要是受到非正式制度设置的壁垒的影响，比如传统观念对民营企业存在一定偏见或国有企业存在的"挤占效应"等。第三，政府承诺和风险分配等因素也会对民营企业参与度造成影响。Roumboutsos等（2013）在研究时以北京市地铁四号线项目作为切入点，研究后表示，民营企业在PPP项目中的参与度会受到财政承诺或风险分配等因素的影响，并且政府的一系列行为和政府与企业两者的关系也会影响民营企业参与度。Liu等（2016）研究表示，政府和企业两者，如若有良好的合作关系，那么对于提升两者的信任度和合作程度均有非常大的帮助，这种情况下，民营企业会踊跃参与到PPP项目中。

另有一些学者以宏观视角作为切入点开展实证分析。马慧（2018）研究表示，PPP项目中民营企业的参与度会受到基础设施和政策环境等因素的影响。

另外，国内外学者一直很关注政府行为对PPP项目总体绩效产生的影响。Abednego等（2006）研究表示，PPP项目运营期间将短期监管方式与长期战略目标两者融入治理环节中，对于分散项目风险，增强合作效率有非常显著的作用。Panayides等（2015）研究表示，想要让PPP项目的绩效成绩得到提升，就必须增强监管质量，提升市场开放性。Sabry（2015）发现，监管质量和政府效率有利于促进私人投资PPP项目。Hardcastle等（2005）研究表示，PPP项目能否顺利实现，很大程度上会受到公私两者承诺造成的影响。Ansell等（2008）在研究时选择的PPP项目共137个，实证研究后提出，想要实现PPP项目良性可持续发展，就要确保政府承诺有效实现，提升各合作主体的沟通能力和交流能力，让各合作主体建立良好的友谊关系。Warsen等（2018）的研究设计以荷兰PPP项目作为切入点，选择144位调查对象获取研究信息，研究发现，公私两者的信任度如若比较高，那么可以使合作效率得到有效提升。An等（2018）在研究时以PPP项目作为核心，以经济效益作为切入点，研究表示，政府制定的补偿机制不同，则带给项目的激励效果也会有一定差异。Li等（2018）在对PPP项目的最优补偿机制进行分析时，以博弈模型作为研究切入点。Wu等（2018）在研究时以投资者偏好作为核心，以项目收入的不确定性作为基础，利用对策测量博弈模型来分析最优补偿机制，研究表示，如果政府能够为私人投资者制定最优补偿合同，便可减小项目实际收益和预期收益间的差距。

国内学者张万宽等（2010）通过文献梳理与专家访谈，并借助logistic回归分析与OLS对政府信用是否会影响PPP项目绩效进行深层次分析。尹贻林等（2015）在研究时选取了60位项目工程的管理人员，采取半结构性访谈的方式与这些管理者进行沟通，研究发现，项目中合作关系或风险分担会受到来自信任因素的有利影响。王守清等（2019）研究表示，政府的前期准备、项目治理、政府服务水平和政府支持与保证都会影响PPP项目的合作效率。

目前学术界针对企业主导型因素是否会对PPP项目带来影响的研究成果非常少。卫志民等（2016）研究表示，在PPP项目中民营企业呈现的参与度会受到融资能力的影响。郑传斌等（2018）以私人联合体作为研究切入点来分析其对PPP项目造成的影响。私人联合体主要由六方面因素所构成，一是组织结构，二是协同度，三是经济实力，四是运营管理，五是组织技术，六是融资管理。研究发现，这些因素出现问题会影响PPP项目的最终结果，同时影响项目的合作效率。另外，合作效率也会受到来自企业投资行为的影响，如果企业过度注重自利性，忽略了公益性，那么合作效率必然会非常低（张喆，贾明和万迪昉，2009）。

综上所述，已有研究呈现以下特点。

第一，PPP项目中民营企业总体的参与度会受到诸多外部因素的影响，如市场因素或政府行为等。然而，诸多研究者在研究时并未涉及内部因素，如企业动态能力等。

第二，从研究对象上看，诸多研究者在研究时将侧重点放在以民营企业参与度作为核心的PPP项目上，并没有围绕城市公用事业PPP项目合作效率进行系统研究。

第三，从研究方式角度，诸多研究主要的侧重点放在市场或政策等方面，并未提出相应的研究架构。为此，本研究引入具体案例展开具体分析，立足控制权配置理论，讨论了影响PPP项目合作效率的影响因素，形成了系统的分析框架，并通过不同行业相关情况初步验证分析框架的适用性，检验控制权配置—政企行为—合作效率模型。

三、城市公用事业PPP项目合作效率的评价与衡量

PPP项目合作效率的评价目前有几种方式。在政企合作项目中，由于合作双

方的组织类型不同，因此，合作双方无论是合作动机，还是利益关注点均存在相应的差异，这种差异会对合作效率得到的评价结果造成影响。有关PPP项目合作效率的文献表明，PPP项目合作效率的评价不一致性表现在三个方面。一是谁的观点被用于合作效率的评价，政府、企业还是政企双方。二是合作效率评价方法不同。邵颖红等（2019）在研究时以与网络组织有关的效率研究量表作为基础，以PPP项目特性作为切入点来对交易收益和交易成本做出了深层次的研究与分析；张淑华（2019）以基础设施PPP项目为案例，总结了影响PPP项目合作效率的各种因素，并提出从项目运行至结束，只有保障各方主体满意，并达到规划的期望值，才能认定项目成功实施；张喆，贾明和万迪昉（2009）在研究时以BG（2001）提出的合作效率测量量表作为基础，并借助调研法和访谈法对该量表做出优化，运用李克特工具量表，评价分析了PPP项目合作情况，具体分析的内容包括四点，即"合作产出产品（服务）对我方今后的发展有重要作用""合作产出产品（服务）能为我方创造（经济或社会）效益""合作产出产品（服务）对我方的价值大于项目对合作方的价值""合作产出产品（服务）的价值在我方中得到普遍认可"。三是随着政企合作项目的时间和空间发生变化，对合作效率的评价方法又不一致。这些不一致使关于PPP项目合作效率的不同研究之间的比较与总结显得尤为困难。

城市公用事业PPP项目的供给合作方包括政府主体、民营企业等。在PPP项目合作中，政府提供各种政策支持、政策动向信息、财政资金，以及优质的土地资源等，而民营企业提供资金、先进的技术、管理经验，以及市场信息等。城市公用事业PPP项目双方通过资源整合和优化配置，本身就体现了合作供给的效率。

然而，在项目实践中，城市公共事业PPP项目由于涉及内容非常复杂，牵涉主体非常多，因而为产权管理提出了一定的要求，这种情况下，让利益相关者的最大效用充分展现，显然不能实现。另外，与一般PPP项目不同，城市公用事业PPP项目具有资产专用性、高进入壁垒和有限竞争等特征（Williamson，1981；Vining，Boardman和Poschmann，2005；Boardman和Vining，2012），民营企业一般通过特许经营方式参与城市公用事业PPP项目，运营周期长，对合作效率的评价，不可能等到PPP项目运作至生命周期结束。根据资源基础理论，企业是追求生产效率和分配效率的组织。

鉴于此，本研究将主要从民营企业对合作项目达到其战略目标程度的评价作为合作效率的度量方法，将借鉴邵颖红等（2019）的测量方法，从交易成本和交易收益两个维度对城市公用事业PPP项目的合作效率进行评价。

第二节 控制权配置的文献研究

一、城市公用事业PPP项目控制权配置

（一）控制权的分类

Hart和Moore（1990）根据契约控制理论，将控制权细分为初始控制与剩余控制两个部分，前者指通过事前契约确定最终决策；后者指未在事前明确的各项权利。Aghion等（1997）研究表示，控制权主要有实际控制与名义控制两种，前者指能够对开展的活动实际控制和决策；后者指表面上控制和决策开展的活动，对比看实际控制效果要远超名义控制。Fama等（1993）研究表示，可以将企业决策划分为经营决策和控制决策两种。按照层次划分，可将控制权分为控制决策的权力和经营决策的权力两种。

（二）PPP项目的控制权配置

如果可以实现控制权有效配置，不但能够减少交易环节耗费的成本支出，还能起到一定的激励作用，让投资人做出更理性客观的投资决策，增加交易收益，提升合作效率。为此，较多论者提出，影响PPP项目合作效率的重要因素

是控制权如何配置（叶晓甡，易朋成和吴书霞，2016；张喆，贾明和万迪昉，2009）。目前，就PPP项目合作控制的研究方法多为构建模型，实施定量分析和定性分析。以私营部门在合作后产生的合作物控制权作为基础来进行研究与分析的详细情况如表2-2所示。分析表2-2可知，PPP项目控制权配置研究的发展历程具备三种特征：第一，有详细具体的假设条件；第二，有不断增多的考量条件；第三，研究应用推广价值更高。

表2-2　PPP项目控制权配置研究发展历程

研究者及模型	模型假设条件						研究结论
	合作方类型	合作方地位	产品类型	投入主体	投入类型	控制权配置方式	决定控制权配置的因素
Grossman和Hart（1986），Hart和Moore（1990）GHM模型	私-私	—	私人物品	双方	—	0/1	契约双方投资的重要性程度
Hart，Shleifer和Vishny（1997）HSV模型	私-私	—	公共物品	私方	—	0/1	对物品成本及质量改进的影响
Besley和Ghatak（2001）BG模型	私-私	—	纯公共物品	双方	—	0/1	双方对项目价值的评价高低
Onishi，Bando和Kobayshi（2003）	公-私	—	公共物品	私方	—	0/1	双方利益关系的一致性程度
Francesconi和Muthoo（2006）FM模型	公-私	—	准公共物品	双方	—	0/1	契约双方投资的重要性程度，双方对项目价值的评价，物品的公共化程度

续表

研究者及模型	模型假设条件					研究结论
	合作方类型	合作方地位	产品类型	投入主体	投入类型	控制权配置方式	决定控制权配置的因素
胡振（2012）	公—私	公共部门主导	公共物品	私人	—	时点上为0/1配置，时区上为连续化变量	项目公司呈现的成本控制能力和管理能力等
张喆和贾明（2012）	公—私	公共部门主导	准公共物品	双方	公共部门进行公益性投入，私营部门分自利性投入和公益性投入	连续化配置	契约合作双方呈现的投资重要性情况和价值评价情况，物品价值的可度量程度，合作关系的长期性
孙慧和叶秀贤（2013）	公—私	公共部门主导	—	双方	—	连续化配置	初始契约针对收益分配制订的方案，合作双方的技术因素及双方对合作最终收益预期的乐观程度
张淑华和李潘武（2019）	公—私	公共部门主导	公共物品	双方	专用性一次投入，且对方完全知晓	连续化配置	各合作主体针对项目产生的收益情况做出评价，同时评价项目中的风险成本和资源管理能力等

续表

| 研究者及模型 | 模型假设条件 ||||||研究结论 |
	合作方类型	合作方地位	产品类型	投入主体	投入类型	控制权配置方式	决定控制权配置的因素
王守清等（2019）	公-私	公共部门主导	—	—	—	—	服务和产品两者呈现的公共化程度，资金给项目发展带来的制约程度，项目服务具体的控制能力，项目拥有的技术水平，政府与企业双方合作的稳定性和信任程度，项目设计的专业化条件，政府与企业双方利益关系的一致性程度
张云华（2020）	公-私	公共部门主导	公共物品、准公共物品	双方	—	高强度激励规制型，中强度激励规制型，低强度激励规制型	基础设施及服务供给水平，区域市场开放程度

资料来源：在杜亚灵和王剑云（2013）的研究基础上整理

二、城市公用事业PPP项目控制权配置的影响因素

通过梳理PPP项目控制权相关研究，发现影响PPP项目控制权配置的前因变量主要包括项目特征（Francesconi和Muthoo，2006）、市场环境特征

（Yehoue，Hammami和Ruhashyankiko，2006）、参与主体特征（Zhang，Jia和Wan，2009）和区域发展特征（袁诚，陆晓天和杨骁，2017）等多维因素。借鉴张云华（2020）的研究，结合城市公用事业PPP案例数据的实践特征，本研究将影响城市公用事业PPP项目控制权配置的前因变量归纳为四个方面：政府制度能力、企业动态能力、政企关系和市场竞争。

1. 政府制度能力对城市公用事业PPP项目控制权配置的影响

Matos-Castano等（2014）指出，合法性和执行能力使PPP市场能够"出现"并"稳定"走向成熟；Opara等（2017）发现，制度环境对PPP项目的持久性和连续性有显著正向影响。借鉴Casady（2019）的研究，成熟的PPP市场表现为：民间资本愿意通过PPP模式持续稳定地参与基础设施方面的投资，民营企业参与城市公用事业PPP项目的终极目标是通过创新来降低成本和增加收益，期望获取更多的控制权以推动创新。这就意味着，政府对PPP项目的制度能力越强，PPP市场就越成熟，民营企业愿意投资的额度就越大，政府愿意让渡的控制权就越高。

2. 企业动态能力对城市公用事业PPP项目控制权配置的影响

已有的研究试图阐明PPP项目参与主体的动态能力与控制权配置之间的关系。王守清等（2019）总结了与企业动态能力有关的三个方面都对控制权配置有重要影响，分别是：风险管理水平（专业管理能力）、产品服务质量的控制水平（技术能力）、成本控制和资本运作水平（融资能力）。国外学者Pfeffer和Salancick（1978）从资源依赖视角研究了影响PPP项目运营的因素，认为重点在于谁能够控制关键因素。同样，如果一家民营企业在PPP项目中可以贡献更多的关键性资源，比如技术、可投入资金、动员资源等，即拥有较强的动态能力，那么它在PPP项目中将会拥有更多的控制权（孙慧和卢言红，2014）。简单来说，民营组织参与到PPP项目建设中，其动态能力取决于其能够持续为项目带来什么及带来多少，如果政府严重依赖一家民营企业所贡献的资源，并且其他企业要么无法提供，要么相当昂贵，那么这家民营企业的动态能力就会转化为与政府议价的筹码，从而这家民营企业可以获取更高的控制权。

3. 影响PPP项目控制权配置的另一关键因素是政企关系

在PPP项目运行中，强政企关系的存在具有防火墙功能（詹雷和王波，2020）。政企关系甚至直接决定民营企业能否获得进入城市公用事业的机会和能否获得政府补助，从而对控制权配置产生影响（Faccio，2006；龚军姣，2013）。一方面，在政府监管框架内发展政企关系，有助于提高公私之间关系的有效性、效率、透明度和可预测性，从而促进公共部门和私营部门在长期关系契约网络中更加信任。信任意味着公私双方在拥有合同和社会义务且具有合作潜力的情况下，愿意依赖对方行为的倾向和态度（Edkins和Smyth，2006）。另一方面，政企关系的"庇护"使企业的投资回报更有保障。政企关系越强，政企之间就越互相信任，政府就更愿意让渡更多控制权给民营企业。

4. 市场竞争对PPP项目控制权配置的影响

运营效率、投资收益率、市场需求等均会受到市场竞争环境的影响，这种影响也会制约PPP项目中民营企业的参与度（Albalate等，2013；Liu和Wilkinson，2013；龚军姣和张敏，2020）。市场竞争激烈程度不同，政企双方利益的一致性程度和双方不可替代程度就不同，从而导致控制权配置不同（孙慧和卢言红，2014）。

通过梳理国内外政府制度能力、企业动态能力、政企关系、市场竞争和控制权配置相关文献，可发现学者已经关注到政府、企业、市场与控制权配置的关系，但研究相对分散，学术影响力有待提升。虽然当前学术领域围绕PPP项目控制权配置展开诸多讨论和分析，但是鲜有研究深度剖析城市公用事业PPP项目控制权配置对合作效率的影响。本研究将聚焦城市公用事业PPP项目控制权配置对合作效率的影响机制。

第三节　政企行为的文献研究

一、城市公用事业PPP项目政府行为及其分类

王守清、张博和牛耘诗（2019）总结了政府行为的定义。政府行为指政府执行或发起PPP项目的策略，该策略会影响项目最终的绩效。已有文献总结了政府行为对PPP项目绩效的影响，并将政府行为细分为四个方面。

第一，前期准备。主要指在PPP项目未开展之前，政府做出的一系列准备工作，包括法规政策建设、配套政策和流程规定、实施方案编写、物有所值评价、财政承受能力评价等。

第二，项目治理。主要指在PPP项目正式落地后，政府采取的一系列治理方式，如激励方式、监管措施等。政府有一票否决的权利，尤其是涉及重要决策的时候，政府会委托专业机构对项目进行定期绩效评价，评价结果会被应用于政府补贴、特许期调整机制、灵活退出机制等。

第三，政府服务水平。主要指PPP项目落地后，政府为合作对象提供的各项服务，如沟通服务或承诺；为项目发展制定明确的责任制度；为项目构建综合信息平台；建立本级PPP第三方专业机构库和专家库等。

第四，政府支持与保证。主要指为了让PPP项目实现更好的发展，提升预期收益，政府结合项目实际运营情况制定财政补贴政策或支持政策等，比如政府提供现金补贴、税费优惠减免；通过直接支持或间接支持的方式为项目贷款顺利实现提供保障。

上述研究为城市公用事业PPP项目政府行为的分类提供了参考，考虑到本研究关注的是控制权配置后政府部门的行为，因此政府行为将不考虑政府前期准备。本研究关于政府行为主要从三个方面着手，一是项目治理，二是政府支持，三是政府服务。

二、城市公用事业PPP项目企业行为及其分类

在民营企业参与的城市公用事业PPP项目中，企业行为主要包括自利性投入和公益性投入。

自利性投入主要指企业参与到项目合作中，对合作项目收益产生负面影响，但是对企业自身带来收益的投入行为（张喆，贾明和万迪昉，2009），包括企业在宣传产品、展示标识、关联销售三方面的投入。企业在合作中投入大量资金或人力资源等扩大企业知名度与宣传企业相关的产品等行为皆属于企业自利性投入行为。

公益性投入指为了提升项目总的收益能力，企业采取的公益性质的投入行为（张喆，贾明和万迪昉，2009），主要包括人、财、物的支持以及与第三方沟通协调两方面的投入。企业提供足够的人力、物力和资金以满足合作项目需要，并和第三方沟通、协商处理，以更好实现预期目标，均属于公益性投入。

三、控制权配置、政企行为与合作效率

控制权配置、政企行为与合作效率之间的关系可以分解为三个子关系：控制权配置与合作效率的关系；政企行为与合作效率的关系；控制权配置与政企行为的关系。前两个子关系的相关研究，已经在PPP项目合作效率影响因素的综述内容里进行了归纳、总结和评价，这里不再赘述，现在重点梳理控制权配置与政企行为之间的关系。

张淑华（2019）认为控制权配置不仅对政府的投入和明确奖罚激励都会产生影响，而且对企业的努力行为也会产生影响。张喆，贾明和万迪昉（2009）研究发现，企业自利性投入和控制权配置之间有着非常明显的U型关系，即企业拥有的控制权越多，则做出的自利性投入便会越少；如果企业现有控制权比某特定值低，控制权不断降低，则自利性投入便会不断增多。另外，在合作项目中，制药企业给出的评价结果相对非营利组织要高，此时企业控制权不断提

高，则公益性投入也会随之提升。

综上所述，控制权配置对政企行为会产生影响，政企行为与合作效率显著相关，控制权配置会直接影响PPP项目合作效率。另外，尽管只有少数学者将控制权配置、企业行为和合作效率纳入一个分析框架进行定性研究（如张喆，贾明和万迪昉认为PPP项目投入方式会影响控制权配置，其中公益投入或自利投入均会不同程度地影响PPP合作效率），但是这些研究为我们进一步探索政企行为、控制权配置与合作效率之间的关系奠定了牢固的根基。本研究以现有研究成果为基础，综合探索、描述、解释三种案例研究方法，对控制权配置、政企行为与合作效率之间的关系进行诠释，以弥补已有研究的不足。

第四节 研究评述

从现有研究的理论基础看，不同学派的学者虽然选择了不同的理论作为研究基础，但是控制权配置和政府行为对PPP项目合作效率有显著影响的结论已经得到广泛认同，相对而言，企业行为对合作效率有显著影响的研究成果不多。尽管有学者整合了不同学派的观点（如张喆，贾明和万迪昉整合控制权、企业行为和PPP合作效率，提出了一个整合性分析模型，以国外丰富的研究成果作为基础，将控制权转化为变量信息，绘制测量工具，并在量表中植入较多样本数据，以保障测量结果的客观性和真实性），但是对如何判断控制权配置影响PPP项目合作效率以及影响程度如何，现有文献并未给出标准答案。所以，本研究将以新公共管理学作为核心对城市公共事业PPP项目的合作效率是否会受到控制权配置的影响进行深层次研究与分析。

从研究内容角度，诸多研究侧重分析影响PPP项目合作效率的具体因素，以控制权配置来讲，虽然现有研究涉及面非常广，但是依然存在以下不足。

第一，不同学者在研究时，由于选取的研究视角不同，得到的结果也不尽相同，并且诸多学者试图通过这种方式找出现有文献中未曾找到的影响因素，如此即便得出研究结论，这种研究结论也无太大的实际意义（汪秀琼，2011）。所以，在研究城市公用事业PPP项目合作效率有关的影响因素时，需要明确各项因素的作用机制，结合实际案例，构建更为完善的理论分析框架。

第二，从研究方法上看，已有的PPP项目控制权配置研究使用较多的方法是模型分析和实验研究，通过获得的结论找到发展规律。但PPP项目实际运行中有可能受到不确定因素的影响，无法保障有效实施，研究结论起到的实际指导作用并不显著。张喆，贾明和万迪昉（2009）在研究的过程中，认为使用模型推导可以对假设条件进行明确，基于研究假设，构建研究模型并进行验证分析。结果显示，控制权配置影响民营组织投入方式，进而影响PPP合作效率。张喆和贾明（2012）的研究表明，对非营利组织而言，控制权配置的权重系数为0.738，实践中测量该指标权重是比较困难的，实现可能性不高。张淑华和李潘武（2019）在研究中通过模型的构建了解影响PPP项目合作效率的相关因素，指出剩余控制权的重要性，认为其可以对双方的合作起激励作用。因此，本研究将采取探索性案例研究和解释性案例研究方法探讨城市公用事业PPP项目控制权配置影响合作效率的机理和具体机制，深入案例分析找到变量之间的逻辑关系。

第三，为了验证控制权配置—政企行为—合作效率的分析框架是否合理，我们必须探讨政企行为的衡量。本研究借鉴已有研究已经开发的政府行为和企业行为的量表，结合对现实企业的访谈以及城市公用事业PPP项目的实践情境，从民营企业的角度，将政府行为分为三类：项目治理、政府服务和政府支持与保证，并认为是这些行为对城市公用事业PPP项目合作效率产生正面影响。企业行为分为两类：自利性投入和公益性投入，自利性投入和合作效率之间存在负向影响关系，而公益性投入越多，获得的合作效率水平就越高。确定了研究方向后，本研究围绕研究关键词检索了国内外研究文献，构建政企行为的评价量表，并通过解释性案例研究获得政企行为与PPP项目合作效率关系的分析性结论。

　　第四，从研究对象看，对比分析中国与欧美发达国家，我国正处于经济转型发展的阶段，经济发展速度及质量和国外都有差异，就PPP项目合作效率展开分析，研究中须考量中国情景因素，将西方研究理论转化，并结合我国实际情况进行验证分析。任何理论都会存在"边界条件"的限制，理论适用情景都会有局限，国外理论都是结合国外案例得到的，并不一定完全适合中国实际研究（汪秀琼，2011）。张喆，贾明和万迪昉（2009）主要以制药企业和非营利组织作为研究对象探究PPP项目合作效率缺乏代表性。在中国情境下，研究民营企业参与的PPP项目合作效率问题，一方面，在PPP模式下，民营企业参与和国有企业参与存在不同，进行情境的拓展分析非常关键；另一方面，将民营企业参与的PPP项目限定在一个行业，目的是控制行业对合作效率的影响，观察控制权配置的影响，从而得到具体研究结论，保障研究结论的可行性，这也是本研究的切入点。

<第三章>

数据分析方法

为了验证本研究所讨论的问题，除了深入访谈、问卷设计和数据搜集，选择合适的数据分析方法也是得出研究结论的关键。Eisenhardt（1989）的研究提出使用案例研究方法可以更契合现实情况，认为案例研究方法是严谨度高、客观性强的实证方法。实证研究路径主要有两类：一类是探索性路径，另一类是解释性路径。其中探索实证研究是在基础理论匮乏缺失的情况下，通过实证现状，重新搭建理论基础，本研究第四章就采取了该方法。解释实证研究就是根据现有基础理论，通过定性分析找到数据和验证结论，它适合复杂且无法定量的研究。解释实证研究可以修正和补充已有研究成果，从而获得具有普遍意义的分析性结论，本研究第五章至第八章就采取了解释性案例研究的方式，以不同行业为标准，检验第四章的研究命题是否成立，并在此基础上对研究模型进行修正和完善。

第一节　案例研究方法概述

案例研究方法最早源于社会科学领域，是从对人类和社会发展历史的研究中逐渐形成的一种研究方法（王金红，2007）。在当前发展阶段中，各个专业研究均可使用案例研究方法。自从案例研究方法被引入管理学领域，很多研究学者从不同角度进行分析，与之相关的研究文献数量也呈现不断增长的趋势。案例研究方法在学术界得到认可并被普遍使用。

一、案例研究的关键问题

（一）案例研究是定量研究与定性研究的融合

有学者提出案例研究是定性研究，与之对应的研究是定量研究。案例研究结合具体案例与情景会有很多变化，同时影响变量往往比较多，在这样的情况下，需要多渠道搜集与之相关的数据信息资料，以确保研究的信度。但是不能将案例研究完全界定为定性研究，因为在案例研究中也会使用很多定量方法。

（二）案例研究是复现而非抽样

梳理文献资料发现，较多案例研究都有"复现"特征，即在相同理由前提的基础上可实现同样的效果，或者可与预测相互一致或相互不一致（罗伯特·K.殷，2010），在进行多案例探究分析的过程中，可以大大提高结论分析的有效性。如果通过多个案例研究得到的结果均是一致的，就意味着研究信度、效度均满足要求。统计分析各种样本数据也会遵循"抽样研究"的逻辑，会从大数据样本中选择具有个性和代表性的样本。研究样本及结果验证，可说明所获取的样本资料具有真实性和有效性，从而把握其中规律。

通过统计大样本可以验证研究假设是否可靠，并不是分析假设为什么可靠，而通过案例研究可以验证出研究假设为什么可靠，因此两种研究初衷不同，效果也不同。案例研究的效果更强烈，验证了假设条件是否有效，是否能够起到某些作用。即便是单一案例研究也可获得清晰的验证结果（范埃弗拉，2006）。

（三）案例研究属于归纳法

开展归纳研究必须有丰富的经验、证据，通过实证案例可以提取抽象理论、假设，还可创新理论。因此，包括案例研究在内的实证研究是管理学知识和理论创新的重要源泉（黄秋波，2015）。

二、案例研究的分类

（一）以案例数量分类

根据案例的数量进行分类，可以分为单案例研究和多案例研究。

单案例研究适用于四种情况：第一，关键案例，测试理论的核心构成内容；第二，独特的案例，具有唯一性，在极端条件下才会发生；第三，典型案例，事物存在着明显的相似性；第四，启示性案例，具有明显的启示作用。

多案例研究一般包括两个阶段：一是案例内分析，一是案例间分析。在具体实施多案例研究的过程中，可以从不同的层面和角度着手展开分析，多案例研究的优势是说服力强，研究效度更高，如果多个案例都证明一个结果，则可确定该结论的可用性与真实性。

多案例研究适用于具有普遍意义的案例研究。在分析基础上，合理地选择案例可获得具有普遍意义的研究结论。多案例研究可以从不同的角度和层面剖析问题从而形成更完整的理论（Eisenhardt和Martin，2000）。

单案例和多案例的适用情况及特点如表3-1所示。

表3-1 单案例和多案例的比较

	单案例研究	多案例研究
适用情况	①批驳检验已经存在的理论 ②对一些不常见的现象进行分析 ③典型事件 ④具有启示意义的事件 ⑤相同案例的纵向对比分析	解释某一方案的实施过程与实施效果之间的联系，通过多案例分析可归纳更具普遍意义的结论
特点	把单一案例看成独立的整体进行全面分析，保证案例研究深度，并更好地了解背景	研究更全面，多案例同时指向一个证据或互为支持能提高案例研究的有效性

资料来源：李晓波（2017），前后台结构的优化与绩效变化关系

（二）以研究目的分类

1. 探索性案例研究

探索性案例研究旨在研究问题修正，以及行动路线确定，可以在掌握和了

解问题定义的基础上，明确研究路线及相关路线的关系，并获得与之关联的资料。该研究方法结构建构不集中，信息定义类型较多，但是优势也比较突出，方法灵活，不受限制。通常情况下，样本量并不大，没有什么代表性研究，原始数据都是通过定性方式获取的，研究结论具有时效性，但是可为后续研究预留很多空间，尤其是在样本数据信息不断完善的情况下，研究结论有很大可能受到影响。

2. 描述性案例研究

描述性案例研究在具体实施的过程中，需要先对存在的问题进行掌握和了解，在此基础上对案例进行更加全面的阐述和分析，对研究问题可通过特殊形式进行呈现，比如画图或者讲故事。其研究方向和目标比较精准，即便是初始理论阶段也可有明确的研究方向。信息定义比较清楚，具有初步的研究结构。

3. 解释性案例研究

解释性案例研究可找到变量之间的因果关系，从而确定原因是什么、结果是什么。此类研究中会使用自变量、因变量等，并分析其间的关系。解释性案例研究结构更细化和具体，可以灵活设计出研究方案，结合研究内容选择适合的研究方法，讨论变量之间的关系，获得更多举证资料，验证假设条件是否成立，验证效果相对较强。

除了以上获得广泛公认的三种案例研究类型，学者Bassey（1999）在研究过程中还对评价性案例研究展开详细分析。评价性案例研究主要用于对特定案例进行分析判断。

（三）以分析层次分类

将案例进行分层处理，有些案例研究是从整体出发的，属于整体案例研究；有些案例研究是从局部单元出发的，属于单元案例研究，如多单元研究、嵌入案例研究等。嵌入案例研究是从次级层次分析，并通过层次之间的关联找到主层。

上面提及的几种案例研究方法都立足于不同维度，研究设计方案也会根据研究维度做调整，并制订配套的研究策略。比如案例研究选择探索性、整体性、单案例方法，那么对应的层次结构如图3-1所示。

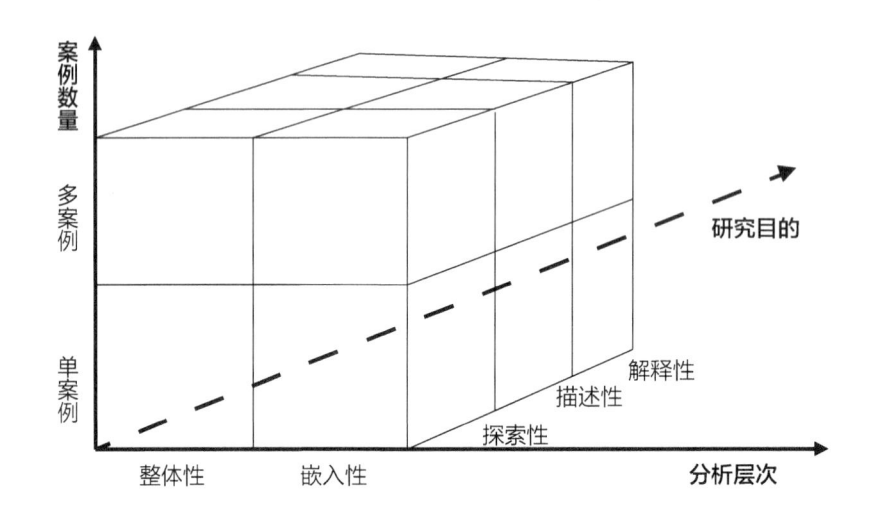

图3-1 案例研究设计三维度

资料来源：李明（2016），服务开发后台结构的优化管理与绩效水平变化的关系探究

第二节 案例研究的规范化设计

案例研究法作为三大理论检验的方法之一，在实际应用过程中经历了非常曲折的发展过程。第一，案例研究并没有规范化的程序，梳理一些研究文献发现使用案例研究方法的研究水平高低不同，有些研究过于宽泛，有些又过于烦冗。在实际研究的过程中，尚未形成系统框架，缺少研究设计指导（范埃弗拉，2006）。第二，案例研究数据分析不够规范，在构建效度、可靠性效度以

及内外效度方面缺少规范性和系统性（Kidder，1986）。随着案例研究方法应用到管理学领域，案例研究引起学者足够的重视，目前的案例研究在程序规范化程度和数据分析规范化程度两个方面都更加完善。

一、程序规范化

Yin（1984）讨论了案例研究应用的程序，第一，围绕研究方向明确研究问题；第二，明确文献的研究观点；第三，确定研究分层或单位；第四，统计研究数据和理论；第五，解释研究结果并验证。Eisenhardt（1989）提出案例研究设计程序，即启动案例研究、选择合适案例、确定研究工具、设计研究步骤、进入案例现场、获取数据、寻找模式、提出研究假设、寻找参考文献和得出研究结论。案例研究方法传入中国，国内学者讨论了该方法，并在研究中尝试应用，结合研究内容设计了研究程序。比如欧阳桃花的观点表明，在具体落实案例分析的过程中，主要涉及五个环节，第一，找到研究问题与目标；第二，综述以往学者的研究成果，确定自己的研究框架，提出研究假设；第三，撰写案例研究方案；第四，分析引用的案例，并推演验证，找到新发现或验证已有观点；第五，得出结论。学者对案例研究步骤有不同的理解，也有不同的步骤划分。当前普遍比较认同的是四步骤划分法，即设计案例研究策略、实施案例数据收集、分析数据、撰写研究报告（谢芳，2009）。

二、数据分析规范化

为保障研究数据的信度和效度，必须规范设计案例研究程序。上述Eisenhardt（1989）总结的案例研究设计步骤后来被其他学者扁平细化，归纳为四个步骤，即设计案例研究策略、实施案例数据收集、分析数据、撰写研究报告，从而保障数据分析的规范化。可看出，后面几个步骤中均与数据分析有关系，规范研究程序，严格按照程序执行，以保障数据有效性。此外，学者Yin还从数据规范化分析角度，总结了案例研究策略：第一，保障有效的构建；第二，保障内部有效；第三，保障外部构有效；第四，保障数据可靠。总结具体的案例研究策略如表3-2所示。

表3-2 案例研究策略

测试	案例研究策略	策略运用阶段
构建有效性	从不同的渠道和途径收集证据	资料收集
	在收集证据的基础上形成证据链	资料收集
	提取关键信息，形成研究初稿	写作
内在有效性	对类型进行匹配处理	资料分析
	解释构建分析	资料分析
	时间序列的分析	资料分析
外部有效性	在多案例研究中使用重复研究设计	研究设计
可靠性	设计案例计划	资料收集
	完善资料库	资料收集

资料来源：李江明（2012），案例学法应用设计

与资料分析相比，数据收集更加客观，一般情况下，按照程序操作一般可以最大限度地保障研究数据的信度与效度。因此在案例研究活动中最难以控制的部分就是资料分析，一方面受到资料样本的影响，另一方面也与分析者有关系，比如，定性分析研究常常受到主观因素的影响（Miles和Huberman，1994）。为解决上述问题，学者Miles和Huberman在资料分析过程中重点关注分析资料的程序，将资料分析过程细分为若干个步骤，对不同步骤都明确了分析工作的任务、分析方法等。以初步资料的数据分析为例，Miles和Huberman总结出初步分析资料可从四个方面推进：第一，明确资料分析方法，对摘要资料内

容分析确定合适的方法，如清单法、案例法等；第二，根据资料内容确定编码方式，如描述标签编码、推论标签编码或普遍标签编码；第三，在分析资料时可增加评注或备忘；第四，确定焦点报告、延伸报告等，比如精简短文、预列提纲的个案报告。上述分析的方法和步骤逐渐发展为基于"扎根方法"（Glaser等，1967；Glaser和Strauss，1999）的"质性分析技术"。借鉴"质性分析技术"，Yin和Eisenhardt在管理学案例研究中发展了一套"由案例理论构建"的资料分析技术，提出了事先推测的相关概念、灵活多变的调研工具、多人研究团队、跨案例分析方法等。

由此可见，质性分析技术是案例研究中资料分析的规范化操作指南。由于定性资料分析在案例研究中的重要性，很多学者将案例研究等同于质性分析，这种看法过于片面。

值得注意的是，虽然以Yin和Eisenhardt为代表的管理学案例研究在数据分析方法上与基于扎根方法的质性分析技术相似，但它们在"引导性想法"的观点上存在差异。Glaser提出的扎根理论强调自然呈现，认为个案研究应该去除约束，充分发掘所有信息，将全部事实呈现出来。但是事实上，任何研究总会带有某种形式的"引导性想法"进入现场。对于引导性想法，Miles等人认为这是一个模糊的现实问题，而Yin和Eisenhardt则认为这是经过文献初步梳理的理论问题。吕力等梳理了相关研究，认为Glaser提出的扎根理论的自然呈现，与基于大样本统计调查的实证研究在先导性想法上处于两个极端，而以Yin和Eisenhardt为代表的管理学案例研究的引导性想法的清晰度要高于Miles和Huberman质性研究的起点，具体如图3-2所示。引导性想法的差异是案例研究定位的重要依据。案例研究设计需要以引导性想法的位置为基准。以Glaser等学者为代表的流派主张的传统扎根理论适用于问题思路空白时通过自然呈现发现问题并构建理论。Miles等人主张的质性研究也主要基于传统扎根理论。以Yin为代表的学者认为，质性研究往往已经明确了基本理论问题，需要构建分析框架及理论命题或假设。传统实证研究则往往是对文献梳理获得的理论分析框架和假设进行实证。当然，案例研究的成果也可能直接成为实证研究的基础。

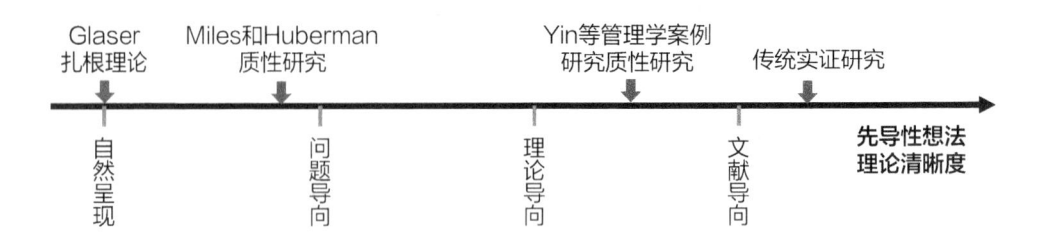

图3-2　基于引导性想法位置划分的案例研究设计类型

资料来源：改编自吕力等（2014）。

第三节　案例研究方法评述

首先，参考案例研究方法、数据特征以及变量逻辑关系，可判断案例研究方法不局限于定性数据，还可以用在定量数据中加以推理验证。案例研究方法的研究思路突出了两个特征：复现和归纳。案例研究不能简单界定为质性研究，因为在案例研究中还有大量样本数据和试验方法（范埃弗拉，2006）。

其次，从三维划分角度看，案例研究包含很多具体任务，如收集资料、研究方案设计，它是一套完整严谨的研究策略（Jennifer Platt，1992），也可以解释为综合全面的研究思路。可以说案例研究方法是"一整套研究方案设计必须遵循的逻辑"，包含研究思维、研究方法，以及研究资料等（Stoecker，1991）。案例研究方法与其他研究方法有相似之处，关键部分是规范数据收集、规范数据分析，并最大程度得到"分析性结论"（非"统计性结论"）的普遍性（Yin，2002）。

可见，在进行案例研究设计的过程中，需要非常科学和规范的流程，具体包括，根据研究问题分析是否适宜使用案例研究方法；根据研究的任务选择案例个数和分析层次；根据规范化要求制订收集数据和分析数据的程序。总之，研究目的不同，案例研究设计和侧重点也不同。

案例研究在实际设计的过程中，主要考虑以下几个方面。首先，在案例研究问题不够清晰的情况下，原则上选择探索性案例研究方法分析问题，由此确定研究目的。同时还要关注"引导性想法"来源，如果是源自研究者自身，那么可以就研究问题进行模糊分析。结合研究层次可确定是从整体研究还是从局部研究入手。其次，为精准研究问题，选择样本数据和分析样本数据，可采取扎根方法，让数据自然呈现，不需要局限于某一固定范式。最后，探索性案例研究成果比较清晰可见，能够反映实践活动中的问题，或者获得初步理论结果。这些均为后续实证分析提供了参考，预留了研究空间。综上分析可得，在研究的前期准备过程中，可使用探索性案例研究方法，为后续的描述性研究或解释性研究打好基础。

根据探索性案例研究所得到的结论，可发展为理论成果，即便所得结果是初步理论，也可以实现明确和优化，从而为下一步的描述性案例研究做好准备。一般情况下，在实施描述性案例研究时，需要设计多个方案，通过对比分析、文献分析等找到理论问题，结合"先导性想法"确定实践问题或模糊理论问题，经过案例研究分析输出结果，得到初步假设或命题。从分析维度看，这样的研究可以是整体案例研究，也可以是嵌入案例研究，但是必须保障数据收集规范和分析规范，否则会影响下一步结果。描述性案例研究与探索性案例研究相比，对自然呈现要求不严谨，多数情况下都是结合导向路径发展，案例研究结构程度不高，采用的分析方法比较广泛。

通过描述性案例研究，得到理论问题或初步命题、初步假设，之后还需进行解释性案例研究，从而确定假设是否成立，以保障研究结论的普遍性与有效性。解释性案例研究需要运用一些复杂模型，通过复现逻辑设计更多方案去证明同一个研究结果。在该类型案例研究中，"先导性想法"比较清楚，可以明确定位理论问题或初步假设和命题，输出结果是新理论或修正的理论成果。从分析维度看，该案例研究是整体或嵌入案例研究，数据收集及分析都依靠前两个步骤的案例研究，结构程度高，采取的方法多为跨案例分析方法。

总结上述三种案例研究方法如图3-3所示，并补充以下几点。

第一，并不是所有的研究方案都是从探索性案例研究开始的，是否需要选取这样的方法，与研究问题、研究方向有关，如果研究者有更好的途径处理，可不用选择探索性案例研究。

第二，一般研究目的决定案例设计并不是绝对唯一的设计，可以根据具体情况设计。如探索性案例研究在条件满足的情况下可选择多案例，本研究第四章就实施了探索性案例研究。但是无论选择什么样的案例研究方式，都必须遵守基本原则：程序规范和数据分析规范。

第三，在遵循案例研究程序规范和数据分析规范的原则下，解释性案例研究可以得到普遍结论。本文研究的第五章至第八章重点使用了解释性案例研究方法。但是解释性案例研究所输出的是分析性普遍结论而非统计性普遍结论，想要解释性案例研究结论适用于大样本统计分析，还需要进一步验证以保障结果的普遍性。

第三章 数据分析方法

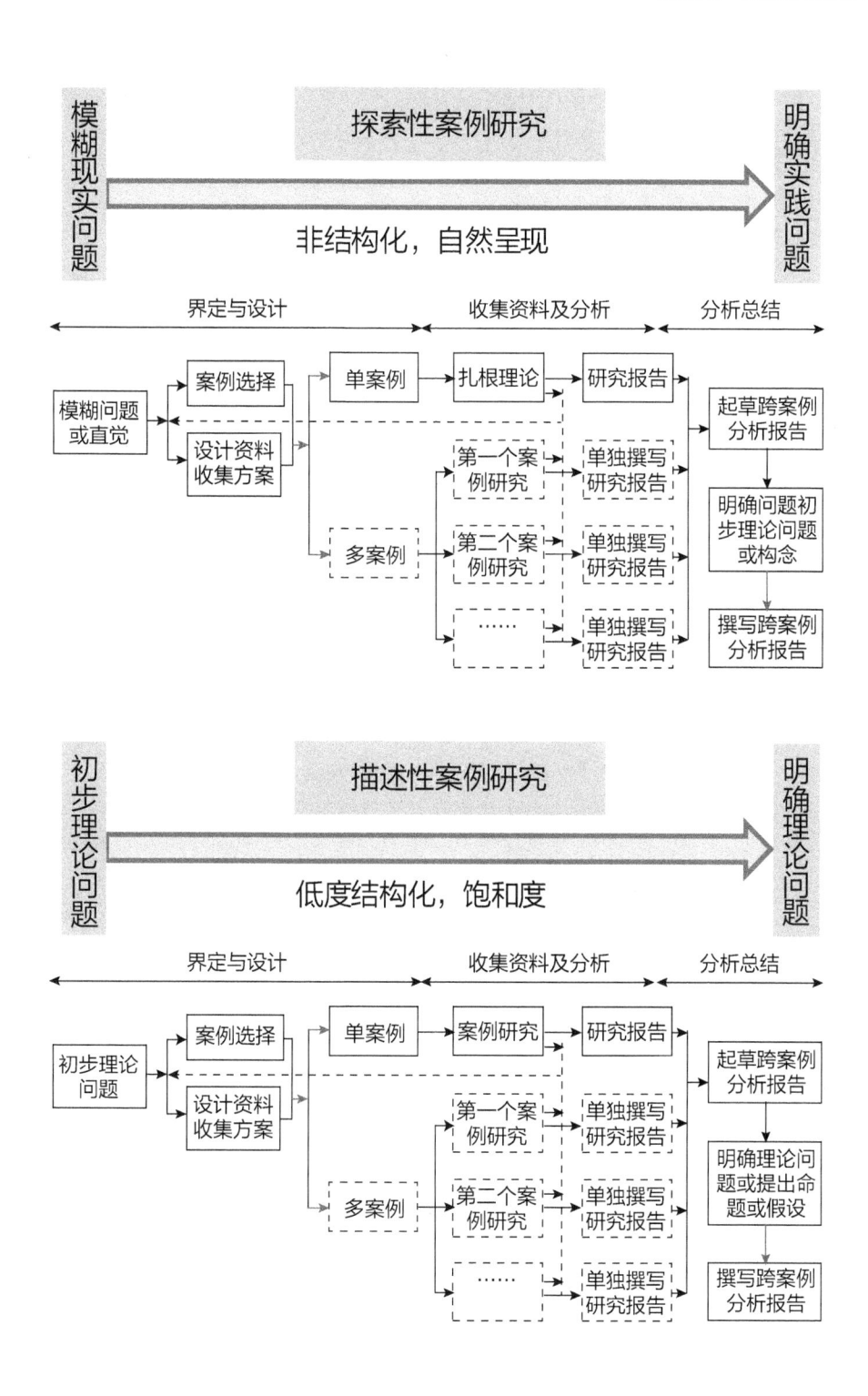

探索性案例研究

模糊现实问题 → 明确实践问题

非结构化，自然呈现

界定与设计 | 收集资料及分析 | 分析总结

模糊问题或直觉 → 案例选择 / 设计资料收集方案 → 单案例 → 扎根理论 → 研究报告 → 起草跨案例分析报告 → 明确问题初步理论问题或构念 → 撰写跨案例分析报告

多案例 → 第一个案例研究 → 单独撰写研究报告
第二个案例研究 → 单独撰写研究报告
…… → 单独撰写研究报告

描述性案例研究

初步理论问题 → 明确理论问题

低度结构化，饱和度

界定与设计 | 收集资料及分析 | 分析总结

初步理论问题 → 案例选择 / 设计资料收集方案 → 单案例 → 案例研究 → 研究报告 → 起草跨案例分析报告 → 明确理论问题或提出命题或假设 → 撰写跨案例分析报告

多案例 → 第一个案例研究 → 单独撰写研究报告
第二个案例研究 → 单独撰写研究报告
…… → 单独撰写研究报告

图3-3 案例研究设计总图

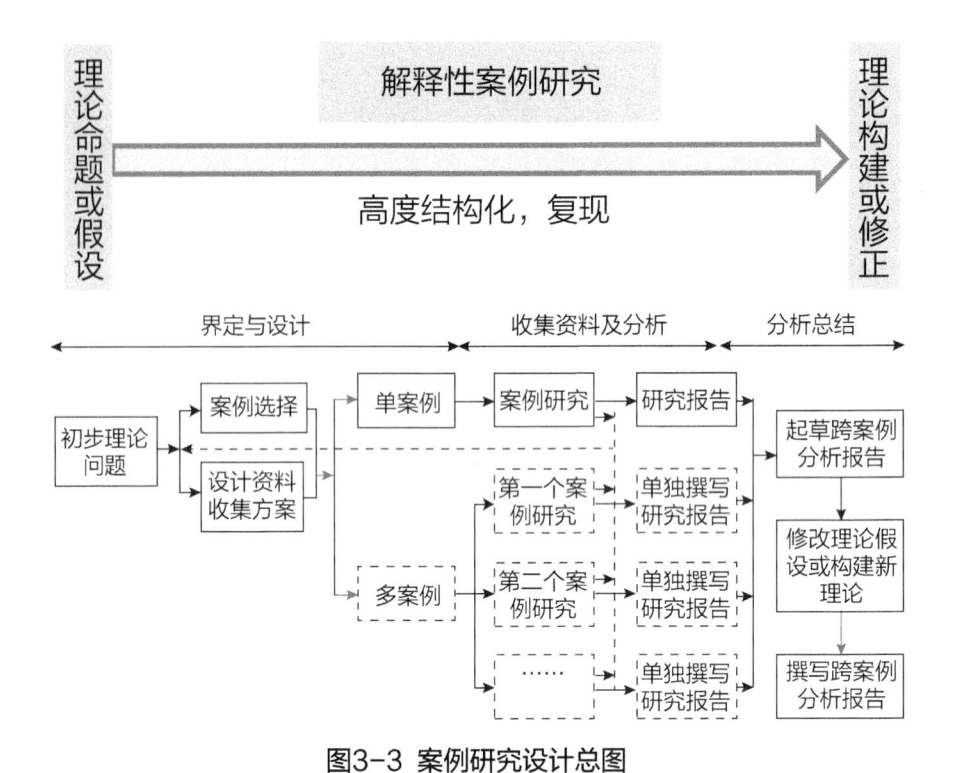

资料来源：王强（2016），后台结构的转换和知识转移发展的核心构成内容

<第四章>

城市公用事业PPP项目控制权配置与合作效率关系的探索性案例研究

本章在第二章和第三章的基础上，选择四个典型的民营企业参与的城市公用事业PPP项目开展描述性案例研究和探索性案例研究，深入剖析控制权配置对PPP项目合作效率的影响机制。为了提高研究的内部效度，本章采取嵌入式案例研究，研究对象为同一家民营企业参与的四个不同的PPP项目。通过单案例研究和多案例研究，建构控制权配置、政企行为与项目合作效率三个变量之间的初始概念模型，并提出相应的研究命题。

第一节 理论背景与理论预设

在进行探索性案例研究时，可以有理论预设，一方面有助于提高案例构建理论的合理性；另一方面有助于研究者将关注的焦点放在所要研究的问题上，不会转向与研究无关的东西，从而提高案例研究的效率（Yin，2003）。因此，本研究首先阐述理论背景与理论预设。

城市公用事业PPP是一种快速发展的公私合作制模式，许多学者都对它产生了浓厚的兴趣，虽然关注越来越多，但学术界对城市公用事业PPP的认识，无论在深度上还是广度上均有局限。已有的研究显示城市公用事业PPP项目合作效率不高（张淑华，2019）。原因之一是城市公用事业提供的产品或服务属于准公共产品，民营企业的逐利性很容易扭曲城市公用事业PPP项目的公益性特征。所以在一些区域存在政府和企业反复"讨价还价"现象，类似反复议价，可以说是"一抓就死，一放就乱"。另外，Guasch等（2008）对拉丁美洲地区307个PPP项目进行实证研究，结果发现，在218个交通项目中，再议价的比例高达45.4%。我国PPP项目也存在一些合作效率低下的案例（邵颖红等，2019）。而对于那些合作效率较高的城市公用事业PPP项目，至今未能清晰地揭示其高效的影响因素。此外，用以检验现有概念模型的实证研究，要么得出一些互相矛盾

第四章　城市公用事业PPP项目控制权配置与合作效率关系的探索性案例研究

的结论，要么由于不同的变量量化而难以相互比较。

20世纪80年代起中国城市公用事业PPP进入探索阶段，一些学者开始关注PPP项目合作效率的问题，由于缺乏理论基础研究，刚开始相关研究基本上是将国外成熟的模型引入国内。已有的对于合作效率的分析框架范围包括不完全契约理论、利益相关者理论等（赖毅，2014；叶晓甦和戚海沫，2013；张喆，贾明和万迪昉，2007；易朋成，2011；王守清等，2017），但是这些分析框架并没有对城市公用事业PPP项目的合作效率提供完整的解释。比如利益相关者理论，整合了委托代理理论、不完全契约理论，试图弥补这些理论的不足，即使这样，利益相关者理论的实证支持并不能完全解释城市公用事业PPP项目的合作效率。事实上，政府追求公共利益和民营企业追求私人利益的冲突是影响PPP项目合作效率的根本，这种冲突可以通过控制权合理配置来解决。根据不完全契约理论，对企业间的合作而言，控制权配置是决定合作效率的关键。进一步，Hart，Shleifer和Vishny（1997）在不完全契约框架中首次引入公共部门，讨论了公共部门的最佳边界问题，并提出了有关公共品应该是公共部门所有还是私人部门承包这一问题的理论模型（HSV模型）。随后，Besley和Ghatak（2001）用GHM的不完全契约思想研究了在合作生产纯公共品时控制权在公私部门之间的分配问题。借鉴这些研究，国内学者张喆，贾明和万迪昉（2009）发现政府主导下的中国PPP项目控制权配置对合作效率具有重要影响。

事实上，PPP模式的缘起是交易成本理论。通过公共部门（本研究特指政府）与私人部门（本研究特指民营企业）的合作，节约交易成本，增加交易收益，从而提升合作效率，是PPP模式的终极目标。从不完全契约视角出发，控制权配置是影响PPP项目合作效率的关键变量（David和Jerome，2006；Hart和Moore，1999）。所以，不能忽视控制权配置对合作效率的影响。对控制权配置与合作效率之间的关系，一些学者已经展开了一些研究（张喆，贾明和万迪昉，2007；易朋成，2011；叶晓甦和戚海沫，2013；王守清等，2017；张淑华，

2019）。但是有关控制权配置对PPP项目合作效率的影响机制，以及特定行业，如城市公用事业PPP项目，控制权配置对合作效率的影响是否与已有研究结论存在差异还需要进一步深入探讨。

本章的研究对象是民营企业参与的城市公用事业PPP项目，包括垃圾处理、供水、污水处理、燃气、公交等五个行业，它们的合作效率的确存在差异，本研究推断控制权配置可能是影响政企行为和合作效率的主要因素。

除了不完全契约理论和利益相关者理论，受"激励—反应"基本经济分析逻辑的启发，本研究将政府让渡控制权给民营企业的行为作为一种"激励"性策略，控制权让渡能够让政府和企业做出有利于提升PPP项目合作效率的"反应"。比如，让渡更多控制权给民营企业有助于政府将更多的精力放在本就擅长的监管行为和治理行为上，可以大幅降低社会管理成本。再比如，根据本研究的访谈，如果民营企业拥有更多控制权，企业就更有意愿和动力在专业设备、技术、管理和运营等方面不断创新，让提供的产品符合环保要求，减少成本，增加收益，同时也更愿意增加公益性投入和减少自利性投入。因此，本研究将控制权配置和政企行为纳入同一个分析框架，探讨控制权配置如何影响政企行为进而影响项目合作效率，旨在揭示提升城市公用事业PPP项目合作效率的可行路径。

不完全契约理论为城市公用事业PPP项目的合作效率提供了丰富的解释（张喆、贾明和万迪昉，2007；易朋成，2011；叶晓甦和戚海沫，2013；王守清等，2017）。张淑华（2019）认为，基础设施PPP项目控制权配置越合理，双方投入水平越高、社会资本努力水平越高，合作效率越高。值得关注的是，一方面，在"放管服"背景下，政府鼓励更多的民间资本参与PPP项目，比如，为了更有效地吸引民营企业参与PPP项目，地方政府需要在合理范围内让渡给民营企业更多的权利（冯净冰等，2020）。另一方面，民营企业在参与PPP项目的过程中，希望通过获取更多的控制权来激发创新活力，降低运营成本。

第四章 城市公用事业PPP项目控制权配置与合作效率关系的探索性案例研究

可见，本研究的假设前提是政府愿意让渡更多控制权给民营企业，且民营企业总是积极争取更多的控制权，因为这样既有利于政府更专注于项目治理、提供服务以及提供支持与保证，也有利于企业降本增效，从而有助于提升合作效率。

鉴于此，本研究假设，对于民营企业参与的城市公用事业PPP项目，民营企业拥有的控制权越高，合作效率也越高。另外，民营企业拥有的控制权越高，政府支持力度会更大，民营企业自利性投入会更少，而公益性投入力度会更大。

总体上讲，政府和企业的行为对合作效率会产生影响已经得到了学者一致认可。如王守清，张博和刘耘诗（2019）提出，影响PPP项目绩效的政府行为包括政府前期准备、项目治理、政府服务、政府支持与保证。只是政府行为与企业行为之间的关系如何，有待进一步探索。张喆，贾明和万迪昉（2009）运用不完全契约理论，通过构建控制权配置对合作效率影响的数学模型研究发现，控制权配置会影响PPP合作中的企业的自利性投入和公益性投入水平，合理的控制权配置既能保证企业选择较低的自利性投入和较高的公益性投入以满足企业的激励相容条件，又能提高PPP合作效率。因此，本研究假设，政府积极行为和企业积极行为对合作效率有显著正向影响作用。

事实上，虽然学者认为企业所拥有的控制权对合作效率有影响，但是少有学者从控制权配置与政企行为之间的适配进而影响合作效率这一逻辑机理来考察。

综上所述，本研究假设控制权配置显著影响政府行为和民营企业行为，政府行为和民营企业行为显著影响PPP项目合作效率（如图4-1所示）。接下来，本研究将以本理论预设为基础，挖掘案例企业的相关数据，并进行分析性推演，进而提出初始命题。

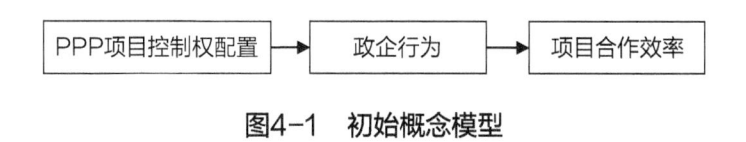

PPP项目控制权配置 → 政企行为 → 项目合作效率

图4-1 初始概念模型

第二节 研究设计

一、多案例研究的设计逻辑

苏敬勤等（2011）提出，问卷调研与试验方法只能回答"谁""什么""哪里"以及"多少"的问题。所以当研究需要回答"如何"和"为什么"之类问题，旨在解答构念的深层影响机制时，在实证研究方法上，使用案例研究方法才能更好地开展研究。同样，选择多案例研究方法是由本研究的研究目的、研究对象和研究问题决定的。从研究目的来看，本研究从控制权配置的视角，揭示其对城市公用事业PPP项目合作效率的影响机制。从研究对象来看，城市公用事业PPP项目合作效率是具有情境化特征的构念，而案例研究方法比较适合探讨特定情境下"过程与机理类"问题（Eisenhardt, 1989; Cardinal, 2004; Siggelkow, 2007; Yin, 2009; 周江华等, 2012），有助于充分展示研究对象的动态演变规律。通过剖析典型案例，可发现变量之间独特的因果关系（Welch等, 2011; 毛基业和李高勇, 2014）。从研究问题来看，本研究主要回答政府与民营企业之间控制权配置如何影响政府和企业的行为从而影响城市公用事业PPP项目合作效率，多案例研究有助于把握城市公用事业PPP项目合作效率差异的微观机理和形成机制。另外，多案例研究遵循复制法则，每个案例相当于一个独立的实验，使个案之间得以进行反复验证，在比较中从多维度、多角度提炼理论，识别潜在因果关系并提升理论的外部效度（Yin, 2009），能够构建更具普适性的理论（毛基业和陈诚, 2017）。

案例研究的分析路径主要有两种：现象驱动型案例研究和理论驱动型案例研究。现象驱动型案例研究是在缺乏可行性理论的情况下，通过现象尝试建立理论。理论驱动型案例研究则要求研究者紧扣已有的理论建立分析框架，然后发掘有力的定性数据去验证和发展理论，它有利于进行一些复杂的、无法定量分析的、分析框架还不是很成熟的理论研究。

第四章 城市公用事业PPP项目控制权配置与合作效率关系的探索性案例研究

本研究旨在探索控制权配置对城市公用事业PPP项目合作效率影响的内在机理,不仅要考察特定预设因素对城市公用事业PPP项目合作效率的影响,还要深层次探索其对城市公用事业PPP项目合作效率的影响机制。鉴于此,本章采用探索性案例研究方法对城市公用事业PPP项目进行研究,提出分析框架和初始命题;在此基础上,后续章节以行业为标准进行分类,对城市公用事业典型行业的PPP项目进行解释性案例研究,进一步完善本章提出的分析框架,实现对既有理论的修正,获得具有普遍意义的分析性结论。

二、案例的选取标准

案例选取首先要确定案例数量。根据Eisenhardt(1989)的建议,一般选择4~10个案例,以便获得良好的分析归纳基础,有助于改善结论信度和效度(Rossman,2010)。至于具体选择几个案例,则应该使用理论抽样(而非统计抽样)来决定,即当新增案例无法提供更多新知识时,停止案例增加。另外,案例选择必须与要回答的问题有关,选取典型和极端情形的案例更合适(Pettigrew,1990;张霞和毛基业,2012),没有必要随机选择(Eisenhardt,1989)。根据以上观点,为了更好地契合研究问题,达到理论构建的目的,本研究运用以下标准来筛选案例。第一,案例的典型性。本研究旨在从控制权视角探讨城市公用事业PPP项目合作效率的差异,首先,所选择的案例必须是典型的城市公用事业PPP项目,控制权配置在运营过程中持续发挥重要作用,且PPP项目合作效率存在显著差异;其次,所选择的项目必须是运营了一段时间,正处在运营阶段,从而可以获取有关合作效率差异的资料。第二,兼顾案例多样性和对比性。为了探索控制权配置与合作效率的差异性,案例选择既考虑了多案例研究的复制逻辑,也考虑了案例间的差异性,包括影响控制权配置的差异、政府行为和企业行为的差异,以及合作效率的差异。第三,案例素材的完整性。确保项目主要参与者同意参与多次访谈,愿意提供控制权配置、政府行为、企业行为、合作效率的真实资料，确保可以实现资料收集的三角验证。基于以上三个标准，本研究最终选择四个独特性案例作为分析对象，基于"控制权配置—政企行为—合作效率"的逻辑进行梳理，分别命名为项目L、R、Y、C（如表4-1所示）。

表4-1 项目调研概况

项目编码		L	R	Y	C
成立时间		2018	2017	2017	2016
投资总额/亿元		2	4.3	1.05	1.5
特许经营年限/年		30	30	30	28
合作次数/次		初次	初次	第二次	第二次
人口总量/万人		27	125.34	43.39	85.42
主营业务		协同处理生活垃圾、餐厨垃圾等	垃圾焚烧发电	垃圾焚烧发电、工业固体废弃物填埋	垃圾焚烧发电
合作模式		BOT	BOT	BOT	BOT
回报机制		政府付费	政府付费	政府付费	政府付费
初始控制权配置	审批权	1.09	0.83	1.44	0.92
	提议权	0.18	0.14	0.20	0.15
	执行权	0.30	0.15	0.32	0.17
核心访谈次数、对象		3次 L市环境卫生管理处相关负责人，WM环保董事长、总经理、项目副总经理	4次 R市市政园林局相关负责人，企业投资经理、项目部门经理	3次 Y市住房和城乡建设规划局相关负责人，企业投资经理、项目行政主管	3次 C县园林局相关负责人，企业高级投资经理、项目部门经理
补充访谈次数、对象		4次 企业高级投资经理、项目负责人	5次 企业高级投资经理、项目负责人	5次 企业高级投资经理、项目负责人	4次 企业高级投资经理、项目负责人
二手资料来源		财政部PPP综合信息平台	财政部PPP综合信息平台	财政部PPP综合信息平台	财政部PPP综合信息平台

三、案例研究的信度与效度

（一）资料收集

本研究主要通过访谈和档案收集资料，收集时间从2016年12月持续至2020年11月。笔者及书组成员对四个案例项目和相关部门进行了13次正式访谈和18次补充访谈。访谈对象是参与项目的主要企业代表、参与项目的政府相关部门的经手人以及项目运营管理的负责人。我们根据事先拟定的访谈提纲，对来自政府、民营企业和项目运营的关键人物进行深入访谈，确保了访谈对象的多样性。正式访谈每次时长3小时左右，且有些人被访谈不止一次，补充访谈时长为15至50分钟。补充访谈主要采用微信形式，主要是对初次访谈有疑惑的问题进行补充。每一次访谈至少有三人，一个人是主要采访人，其他是辅助采访人，主要负责做好访谈记录。此外，为了保证信息的完整性和真实性，提高访谈效率和可信程度，在受访人允许的情况下，同时运用多种数据收集方法，将记录和录音结合在一起。访谈过后及时对当天的记录进行归纳和总结，并写出访谈里的每一个问题的答案，对于不明白、没有达成统一的问题做深入分析探讨，重复听录音并多次向受访人求证，进一步保证资料的获取效率和真实性。对较重要的问题，通过电子邮件、微信、电话回访的方式进行深层次询问。除了访谈之外，为了降低研究偏差，还通过各种可行的方法收集和整理PPP项目的档案资料，包括PPP项目合同中关于控制权配置的核心部分、项目年度报告、公开出版的案例，以及有关PPP项目的公众号推文等，尽可能地保障全面真实地获取案例素材。

（二）数据分析方法

探索性案例研究的核心是要构建理论，而构建理论的核心是数据分析，数据分析首先要对信息资料进行编码。参照Lincoln和Guba（1985）；Krippendorff（2004）；苏敬勤和崔淼（2011）等的研究，本研究的编码采用典型内容分析程序。典型内容分析程序是一种用于解释研究问题、现象或事件的质性数据研究方法，通过对原始信息不断浓缩和提炼，完成编码。

根据Eisenhardt（1989）及陈晓萍等（2008）的建议，规范的多案例探索性研究应该先进行个案研究，然后进行案例之间的比较，最后构建概念框架。具体是，首先建立文本，其次编码。由于本研究主要包括控制权配置、政府和企业行为、合作效率三个构念，因此按照构念对数据进行编码（编码样例如表4-2所示），接着进行数据归类。如果有初步的理论，根据理论架构来分类（Yan和Gray，1994），也就是将所有数据按照理论预设进行逻辑归类，然后进行资料聚焦与检定假设。参照Eisenhardt（2009）的建议，本研究将理论构建分为各个主题和初步假设，根据资料与初步假设匹配状况，作为接受或拒绝假设（或命题）的依据，最后整合所有资料、理论命题，初步构建理论框架。

在此基础上，继续进行跨案例分析。为了通过案例之间的配对来突出异同，本研究采用分析性归纳方法进行案例分析（Glaser和Strauss，1967），这种方法有助于现有理论的扩展与精炼。具体是，首先对第一个案例资料进行数据分析，形成构念与主题，并初步建立起各构念之间的关系；然后以复制性逻辑来精炼这些关系。如一般会到每个案例中去比较、验证具体的构念和逻辑是否存在。通过理论与数据的反复比较，强化构念的定义、构念之间的理论关系以及深层次的理论观点。

本研究采取上述步骤进行案例分析，通过访谈四个案例获得的数据，结合已有的理论预设，将理论与数据结合分析，直至达到理论与案例数据之间的高度匹配，从而得出相对稳定的初始分析框架和研究命题。

（三）资料编码

资料收集之后，根据初步形成的研究框架和扎根理论的要求进行归纳式编码与分析（Guba和Lincoln，1994）（如表4-2所示）。研究框架中的不同变量将通过开放性编码、主轴编码和选择性编码的三级编码过程，为更高维度构念的汇总提供基础。为了保证研究信度，数据的整理和翻译由企业管理专业的教授和博士分两次进行。为了保证分析结果的一致性，两次整理都会对不一致的构念进行分析，产生分歧的部分由第三位从事城市公用事业PPP研究的权威教授判定如何进行编码。经过三人的沟通与协商，两次结果的一致性水平均达到95%以上，显示出较强的一致性。

表4-2 资料编码举例

核心范畴	主范畴	副范畴	案例材料举例
控制权	提议权	提出或设计决策方案或计划的权利	项目决策清单合同细则中注明：在工程建设期内，乙方在不违返法律法规的前提下有权对设计提出改动，并向甲方备案
	审批权	决策主体在若干方案中选择或对计划是否可行进行判断的权利	项目决策清单合同细则中注明：初步设计文件应提交甲方审核，甲方有权对乙方提交的初步设计提出修改意见
	执行权	决策主体将确定的方案或计划付诸实践的权利	项目决策清单合同细则中注明：在经营维护期内，乙方负责本项目Y市垃圾焚烧发电厂配套飞灰填埋场工程
政府行为	项目治理	监管措施	项目实施过程中定期履约监管（价格、安全、资金使用情况等）；政府对重要决策有一票否决权
		激励手段	委托专业机构对项目定期绩效评价，且评价结果与政府支付/补贴挂钩
		弹性合同	特许期调整机制、调价机制、争议解决机制、灵活退出机制等
	服务	服务态度	项目整个流程中的责任主体分明，建立了本级PPP项目综合信息平台
		沟通水平	建立了本级PPP第三方专业机构库和专家库，政府方及时分享行业发展规划、投资政策、财政税收政策、统计数据信息
		可信度	政府方利用新媒体对项目及社会资本方进行积极宣传
		政府承诺	双方合作共同申请示范项目

续表

核心范畴	主范畴	副范畴	案例材料举例
政府行为	支持与保证	政府保证机制	质量提升补偿保证、最低需求量/最低收入保证、限制竞争保证、法律变更保证
		政府补贴	土地及物业免费或减价使用、经营性资源配置、现金补贴、优惠政策（水电气优惠、企业所得税减免、行政事业性收费减免等）
		财政支持	安排财政资金设立风险池，为项目贷款增信；国家级/省级示范项目奖励；政府为项目/设备购买保险进行风险分担；社会资本退出时，根据退出评价进行一次性奖励
企业行为	自利性投入	宣传产品	企业在合作中投入大量资金和人员用于企业产品的宣传
		关联销售	在合作的各种场合，经常会提到该企业的相关产品
	公益性投入	人、财、物支持	企业会提供足够的人力、物力和资金以满足合作项目需要
		与第三方沟通协调	企业在合作过程中付出大量人力物力积极与第三方沟通协调，以求实现项目预期目标
合作效率	交易收益	互补效应	我们与政府之间资源共享、优势互补，产生了1+1大于2的效果
		抵御风险	当环境发生变化时，政府和我们联合起来抵御风险
		促进创新	在政府的影响下，我方在技术、产品、管理等方面有明显改进
		开拓市场	与政府合作，可以扩大我们在市场上的业务领域
	交易成本	融资成本	与政府合作，可以降低融资成本
		履约成本	利用政府的专业能力，我们不用花很多人力、物力、财力自行研究
		谈判成本	与政府合作可以降低项目建设运营过程中的谈判成本

（四）构念测度

在构念测度上，本研究一方面充分借鉴已有文献的衡量方法，遵循有利于知识积累的原则，整理出与案例分析最匹配的测度方法（江诗松等，2011），

第四章 城市公用事业PPP项目控制权配置与合作效率关系的探索性案例研究

如借鉴现有研究成果用于测度"控制权""企业动态能力"和"合作效率"；另一方面保持相对松散的概念类型（Laamanen和Wallin，2010），使关键构念能从案例数据中涌现出来，如本研究结合文献研究和案例证据发展出"政企行为"的测度逻辑（如表4-3所示）。其中，控制权的数据主要来源于PPP项目合同，从配置主体——政府和民营企业的角度，将项目合同中的条款转化为控制权配置。并以公共部门（政府为代表）和私营部门（民营企业为代表）掌握提议权、审批权和执行权的决策节点个数之比作为衡量民营企业对PPP项目控制强度的尺度。政企行为与合作效率的数据，基于数据可得性的考虑，均采用主观评价方法。为了使数据尽量客观真实，采取以下措施：所有数据都是通过对特定案例企业内部不同岗位、不同职务的人员的访谈获得，并结合对本行业特别熟悉的政府官员的整体评价，以及相关学者对案例素材和访谈资料的内容分析，得出相对客观的评价。

表4-3 关键构念测度

构念	维度	指标	测度
控制权	提议权	决策主体提出或设计决策方案或计划的权利	+：提议权在政企之间的分配比率＞0.17 ++：提议权在政企之间的分配比率0.10~0.17 +++：提议权在政企之间的分配比率＜0.10
	审批权	决策主体在若干方案中选择或对计划是否可行进行判断的权利	+：审批权在政企之间的分配比率＞1 ++：审批权在政企之间的分配比率0.75~1 +++：审批权在政企之间的分配比率＜0.75
	执行权	决策主体将确定的方案或计划付诸实践的权利	+：执行权在政企之间的分配比率＞0.3 ++：执行权在政企之间的分配比率0.17~0.3 +++：执行权在政企之间的分配比率＜0.17

续表

构念	维度	指标	测度
政企行为	政府行为	项目治理能力强 政府服务积极 支持与保证有力	++：政府项目治理能力、服务积极性、支持与保证力度都很强 +：政府项目治理能力、服务积极性、支持与保证力度都一般 N：政府几乎没有项目治理能力、服务积极性、支持与保证
政企行为	企业行为	自利性投入水平低 公益性投入水平高	++：企业的宣传产品、展示标识和关联销售等自利性投入水平很低，而对项目人财物的支持、与第三方沟通协调的努力程度等公益性投入水平很高 +：企业的宣传产品、展示标识和关联销售等自利性投入水平，对项目人财物的支持、与第三方沟通协调的努力程度等公益性投入水平都一般 N：企业几乎没有公益性投入，只有自利性投入
合作效率	交易成本	融资成本、履约成本和谈判成本低	+++：PPP项目融资成本、履约成本和谈判成本很低 ++：PPP项目融资成本、履约成本和谈判成本一般 +：PPP项目融资成本、履约成本和谈判成本很高
合作效率	交易收益	互补效应、抵御风险、促进创新和开拓市场能力提升	+++：PPP项目特许经营后政企之间的互补效应、抵御风险、企业的创新意识和开拓市场能力都显著提升 ++：PPP项目特许经营后政企之间的互补效应、抵御风险、企业的创新意识和开拓市场能力都一般 +：PPP项目特许经营后政企之间的互补效应、抵御风险、企业的创新意识和开拓市场能力无明显变化

第三节　案例项目背景

一、L项目

WM环保股份有限公司于2018年9月28日同意投资、建设、运营L市静脉产业园项目——垃圾资源化协同处理工程PPP项目，项目投资总额约2亿元，并在项目所在地设立项目公司。合作模式为BOT（建设—运营—移交）。项目总用地面积56490平方米。项目投产后生活垃圾处理不低于300吨/日、餐厨垃圾处理不低于25吨/日、粪便处理不低于15吨/日。项目合作期限30年，包括建设期和运营期。WM环保股份有限公司负责出资设立项目公司，且占公司注册资本的100%。项目回报机制是政府付费。依据表4-3对核心变量进行赋值：初始控制权配置为++++，政企行为++，合作效率++++（如表4-4所示）。

二、R项目

WM环保股份有限公司于2017年5月17日与R市市政园林局签署《R市垃圾焚烧发电厂扩建工程PPP项目合同》，项目投资总额约4.3亿元，并在项目所在地设立项目公司。合作模式为BOT（建设—运营—移交）。扩建日处理1000吨垃圾焚烧工程和新建日处理150吨餐厨垃圾工程。特许经营权经营期为30年。WM环保股份有限公司负责出资设立项目公司，且占公司注册资本的100%。项目回报机制是政府付费。依据表4-3对核心变量进行赋值：初始控制权配置为++++++++，政企行为++++，合作效率为++++++（如表4-4所示）。

三、Y项目

WM环保股份有限公司于2017年10月31日同意投资、建设、运营Y市垃圾焚烧发电厂配套飞灰填埋场工程和玉环市一般工业固体废弃物填埋场工程PPP项目，项目投资总额约1.05亿元，并在项目所在地设立项目公司。合作模式为BOT（建设—运营—移交）。项目总用地面积55076平方米。项目合作期限30年，包括建设期和运营期。WM环保股份有限公司负责出资设立项目公司，且占公司注册资本的100%。项目回报机制是政府付费。依据表4-3对核心变量进行赋值：初始控制权配置为+++，政企行为+、合作效率为+++（如表4-4所示）。

四、C项目

WM环保股份有限公司于2016年1月8日投资C县垃圾焚烧发电厂扩容工程,公司控股子公司CWM环保能源有限公司负责该项目的投资、建设与运营等工作,项目投资总额约1.5亿元。合作模式为BOT(建设—运营—移交)。项目投产后焚烧处理生活垃圾1000吨/日。特许经营权经营期为28年,特许经营权经营期自进入商业运营日开始计算。WM环保股份有限公司负责出资设立项目公司,且占公司注册资本的100%。项目回报机制是政府付费。依据表4-3对核心变量进行赋值:初始控制权配置为+++++、政企行为+++、合作效率为+++++(如表4-4所示)。

表4-4 案例项目基本信息

项目编码	L	R	Y	C
成立时间	2018	2017	2017	2016
投资总额/亿元	2	4.3	1.05	1.5
特许经营年限/年	30	30	30	28
合作次数/次	初次	初次	第二次	第二次
人口总量/万人	27	125.34	43.39	85.42
主营业务	协同处理生活垃圾、餐厨垃圾等	垃圾焚烧发电	垃圾焚烧发电、工业固体废弃物填埋	垃圾焚烧发电
合作模式	BOT	BOT	BOT	BOT
回报机制	政府付费	政府付费	政府付费	政府付费
初始控制权配置	++++	+++++++	+++	++++++
政企行为	++	++++	+	+++
合作效率	++++	++++++	+++	+++++

第四节 案例内分析

根据Yin（2004）的要求，多案例研究应该逐个实施单案例研究，并单独撰写研究报告，再撰写跨案例研究报告，据此修改理论假设，提出政策建议。

本节将对同一家民营企业参与的四个不同城市公用事业PPP项目的数据逐一进行编码，并根据研究变量进行归类，分别对每个案例中的控制权配置、政企行为与合作效率进行描述与初步分析，由此得出结构化的数据信息，为深入研究变量之间的关系奠定一定的基础。

一、控制权配置

本研究基于实地访谈与三角验证，同时借鉴已有研究观点，识别当前我国城市公用事业PPP项目实践的典型特征，提炼出影响城市公用事业PPP项目合作效率的控制权类型，最终确定城市公用事业PPP项目的提议权、审批权和执行权是控制权的三个核心维度。由于城市公用事业所提供的产品和服务基本属于准公共产品，国家先后出台了一系列政策鼓励民营企业积极参与，通过提升企业的专业能力和市场的调节效率，提高PPP项目的供给效率。但是，城市公用事业民营化和市场化的同时，更加需要政府的有效监管。我国城市公用事业PPP项目的"监督权"基本由政府掌控，以政府监督民营企业为主，不存在政企之间监督权的分配，因而本研究未将监督权涵盖在内。鉴于此，本研究主要围绕提议权、审批权和执行权三个特征维度进行有关控制权配置的数据信息收集。并以公共部门（政府为代表）和私营部门（民营企业为代表）掌握提议权、审批权和执行权的决策节点个数之比作为衡量民营企业对PPP项目控制强度的尺度。

提议权指决策主体提出或设计决策方案或计划的权利；审批权指决策主体在若干方案中选择或对计划是否可行进行判断的权利；执行权指决策主体将确定的方案或计划付诸实践的权利。其中，审批权的主体只能是一个，其他权利可由多主体共同拥有。

通过分析四个案例项目PPP项目合同中的具体条款可得出其特定控制权的配置结果；对PPP项目合同中未进行明确规定的决策节点的控制权，用N代替，从而得出四个案例项目控制权的配置结果。

表4-5就上述三个维度总结了四个案例中PPP项目各方控制权配置的状况。整体而言，R项目和C项目的提议权、审批权和执行权配置结果分别为0.14、0.83、0.15和0.15、0.92、0.17，L项目和Y项目的提议权、审批权和执行权配置结果分别为0.18、1.09、0.30和0.20、1.44、0.32。与L项目和Y项目相比，R项目和C项目中，民营企业拥有的各项权利更多一些。

表4-5 项目政企之间的控制权配置

编号	决策	L 提议权	L 审批权	L 执行权	R 提议权	R 审批权	R 执行权	Y 提议权	Y 审批权	Y 执行权	C 提议权	C 审批权	C 执行权
D1	勘察设计单位	I	I	I	I	I	I	I	I	I	I	I	I
D2	工程勘察	I	I	I	I	I	I	I	I	I	I	I	I
D3	初步设计及补充纠正	I	G	I	I	G	I	I	G	I	I	G	I
D4	施工图设计	I	G	I	I	G	I	I	G	I	I	G	I
D5	融资方案设计与实施	I	I	I	I	I	I	I	I	I	I	I	I
D6	资金到位和使用	I	I	I	I	I	I	I	I	I	I	I	I
D7	担保和保险	I	I	I	G	I	I	I	G	I	G	I	I
D8	监理单位招标	I	I	I	N	N	N	G	G	G	I	G	I
D9	施工单位招标	I	G	I	I	I	I	I	I	I	I	I	I
D10	设备、材料等专业供应商招标	I	I	I	I	I	I	I	I	I	I	I	I
D11	征地拆迁和交通疏导	G	G	G	I	G	I	G	G	G	I	G	I
D12	施工现场场地准备	I	I	I	I	I	I	I	I	I	I	I	I
D13	施工组织设计	N	I	I	N	N	N	N	N	N	N	N	N

第四章 城市公用事业PPP项目控制权配置与合作效率关系的探索性案例研究

续表

编号	决策	L 提议权	L 审批权	L 执行权	R 提议权	R 审批权	R 执行权	Y 提议权	Y 审批权	Y 执行权	C 提议权	C 审批权	C 执行权
D14	施工进度控制	I	I	I	I	G	I	I	G	I	I	G	I
D15	材料、设备和施工质量控制	I	I	I	I	I	I	I	I	I	I	I	I
D16	工程变更	IG	I	I	IG	G	I	IG	G	I	I	G	I
D17	工程计量支付与价款结算	N	I	N	N	I	N	N	I	N	N	I	N
D18	安全管理及事故处理	I	G	I	I	G	I	I	G	I	I	G	I
D19	争议处理	IG	I	IG	IG	I	IG	IG	I	IG	IG	I	IG
D20	完工检验与竣工验收	I	G	I	I	G	I	I	G	IG	I	G	G
D21	设备、系统调试与试运行	I	G	I	I	N	I	I	N	I	I	N	I
D22	运营、维护、服务供应商招标	N	N	N	N	N	N	N	N	N	N	N	N
D23	运营管理	N	N	N	N	N	N	N	N	N	N	N	N
D24	质保维修与维护管理	I	G	I	I	I	I	I	G	I	I	I	I
D25	产品、服务定价与调整	I	G	I	IG	G	G	I	G	G	IG	G	G
D26	产品、服务交付管理	I	G	I	I	I	I	I	G	I	I	I	I
D27	工程与相关资料、权力移交	I	G	I	I	G	I	I	G	IG	I	G	I
D28	回购支付	N	N	N	N	N	N	N	N	N	N	N	N
	审批权配置比例	公：私=1.09（+）			公：私=0.83（++）			公：私=1.44（+）			公：私=0.92（++）		
	提议权配置比例	公：私=0.18（+）			公：私=0.14（++）			公：私=0.20（+）			公：私=0.15（++）		
	执行权配置比例	公：私=0.30（++）			公：私=0.15（+++）			公：私=0.32（+）			公：私=0.17（++）		

注：表格中I指私营部门投资者（本研究主要指民营企业）决策，G指公共部门（本研究主要指政府各部门、发起人）决策，N指合同中没有明确由公共部门决策还是由私营部门决策。

二、政企行为

（一）政府行为

本研究所关注的政府行为主要包括项目治理、政府服务，以及政府支持与保证三个维度。之所以不考虑项目前期准备，是因为本研究主要关注控制权配置之后的政府行为。其中项目治理主要包括监管措施、激励手段和弹性合同。政府服务水平主要包括政府在合作过程中所体现的服务态度、沟通水平、可信度、政府承诺。政府支持与保证主要包括政府保证机制、财政支持和政府补贴（王守清等，2019）。国内外学者从制度经济学、新公共管理的角度出发，通过案例研究和实证研究方法，一致认同政府行为对PPP项目合作绩效产生显著影响。Abednego等（2006）以印度尼西亚的收费公路PPP项目为研究对象，发现运用短期监管和长期战略等项目治理手段，可以实现项目的适当风险分配，从而进一步提高项目绩效。Panayides等（2015）对港口PPP项目进行实证分析后发现，项目治理手段监管质量、政府合同执行力、市场开放性等皆是提高港口PPP项目绩效的重要决定因素。学者一致认同公私之间的信任对合作效率有显著影响（Ansell和Gash，2008；Warsen，2018；张喆等，2008；尹贻林，2015）。Hardcastle和Jefferies（2005）在对相关研究进行总结后发现，公私间承诺是PPP项目关键的成功因素之一。张万宽等（2010）通过文献综述和专家访谈，发现政府信用是影响绩效的关键因素之一。以下是各案例项目政府行为的状况。

1. L项目

对L项目相关负责人进行访谈，受访者投资部副经理LP说："本项目采取公开招标采购方式，由于当地政府对我们公司并不是特别了解，加上当地也有几家非常有实力的公司投标，谈判初始，我们并不占优势。但是，跨区域投资经营是我们的目标，经过我们不懈努力，最终拿下L项目。"她认为对于L项目而言，政府行为主要是项目治理，包括完备的监管措施和弹性合同等，缺少相应的政府服务以及政府支持与保证。这是因为，L项目属于异地企业投资，政企之间缺乏了解，没有太高的信任基础，而且该项目是政府首次引入PPP项目，政府非常谨慎，对于缺乏了解和信任的企业，政府缺乏提供服务、支持与保证的动力和决心。总体上讲，L项目政府行为，达到+水平。

2. R项目

对R项目相关负责人进行访谈，受访者认为对于R项目而言，政府行为包括项目治理、政府服务、政府支持与保证。一方面，该区域民营经济发达，民间资本非常活跃，营商环境国内排名前十，PPP模式的推广在该区域具有合法性。另一方面，PPP机构健全，流程完善，政府监管到位、协调得力，拥有较强的执行能力，而且政府和公众对PPP的发展都有强烈意愿，充满信心。此外，政企关系良好，一方面，企业是属地企业，与政府之间沟通较多；另一方面，企业与政府有过合作经验，彼此信任。总体上讲，R项目政府行为，达到++水平。

3. Y项目

对Y项目相关负责人进行访谈，受访者认为对于Y项目而言，政府行为主要是项目治理和政府服务，缺少政府支持与保证。一方面，政府监管到位，拥有较强的执行能力。另一方面，由于该区域曾经出现过PPP项目失败的情况，政府和公众发展PPP的意愿不足。另外，企业是异地企业，政企之间缺少沟通，尚未建立足够的信任，政企关系水平较低，所以政府支持和保证较缺乏。总体上讲，Y项目政府行为，仍处于准N水平。

4. C项目

与R项目类似，C项目政企之间关系良好，互相信任，政府行为包括项目治理、政府服务、政府支持与保证。不同的是，C项目政企合作过程中曾经出现过一些波折，从而政府行为的支持力度略低于R项目。具体情况为企业曾于2013年6月中标C丽湾垃圾焚烧发电BOT项目，同意设立"CWM环保能源有限公司"具体实施该项目。但是由于项目审批迟缓和建设延误，项目运营期间存在垃圾供应量不足、垃圾处置费和发电收入不能及时收取的问题后来又因为国家产业、税收政策变化，整个项目无法推进。C县政府与企业协商，拟将建设地点变更。企业于2016年1月8日审议通过《关于投资C垃圾焚烧发电项目的议案》，同意停止丽湾项目，以自有资金投资C垃圾焚烧发电厂扩容工程。总体上讲，C项目政府行为，达到+水平。

（二）企业行为

在民营企业参与的城市公用事业PPP项目中，企业行为主要包括自利性投入和公益性投入。自利性投入指企业在合作过程中进行的给其自身带来收益的投入，一般来说，自利性投入越高，合作项目收益越低，从而合作效率越低。公益性投入指企业以增加合作项目总收益为目的的公益性质投入，公益性投入越高，项目合作效率越高（张喆，贾明和万迪昉，2009）。参考已有研究成果，本研究也将企业行为转化为自利性投入和公益性投入两个维度。对企业自利性投入和公益性投入水平的衡量如表4-3所示。

1. L项目

根据访谈，L项目的宣传产品、展示标识和关联销售等自利性投入水平一般，对项目人财物的支持、与第三方沟通协调的努力程度等公益性投入水平也一般，所以企业行为只能达到+水平。

2. R项目

根据访谈，R项目在宣传产品、展示标识和关联销售等自利性投入方面都较少，而对项目人财物的支持、与第三方沟通协调的努力程度等公益性投入较高，综合来看，企业行为可以达到++水平。

3. Y项目

根据访谈，Y项目的宣传产品、展示标识和关联销售等自利性投入水平一般，对项目人财物的支持、与第三方沟通协调的努力程度等公益性投入水平也一般，所以企业行为达到+水平。

4. C项目

根据访谈，C项目在宣传产品、展示标识和关联销售等自利性投入方面都较少，而对项目人财物的支持、与第三方沟通协调的努力程度等公益性投入较高，综合来看，企业行为可以达到++水平。

三、合作效率

基于实地访谈与三角验证，民营企业参与城市公用事业PPP项目，节约交易成本和增加交易收益是政府和企业的共同目标。根据当前我国城市公用事业PPP项目实践的典型特征，同时参考王熹（2012）和邵颖红等（2019）的研究，本研究用交易收益和交易成本来衡量PPP项目的合作效率。其中，交易收益包括互补效应、抵御风险、促进创新和开拓市场四个项目，交易成本包括融资成本、履约成本和谈判成本三个项目（如表4-3所示）。表4-6就交易收益和交易成本两个方面总结了四个案例中PPP项目合作效率的状况。

整体而言，R项目和C项目的合作效率较高，分别达到"++++++"和"+++++"水平。一方面，企业是属地企业，与政府之间沟通较多，所以谈判成本较低。根据访谈，与C项目相比，R项目与政府之间有过成功的合作，政企关系更为密切，谈判成本更低。另外，企业作为上市公司，本身在业界拥有较好的声誉，加上与政府的合作，进一步降低了融资成本和履约成本，因而政企合作项目交易成本较低，两个项目分别达到"+++"和"++"。另一方面，企业拥有政府缺乏的技术和管理经验以及创新的动力，而政府拥有某些企业不愿承担的抵御风险的能力，双方合作不仅互补效应和抵御风险能力显著，而且有利于创新和开拓市场，因而政企合作项目交易收益较高，两个项目均达到"+++"。

L项目和Y项目的合作效率较低，分别为"++++"和"+++"水平。一方面，企业是异地企业，政企之间缺少沟通，尚未建立足够的信任，所以谈判成本和履约成本较高。尤其是Y项目，该区域虽然PPP项目具有合法性，但由于曾经出现过PPP项目失败的情况，政府和公众发展PPP的意愿不足，因而谈判成本更高，导致政企合作项目交易成本较高，分别达"++"和"+"水平。另一方面，政企合作双方"取长补短"，既有利于发挥互补效应和增强抵御风险的能力，又有利于创新和开拓市场。根据访谈，两个项目交易收益均达"++"水平。总体上，可以看出合作效率的排序为项目R > 项目C > 项目L > 项目Y。

表4-6 项目合作效率比较

评价内容	投资方对项目合作效率的评价			
	L项目	R项目	Y项目	C项目
交易收益	++	+++	++	+++
交易成本	++	+++	+	++
合作效率	++++	++++++	+++	+++++

第五节　多案例比较研究

基于第四节的分析，本研究对案例项目中控制权配置对合作效率的影响机制描述如图4-2所示。

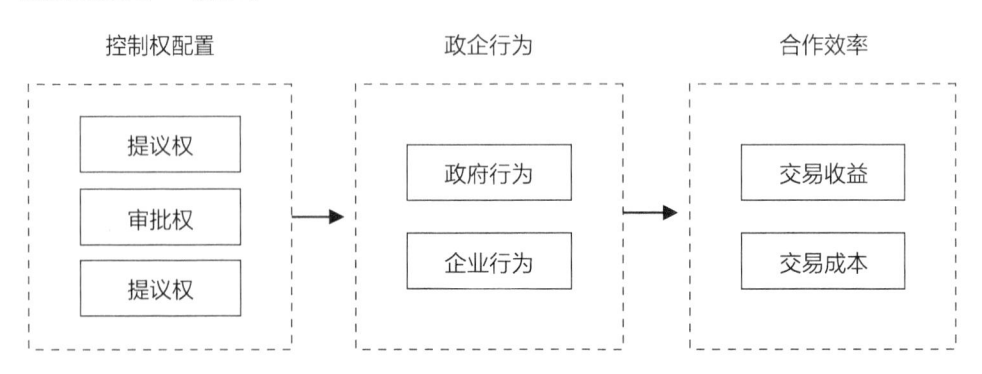

图4-2　控制权配置对合作效率的影响机制

第四章 城市公用事业PPP项目控制权配置与合作效率关系的探索性案例研究

在上述分析的基础上，针对各案例项目的现实情况对其所涉及的各关键变量进行了评判打分，并请被采访人员及专家做出审核和修正（如表4-7所示）。本部分将所有案例项目的各变量进行对比分析，从而归纳出控制权配置、政企行为与合作效率各变量之间的相关、因果关系，并提出初始的研究命题假设。

表4-7 控制权配置、政企行为与合作效率的评价得分汇总

变量	维度	项目L	项目R	项目Y	项目C
控制权配置	提议权	+	++	+	++
	审批权	+	++	+	++
	执行权	++	+++	+	++
	控制权	++++	+++++++	+++	++++++
政府行为	项目治理、服务、支持与保证	+	++	N	++
企业行为	自利性投入、公益性投入	+	++	+	++
合作效率	交易收益、交易成本	++++	++++++	+++	+++++

一、控制权配置与合作效率

根据表4-7的数据和案例分析，可以初步推断出这样的结论：民营企业拥有的控制权越高，政企之间的合作效率越高（如图4-3所示）。

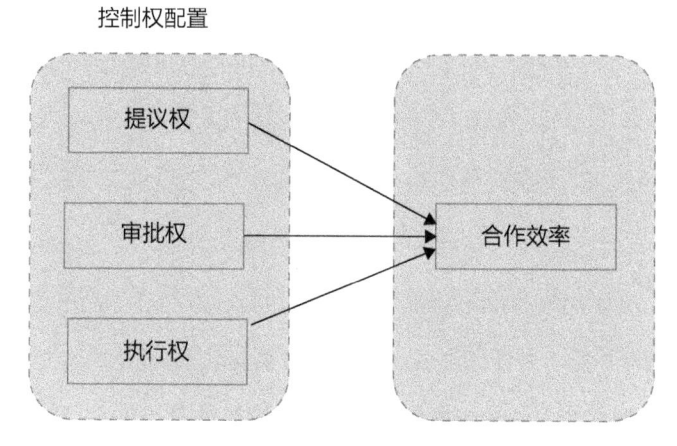

图4-3 控制权配置与合作效率的关系

在案例项目中，项目R和项目C的控制权配置都给项目带来了更高的合作效率，相对来讲，项目L和项目Y的控制权配置给项目带来了更低的合作效率，案例数据表明，项目R和项目C的控制权配置结果分别为"+++++++"和"++++++"，项目L和项目Y的控制权配置结果分别为"++++"和"+++"。总体上，四个项目公共部门拥有的控制权排序为项目Y＞项目L＞项目C＞项目R，而四个项目合作效率的排序为项目R＞项目C＞项目L＞项目Y，项目合作效率与公共部门拥有的控制权排序正好相反。

（一）提议权与合作效率

已有研究虽然一致认为控制权是影响PPP合作效率的核心因素，但并没有将控制权细化为几个维度进行研究。首先，学者认为决策控制的控制权比决策经营的控制权更为重要，掌握了决策控制的控制权的一方即可在PPP项目交易过程中居于主导地位；其次，由于审批是决策过程中构想和行动的临界点，因此，审批权是控制权的核心，且审批权由一个主体单独拥有，有鉴于此，直接以公、私两方掌握审批权的决策节点个数之比来衡量控制权在公私之间的配置结果，也是可以接受的。所以直接关注提议权与PPP项目的合作效率关系的研究还比较少见。为了探讨提议权到底对PPP项目合作效率是否有影响，我们深度访谈了参与四个案例项目的民营企业家及主要负责人。他们认为："与政府职能部门相比，我们掌握一线技术，拥有行业发展经验，且企业要发展就会不断追求创新，寻求突破，如果PPP项目设计决策方案的权利给我们，将更有利于PPP项目的可持续发展，进而提升合作效率。"根据这样的逻辑，PPP项目的提议权如果更多地分配给民营企业，将有利于提升项目合作效率。

综上分析，本研究认为，民营企业拥有的提议权越多，PPP项目的交易成本更低，交易收益更高，合作效率更高。因此提出以下命题。

命题4-1：民营企业拥有的提议权对合作效率有显著的正向影响。

（二）审批权与合作效率

审批权指决策主体在若干方案中选择或对计划是否可行进行判断的权利。审批是决策过程中构想和行动的临界点，因此，审批权是控制权的核心。一些学者直接以审批权在公私之间的分配来衡量控制权配置，比如杜亚灵和王剑云（2013）。理论研究表明，对控制权进行合理的配置不仅能够降低交易成本，而且能够激励当事人进行专用性投资。对民营企业参与的城市公用事业PPP项目而言，从利益相关者角度出发，合理配置主要取决于政府和企业双方。一方面，在"放管服"背景下，政府鼓励更多的民间资本参与PPP项目，为了更有效地吸引民营企业参与PPP项目，比如，地方政府需要在合理范围内让渡给民营企业更多的权利（冯净冰等，2020）。另一方面，民营企业在参与PPP项目过程中，希望通过获取更多的控制权来激发创新活力，降低运营成本，但前提条件是政府制度能力强和企业动态能力强。

综上所述，本研究认为民营企业拥有的审批权越多，PPP项目的交易成本更低，交易收益更高，合作效率更高。因此提出以下命题。

命题4-2：民营企业拥有的审批权对合作效率有显著的正向影响。

（三）执行权与合作效率

执行权指决策主体将确定的方案或计划付诸实践的权利。与提议权类似，直接关注执行权与PPP项目的合作效率关系的研究比较少见。为了探讨执行权到底对PPP项目合作效率是否有影响，我们同样深度访谈了参与四个案例项目的民营企业家及主要负责人。他们认为："执行力对项目推进至关重要，企业一定是追求利益最大化的，但是，没有效率，不可能有好的投资回报率，所以如果我们拥有更多的执行权，就可以更好地发挥企业的主观能动性。"根据这样的逻辑，PPP项目的执行权如果更多地分配给民营企业，将有利于提升项目合作效率。

综上所述，本研究认为民营企业拥有的执行权越多，PPP项目的交易成本更低，交易收益更高，合作效率更高。因此提出以下命题。

命题4-3：民营企业拥有的执行权对合作效率有显著的正向影响。

二、政企行为对控制权配置与合作效率关系的中介效应

以不完全契约理论为框架分析PPP项目的合作效率问题正成为一种研究范式，公私之间的控制权配置一直是研究的焦点。但当前研究的重点已经从强调控制权的重要性转向了发现与解释控制权对合作效率产生影响的作用机制和内在逻辑上。根据利益相关者理论，重要利益相关方的贡献和支持是项目成功实施的必要条件（Jepsen和Eskerod，2009）。PPP模式集合了公共部门、社会资本、金融保险机构、法律和财务咨询机构等多种参与主体，这些主体共同构成了PPP项目的利益相关者。其中，公共部门（本研究特指政府）和社会资本（本研究特指民营企业）是PPP项目最核心的利益相关者，因为二者在社会、职权和经济三种影响力中均处于较高水平（彭为，陈建国，伍迪等，2017）。而且已有研究表明，在PPP项目管理中，政府和企业的行为对项目绩效有显著影响（王守清，张博和牛耘诗，2019；张喆，贾明和万迪昉，2009）。因此，为了提升PPP项目合作效率，政府和企业的行为值得关注。另外，受"激励—反应"经济分析逻辑的启发，政府以让渡更多控制权给民营企业作为一种"激励"性策略，可让政府和企业做出有利于提升PPP项目合作效率的"反应"。比如，根据访谈，让渡更多控制权给民营企业有助于政府将更多的精力放在本就擅长的监管行为和治理行为上，可以大幅降低社会管理成本；再比如，民营企业拥有更多控制权，将更有动力通过技术创新不断提高专业设备的使用效率、不断提升管理和运营能力，更加愿意增加公益性投入和减少自利性投入，可获取更高的收益和避免环保处罚等。结合前面的文献综述，控制权配置和政企行为作为影响城市公用事业PPP项目合作效率的最重要的因素，本研究将二者纳入同一个分析框架，探讨控制权配置如何影响政企行为进而影响项目合作效率，是完全符合逻辑的。

第四章 城市公用事业PPP项目控制权配置与合作效率关系的探索性案例研究

政企行为能否成为控制权配置与PPP项目合作效率的中介变量？Mackinnon（2002）的建议虽然是针对大样本统计的实证研究，但对案例研究同样具有参考价值。不同的是，本研究的论证基于案例素材的挖掘与多方访谈和三角验证所得到的数据和资料。因此，本研究同样需要论证三个关系是否存在：一是控制权配置与PPP项目合作效率的关系是否存在；二是控制权配置与政企行为之间的关系是否存在；三是政企行为与PPP项目合作效率之间的关系是否存在。关于控制权配置与PPP项目合作效率之间的关系，前文已经阐述，理论分析和案例探索均得到一致的研究命题，所以还需要通过理论文献和案例探索进一步理清政企行为与PPP项目合作效率之间的关系和控制权配置与政企行为之间的关系。

（一）政府行为对控制权配置与PPP项目合作效率关系的中介作用

1. 政府行为与合作效率

理论预设中，本研究提出政府行为与项目合作效率有相关关系，在上述的四个探索性案例中得到了初步支持和验证（如图4-4所示）。

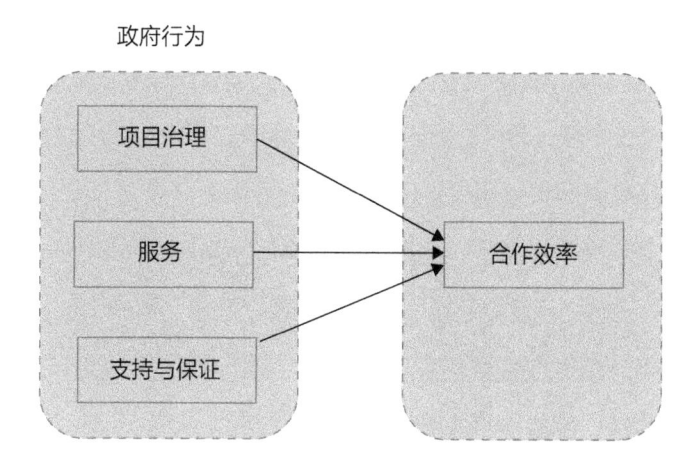

图4-4 政府行为与合作效率的关系

（1）政府项目治理与PPP项目合作效率的关系

国外学者Abednego和Ogunlana（2006）以印度尼西亚的收费公路PPP项目

作为案例研究对象，发现短期监管和长期战略等项目治理手段在PPP项目中运用有利于实现项目的适当风险分配，进而提高项目合作效率。Panayides和Parola（2015）以港口PPP项目为研究对象，通过实证分析发现，政府合同执行力、监管质量、市场开放性是提升港口PPP项目绩效的重要影响因素。Sabry（2015）从新公共管理和制度经济学的角度出发，发现监管质量和政府效率有利于促进私人投资PPP项目。

国内学者王守清，张博和牛耘诗（2019）基于文献梳理得出影响PPP项目绩效的四类政府行为，利用扎根理论并结合专家访谈和问卷调研，形成最终的44项政府行为清单。分析各行为在具体实践中的应用情况，结果表明项目治理是政府支持力度较大、应用频率较高的行为。这是因为政府对PPP项目治理的能力对PPP项目的合作效率影响最大，在具体的PPP项目实践中，政府是相对理性的，更倾向于将精力花在能产生更大效用的工作上面。

项目治理主要涉及政府在PPP项目操作过程中的各类监管措施和激励手段。具体包括以下三种行为。第一，监管措施。主要包括项目实施过程中定期履约监管（如价格、安全、资金使用情况等），以及政府对重要决策拥有一票否决权。政府是城市公用事业PPP项目的发起人，代表社会公众与社会资本方合作，委托社会资本方提供城市公用事业的建设运营等服务。在城市公用事业PPP项目实施过程中，政府最重要的职能就是监管。第二，激励手段。主要包括委托专业机构对项目绩效进行定期评价，且评价结果与政府支付/补贴直接挂钩。在民营企业提供城市公用事业建设运营的过程中，因为政府无法直接观测和监督民营企业的工作过程，民营企业有可能在合作过程中懈怠，导致合作效率不高。为了防止此类情况出现，政府制定明确的奖罚激励，有利于促进企业的努力行为和创新行为，从而提升PPP项目的合作效率。第三，弹性合同。主要包括特许期调整机制、调价机制、争议解决机制、灵活退出机制等。合同是政企双方遵守契约精神和互相信任的保障，同样对合作效率起到促进作用。

第四章　城市公用事业PPP项目控制权配置与合作效率关系的探索性案例研究

结合上述四个案例分析发现，政府项目治理能力与合作效率正相关。在访谈过程中，WM集团投资部吴总告诉我们："四个项目所在地的政府治理能力还是存在差异的。R项目和C项目所在地经济发达，市场化程度更高，PPP市场更成熟，政府制度能力更强。L项目和Y项目所在地虽然不属于经济欠发达区域，但是相比省内其他区域，尤其是R项目和C项目所属区域，政府对PPP市场的制度能力偏弱，因此，监管措施、奖励措施和弹性合同方面都相对弱一些。"

综上分析，本研究提出如下初始命题。

命题4-4：政府项目治理能力对合作效率有显著的正向影响。

（2）政府服务与PPP项目合作效率的关系

政府服务水平主要指政府在合作过程中所体现的服务态度、沟通水平、可信度、政府承诺等。国外学者Hardcastle等（2005）和Jefferies（2006）在对相关研究进行梳理和归纳后提出，公私间承诺是PPP项目成功的关键因素之一。Ansell和Gash（2008）对137个PPP项目进行案例分析，研究发现，良好的沟通、彼此信任、政府承诺、共同理解的合作治理方式对PPP项目顺利进行至关重要。Warsen等（2018）以参与荷兰PPP项目的144位受访者作为调查对象采集相关数据，发现公私间的信任可以提升合作效率。

国内学者张喆（2008）以中国高科技生物制药行业PPP项目为研究对象，同样发现公私之间的信任有助于增强合作绩效。张万宽等（2010）通过文献梳理与专家访谈，识别17个影响PPP绩效的因素指标，并通过OLS和logistic回归分析发现政府信用是影响PPP项目绩效的关键因素之一。尹贻林等（2015）对60位工程项目的项目经理进行半结构性访谈，发现在工程项目中信任对于风险分担和合作关系具有积极的影响作用。王守清，张博和牛耘诗（2019）以"支持力度"和"应用频率"来衡量政府行为，发现政府服务中建立本级PPP项目综合信息平台和项目整个流程的责任主体分明这两项的"支持力度"和"应用频率"均较高。

结合上述四个案例分析可以发现，政府服务与合作效率正相关。在访谈过程中，WM集团投资部林总告诉我们："关于政府服务这一项，R项目和C项目作为本地企业，与政府之间互相信任，加上项目所在地经济更加发达，PPP市场成熟度更高一些，政府服务意识和服务能力更强。而L项目和Y项目，作为非本地企业参与的项目，从竞标开始竞争就异常激烈，当地政府对我们也不太了解，更谈不上信任，加上Y项目所在地曾经有过PPP项目失败的例子，更多是基于财政压力发展PPP项目，因此，服务态度和政府承诺方面都相对弱一些。"

因此，本研究提出如下初始命题。

命题4-5：政府服务对合作效率有显著的正向影响。

（3）政府支持与保证与PPP项目合作效率的关系

我国对民营企业参与的城市公用事业PPP项目，政府支持与保证主要指政府与民营企业商定的项目优惠政策、政府保证机制、政府补贴、财政支持等措施。国外学者An等（2018）从PPP项目经济效益的角度出发，研究政府补偿机制的差异对水环境治理项目绩效的激励作用。Li等（2018）也应用博弈模型分析了PPP项目的最优补偿机制。Wu等（2018）基于PPP项目收入的不确定性和私人投资者的公平偏好建立对策测量博弈模型，认为政府的最优补偿合同是对私人投资者的公平激励，能够有效保证项目获得预期收益。国内学者王守清，张博和牛耘诗（2019）认同已有研究的观点，即政府支持与保证会影响PPP项目的合作效率。但是也发现在实践中的PPP项目中，政府支持与保证无论在"支持力度"上，还是在"应用频率"上都是偏低的。

结合上述四个案例分析可以发现，政府支持与保证与合作效率正相关。在访谈过程中，WM集团项董告诉我们："民营企业参与PPP项目，存在各种各样的风险，其中，与政府紧密相关的就是优惠政策、政府补贴、财政支持是否能及时落实和到位。R项目和C项目作为本地企业，与政府之间互相信任，能够享受一些政府的优惠政策和财政补贴。L项目和Y项目，我们作为外地企业参与，

第四章　城市公用事业PPP项目控制权配置与合作效率关系的探索性案例研究

优惠政策信息的及时性稍微欠缺一些，加上地方政府财政压力不小，财政支持力度也小一些。"

因此，本研究提出如下初始命题。

命题4-6：政府支持与保证对合作效率有显著的正向影响。

2.控制权配置与政府行为

在第一节的理论预设中，本研究提出控制权配置与政府行为之间的关系在四个探索性案例中得到了支持和验证，通过探索性案例研究支持和细化了相应的理论预设（如图4-5所示）。

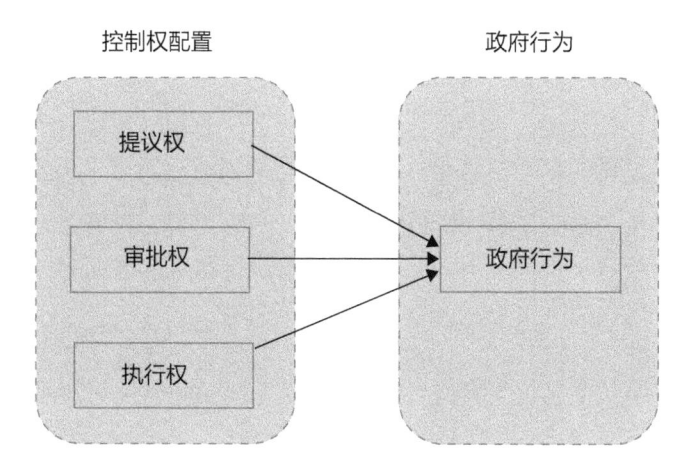

图4-5　控制权配置与政府行为的关系

从表4-7可知，控制权配置的三个维度均与政府行为呈负相关关系。如项目R，政府拥有的提议权、审批权、执行权都最少，企业拥有的提议权、审批权、执行权都最大，项目治理、服务、支持与保证反而最大。根据对实践中的城市公用事业PPP项目政企双方的主要负责人的深度访谈，得出一个事实：民营企业参与城市公用事业PPP项目的过程中，如果政府拥有较强的PPP项目制度能力，民营企业拥有足够的资源和能力，政府主观上愿意让渡更多的控制权给民营企业，可以腾出更多的精力负责监管，民营企业主观上也想争取更多的控制权，可以更好地发挥主观能动性，实现降本增效的目标。这样的结果就是政企之间各自发挥所长，PPP项目的合作效率提高。这本来也是推出PPP模式的初衷。事实上，当政府拥有更多控制权时，由于政府代表社会公众的利益，考虑到城市公用事业所提供产品和服务的准公共性，政府可能会做出有利于公益性而非营利性的决策，导致PPP项目经济收益减少。而对民营企业而言，参与PPP项目的最终目标是为了降低成本和增加收益，这就使得民营企业会减少公益性的投入，甚至放弃合作，从而使得合作效率低下。反之，当民营企业拥有更多的控制权时，为了获得更高的经济收益，民营企业会加强努力行为和创新行为，从而可以获得更高的合作效率。高的合作效率将进一步促进民营企业的公益性投入行为，使政企之间的PPP项目的合作进入良性循环。

从案例项目来看，R项目所在地的政府制度能力最强，一方面，该区域民营经济发达，民间资本异常活跃，营商环境国内排名前十，PPP模式的推广在该区域具有合法性；另一方面，PPP机构健全，流程完善，政府监管到位、协调得力，政府拥有较强的执行能力，而且政府和公众对PPP的发展都有强烈意愿，充满信心。进一步，R项目政企关系良好，一方面，企业是属地企业，与政府沟通较多；另一方面，企业与政府有过合作经验，彼此信任。所以R项目民营企业拥有的控制权可达"++++++"，政府行为可达"++"，均为四个案例中最高。

因此，本研究提出以下初始假设命题。

命题4-7：民营企业拥有的提议权对政府行为有显著的正向影响。

命题4-8：民营企业拥有的审批权对政府行为有显著的正向影响。

命题4-9：民营企业拥有的执行权对政府行为有显著的正向影响。

综合上述分析，本研究认为民营企业拥有更多的控制权，有利于政府项目治理能力、政府服务和政府支持与保证的提高，从而提高PPP项目的合作效率。对相关政府部门、业内专家的深入访谈也支持以上观点。如WZ市住建委工作人员说："只要企业有能力胜任，我们愿意让渡更多的权力给企业，这样我们就有更多的精力进行监管与服务工作，政府做政府擅长的事，企业做企业擅长的事，这样合作的效率才会高。"业内专家认为："推出PPP模式的初衷就是公私部门为了各自发挥所长，合作效率提高。假如政府拥有更多控制权，由于政府代表社会公众的利益，考虑到城市公用事业所提供的产品和服务的准公共性，政府可能会做出有利于公益性而非营利性的决策，导致PPP项目经济收益减少。对民营企业而言，参与PPP项目的最终目标是增加收益，经济收益的减少会使民营企业放弃合作，从而使合作效率低下。"

综上所述，提出以下初始假设命题。

命题4-10：政府行为是民营企业拥有的提议权与项目合作效率的中介变量。

命题4-11：政府行为是民营企业拥有的审批权与项目合作效率的中介变量。

命题4-12：政府行为是民营企业拥有的执行权与项目合作效率的中介变量。

（二）企业行为对控制权配置与城市公用事业PPP项目合作效率关系的中介作用

1. 企业行为与合作效率

理论预设中，本研究提出企业行为与项目合作效率有相关关系，在上述的四个探索性案例中得到了初步支持和验证（如图4-6所示）。

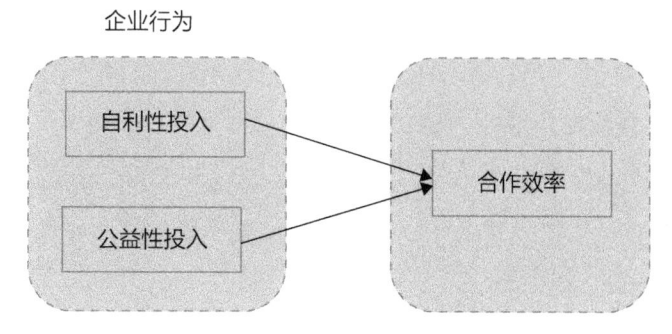

图4-6 企业行为与合作效率的关系

（1）企业自利性投入行为与城市公用事业PPP项目合作效率的关系

企业自利性投入行为指企业在合作过程中进行的给其自身带来收益的投

入,主要包括注重企业自身产品宣传、展示标识、关联销售等。因为企业的投入总是有限的,自利性投入多,公益性投入就会减少。一般来说,自利性投入越高,合作项目收益越低,从而合作效率越低(张喆,贾明和万迪昉,2009)。

(2)企业公益性投入行为与城市公用事业PPP项目合作效率的关系

公益性投入指企业以增加合作项目总收益为目的的公益性质投入,主要包括对项目本身人、财、物的支持和与第三方沟通协调。一般来说,公益性投入越高,项目合作效率越高(张喆,贾明和万迪昉,2009)。

从表4-7可以看出,案例项目企业行为与合作效率正相关。比如,企业自利性投入较大、公益性投入较少的项目Y和项目L,合作效率较低,企业自利性投入较低、公益性投入较大的项目R和项目C,合作效率较高。根据访谈,民营企业参与城市公用事业PPP项目,当企业获得的控制权较低时,企业会缺乏创新的动力,投入以自利性投入为主,导致合作效率较低;当企业获得的控制权较高时,企业公益性投入的比例会增加,从而能够提升项目合作效率。

因此,本研究提出如下初始假设命题。

命题4-13:企业自利性投入行为对合作效率有显著的负向影响。

命题4-14:企业公益性投入行为对合作效率有显著的正向影响。

2.控制权配置与企业行为的关系

在第一节的理论预设中,本研究提出控制权配置与企业行为之间的关系在四个探索性案例中得到了支持和验证,通过探索性案例研究支持和细化了相应的理论预设(如图4-7所示)。

第四章 城市公用事业PPP项目控制权配置与合作效率关系的探索性案例研究

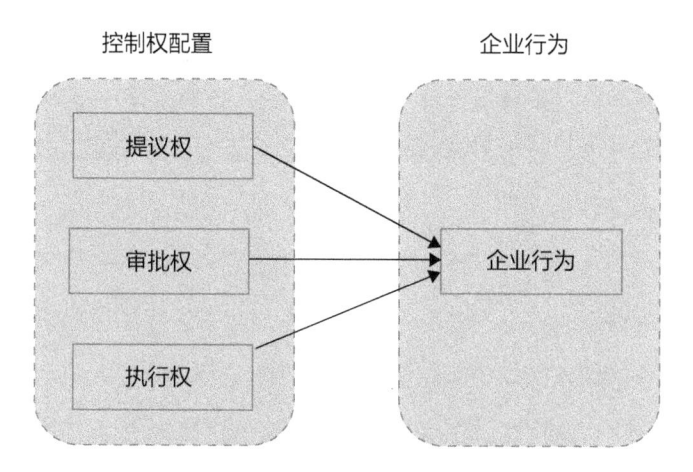

图4-7 控制权配置与企业行为的关系

从表4-7可知，控制权配置的三个维度均与企业行为正相关，即民营企业拥有的控制权越多，则民营企业公益性投入越多，自利性投入越少。如项目Y，政府拥有的提议权、审批权、执行权都最大，企业拥有的提议权、审批权、执行权都最小，企业自利性投入最大，而企业公益性投入最小。这是因为，一方面，Y项目所在区域的政府制度能力不如R项目所在区域的政府制度能力，该区域虽然PPP项目具有合法性，但由于曾经出现过PPP项目失败的情况，政府和公众发展PPP的意愿不足。另外，Y项目所在区域PPP机构健全，流程完善，政府监管到位、协调得力，政府拥有较强的执行能力。但是由于企业是异地企业，政企之间缺少沟通，尚未建立足够的信任，政企关系水平较低。未能建立良好的政企关系，降低了政企沟通质量和信息传递效率，阻碍了企业获得更多的项目初始控制权，从而导致企业的努力水平会下降，表现在投入行为上就是更偏向自利性投入，减少公益性投入，以降低投入风险。

张喆，贾明和万迪昉（2009）以制药企业参与的PPP项目为例，研究控制权配置与企业行为之间的关系。研究发现，控制权配置系数与企业的自利性投入存在显著的U形关系，一方面，当企业所拥有的控制权份额小于某一特定值时，企业自利性投入会随着企业掌握控制权份额的增加而减少，这就意味着企业掌握的控制权份额越大，企业自利性投入反而越小；另一方面，企业自利性投入存在一个极值，即当企业掌握的控制权份额超过某一特定值时，企业的自利性投入会随着企业掌握控制权份额的增加而增加。这是因为，企业拥有过低的控制权会降低控制权的隐性激励作用，从而使得企业更看重企业利益而加大自利性投入。由此可见，跨部门合作的PPP项目的控制权配置在一个合适的范围内才能起到激励企业减少自利性投入的作用。同时，当制药企业对合作项目的评价大于非营利组织对合作项目的评价时，控制权配置系数与企业公益性投入存在显著的负向关系。在这种情况下，企业的公益性投入会随着企业控制权的增加而增加，也就是说，将控制权较多地赋予企业会起到激励企业公益性投入的效果。

因此，本研究提出以下初始假设命题。

命题4-15：民营企业拥有的提议权对企业行为有显著的正向影响。

命题4-16：民营企业拥有的审批权对企业行为有显著的正向影响。

命题4-17：民营企业拥有的执行权对企业行为有显著的正向影响。

综合上述分析，本研究认为政府拥有更多的控制权会使企业自利性投入增加，公益性投入减少，从而降低PPP项目的合作效率。政府拥有更多的控制权是通过影响企业减少企业公益性投入和增加企业自利性投入，从而影响PPP项目合作效率的。对案例企业和业内专家的深入访谈也支持以上观点。如WM集团项总认为："政府应该相信像我们这样的民营企业，我们有技术优势和管理优势，作为上市公司，还有融资优势。政府越放手，选择信任，我们越感觉肩上责任重大，不能辜负这份信任，对项目本身的投入更积极，提高合作效率。"业内专家认为："推出PPP模式的初衷就是公私部门各自发挥所长，提高合作效率。当民营企业拥有更多的控制权时，为了获得更高的经济收益，民营企业会加强努力行为和创新行为，促进PPP项目合作效率的提升。反之，假如政府拥有更多控制权，由于政府代表社会公众的利益，考虑到城市公用事业所提供的产品和服务的准公共性，政府可能会做出有利于公益性而非营利性的决策，导致PPP项目经济收益减少。对民营企业而言，参与PPP项目的最终目标是降低成本和增加收益，这就使得民营企业会减少公益性投入，甚至放弃合作，使得合作效率低下。"

综上所述，本研究提出以下初始假设命题。

命题4-18：企业行为是民营企业拥有的提议权与项目合作效率的中介变量。

命题4-19：企业行为是民营企业拥有的审批权与项目合作效率的中介变量。

命题4-20：企业行为是民营企业拥有的执行权与项目合作效率的中介变量。

本章小结

本章通过对四个项目的探索性案例研究，探析了控制权配置对合作效率的影响机制。本研究认为民营企业拥有更多的控制权可以促进合作效率的提升，这种作用部分是通过政企行为来进行传导的。以下是由探索性案例研究推导出的20个初始命题。

命题4-1：民营企业拥有的审批权对合作效率有显著的正向影响。

命题4-2：民营企业拥有的提议权对合作效率有显著的正向影响。

命题4-3：民营企业拥有的执行权对合作效率有显著的正向影响。

命题4-4：政府项目治理能力对合作效率有显著的正向影响。

命题4-5：政府服务对合作效率有显著的正向影响。

命题4-6：政府支持与保证对合作效率有显著的正向影响。

命题4-7：民营企业拥有的提议权对政府行为有显著的正向影响。

命题4-8：民营企业拥有的审批权对政府行为有显著的正向影响。

命题4-9：民营企业拥有的执行权对政府行为有显著的正向影响。

命题4-10：政府行为是民营企业拥有的提议权与项目合作效率的中介变量。

命题4-11：政府行为是民营企业拥有的审批权与项目合作效率的中介变量。

命题4-12：政府行为是民营企业拥有的执行权与项目合作效率的中介变量。

命题4-13：企业自利性投入行为对合作效率有显著的负向影响。

命题4-14：企业公益性投入行为对合作效率有显著的正向影响。

命题4-15：民营企业拥有的提议权对企业行为有显著的正向影响。

命题4-16：民营企业拥有的审批权对企业行为有显著的正向影响。

命题4-17：民营企业拥有的执行权对企业行为有显著的正向影响。

命题4-18：企业行为是民营企业拥有的提议权与项目合作效率的中介变量。

命题4-19：企业行为是民营企业拥有的审批权与项目合作效率的中介变量。

命题4-20：企业行为是民营企业拥有的执行权与项目合作效率的中介变量。

上述初始命题基本勾勒了控制权配置对PPP项目合作效率的影响机制，也支持了本章提出的理论预设。为了保证研究的内部效度，本章采用嵌入式案例研究方法，对同一家民营企业参与的四个城市公用事业（垃圾处理）PPP项目进行了研究。为了提高研究的外部效度，还需要考虑不同企业之间、参与的城市公用事业不同行业之间是否存在差异。鉴于此，本研究将继续对上述初始命题假设进行细化，同时对概念模型进行实证和修正，以此加强结论的有效性。

＜第五章＞

供水行业PPP项目控制权配置与合作效率关系的解释性案例研究

在前述研究的基础上，为了提高研究的外部效度，从本章开始，将分别对不同企业参与的城市公用事业的四个不同行业进一步探索。考虑到理论上企业动态能力是企业间差异的根源，实践中企业动态能力也是决定PPP项目能否成功的关键因素，从本章开始，将着重关注企业动态能力与控制权配置的交互效应，探讨企业动态能力是否对控制权配置与合作效率的关系起调节作用。本章选择四家典型的民营企业参与的供水行业PPP项目开展解释性案例研究，一方面检验前面提出的控制权配置对PPP项目合作效率影响机制的框架模型；另一方面对前述的初始命题假设进一步细化，并对概念模型进行修正。

第一节　案例项目背景

一、Q项目

BSY科技股份有限公司、JA建设投资集团有限公司、Q县FY水务投资有限公司于2018年4月6日与Q县水利局签署水厂建设及供水范围管网建设等城乡供水一体化PPP项目，项目投资总额约2.63亿元，并在项目所在地设立项目公司。合作模式为BOT（建设—运营—移交）。项目建设内容包括保留现有12000m^3/d水处理构筑物规模并运营，新建运营一组8000m^3/d水处理构筑物以及供水范围内的管网改造，使其设计规模达到20000m^3/d。本项目投产后水厂运营规模为41000m^3/d，最大供水量为61000m^3/d，取水水源为湘江水。项目合作期限30年，包括建设期和运营期。BSY科技股份有限公司、JA建设投资集团有限公司、Q县FY水务投资有限公司共同出资建设，其中BSY科技股份有限公司出资占比72%，JA建设投资集团有限公司出资占比8%、Q县FY水务投资有限公司出资占比20%。项目回报机制为可行性缺口补助。根据PPP项目合同，政企之间初始审批权、提议权和执行权配置分别为1.6、0.29和0.4。

二、N项目

BSY科技股份有限公司于2017年3月29日与N市水务投资有限公司签署《N市H至K新区供水工程PPP项目合同》，投资金额约20.14亿元，并在项目所在地设立项目公司。合作方式为ROT（改建—运营—转移）。设计取水规模为100000t/d，供水能力94000m³/d，水厂出水水质将达到《生活饮用水卫生标准》（GB5749—2006）要求，建成后，将有效解决DS、KBS和YJHLQ核心三区的供水需求，提高供水保证程度。项目组成包括N市W、Y区域内，H水源地和K第二水厂以及长约102km的输水管线三部分。项目合作期限为30年，由政府方和社会资本方共同出资设立项目公司，其中社会资本方BSY科技股份有限公司出资占比51%。项目回报机制是使用者付费。根据PPP项目合同，政企之间项目初始审批权、提议权和执行权配置分别为0.625、0.038和0.038。

三、H项目

BSY科技股份有限公司于2017年5月8日正式与H县国有资产投资经营有限责任公司签署《H县城乡供排水工程PPP项目合同》，项目投资额约为1.75亿元，并在项目所在地设立项目公司。合作模式为其他。项目工程包括新建一座规模为35000m³/d的自来水厂及配套输水管网和H县城乡供排水工程PPP项目整体的运营维护管理。项目合作期限为28年，包括建设期和运营维护期。由政府方和社会资本方共同出资设立项目公司，其中BSY科技股份有限公司出资占比60%。项目回报机制为可行性缺口补助。根据PPP项目合同，政企之间项目初始审批权、提议权和执行权配置分别为1.0、0.42和0.13。

四、S项目

BSY科技股份有限公司、JA建设投资集团有限公司、BSY环保科技有限公司于2017年7月14日与S县城乡基础设施投资有限公司正式签署《S县集中供水工程

PPP项目》，项目总投资额约1.65亿元。合作模式为BOT（建设—运营—移交）。项目由水源工程、供水站、输配水管网组成，项目投产后取水规模12000m^3/d，供水规模9000m^3/d，满足三个乡镇56个行政村、79633人、11211头大畜的饮用水需求，以及区域内的工业企业用水需求。项目合作期限20年，包括建设期和运营期，其中建设期不超过1年，运营期不少于19年。由政府方和社会资本方共同出资设立项目公司，社会资本方出资占比85%，其中BSY科技有限公司出资占比50%、JA建设投资集团有限公司出资占比1%，BSY环保科技股份有限公司出资占比34%。项目回报机制为政府付费。根据PPP项目合同，政企之间项目初始审批权、提议权和执行权配置分别为1.18、0.53和0.44。

四个项目的基本信息汇总如表5-1所示。

表5-1 案例项目基本信息

项目编码	Q	N	H	S
成立时间	2018	2017	2017	2017
投资总额／亿元	2.63	20.14	1.75	1.65
特许经营年限／年	30	30	28	20
合作次数／次	初次	初次	初次	初次
人口总量／万人	87.75	205.53	8.82	51.91
社会资本方	BSY科技股份有限公司、JA建设投资集团有限公司、FY水务投资有限公司	BSY科技股份有限公司	BSY科技股份有限公司	BSY科技股份有限公司、JA建设投资集团有限公司、BSY环保科技有限公司
主营业务	水厂建设及供水范围的管网建设	集中供水	供水工程建设，管网建设，污水处理工程建设	集中供水
合作模式	BOT	ROT	其他	BOT
回报机制	可行性缺口补助	使用者付费	可行性缺口补助	政府付费

续表

项目编码		Q	N	H	S
初始控制权配置	审批权	+	+++	++	++
	提议权	++	+++	+	+
	执行权	+	+++	++	+
政企行为	政府行为	+++	++++++	++++	+++
	企业行为	++	++++++	++++	++
合作效率		++++	++++++	+++	++++
核心访谈次数、对象		2次 Q县环境卫生管理处相关负责人，企业投资总经理、项目副总经理	1次 N市市政园林局相关负责人，企业投资经理、项目部门经理	1次 H县住房和城乡建设规划局相关负责人，企业投资经理、项目行政主管	1次 S县园林局相关负责人，企业高级投资经理、项目部门经理
补充访谈次数、对象		2次 企业投资经理、项目负责人	4次 企业投资经理、项目负责人	1次 企业高级投资经理、项目负责人	1次 企业高级投资经理、项目负责人
二手资料来源		财政部PPP综合信息平台	财政部PPP综合信息平台	财政部PPP综合信息平台	财政部PPP综合信息平台

第二节 研究设计与数据来源

一、资料收集

本研究主要通过访谈和档案来收集资料，收集时间集中在2018年10月至2019年8月。笔者及书组成员对四个案例项目和相关部门进行了5次正式访谈和8次补充访谈。访谈对象是参与项目的主要企业代表、参与项目的政府相关部门经手人以及项目运营管理的负责人。我们根据事先拟定的访谈提纲，对来自政府、民营企业和项目运营的关键人物进行深入访谈，确保了访谈对象的多样性。正式访谈每次时长为1~2小时,采取腾讯会议的形式。补充访谈时长一般为15~50分钟,主要采用微信访谈的形式,重点是对初次访谈有疑惑的问题进行补充。每次正式访谈至少有三人,一个人是主要采访人,其他是辅助采访人,要负责做好访问记录。

此外,为了保证信息的完整性和真实性,提高访问效率和可信程度,在受访人允许的情况下,同时运用多种数据收集方法,将记录和录音结合在一起。访问过后,及时对当天的记录进行归纳和总结,并写出访谈里问题的每一个答案,对于不明白和没有达成统一的问题做深入分析探讨,重复听录音并多次向受访人求证,进一步保证研究阶段资料的获取效率和真实性。对访谈中较重要的问题,通过电子信件、微信、电话回访的方式进行深层次的询问。访谈之外,为了降低研究偏差,还通过各种可行的方法收集和整理PPP项目的档案资料,包括PPP项目合同中关于控制权配置的核心的部分、项目年度报告、公开出版的案例,以及有关PPP项目的公众号推文、百度信息等,尽可能地保障全面真实地获取案例素材。

二、资料编码

资料收集之后,根据初步形成的研究框架和扎根理论的要求进行归纳式编码与分析(Guba和Lincoln,1994)(如表5-2所示)。研究框架中的不同变量通过开放性编码、主轴编码和选择性编码的三级编码过程,为更高维度构念的汇总提供基础。为了保证研究信度,数据的整理和翻译由企业管理专业的教授和博士分两次进行。为了保证分析结果的一致性,两次整理都对不一致的构念进行分析,产生分歧的部分由第三位了解供水行业PPP研究的权威教授判定如何进行编码。经过三人的沟通与协商,两次结果的一致性水平均达到95%以上,显示出较强的一致性。

第五章　供水行业PPP项目控制权配置与合作效率关系的解释性案例研究

表5-2　资料编码举例

核心范畴	主范畴	副范畴	案例材料举例
控制权	提议权	提出或设计决策方案或计划的权利	项目决策清单合同细则中注明：乙方在一定条件下可对项目的收益进行调整，但须经甲方同意
	审批权	决策主体在若干方案中选择或对计划是否可行进行判断的权利	项目决策清单合同细则中注明：监理单位招标工作由甲方负责
	执行权	决策主体将确定的方案或计划付诸实践的权利	项目决策清单合同细则中注明：乙方应积极融资，通过银行贷款、资金注入、信托计划等多种形式支持本项目融资，确保本项目的正常建设及运营维护
政府行为	项目治理	监管措施	项目实施过程中政府定期监管价格、安全和资金使用情况等
		激励手段	委托专业机构对项目进行定期绩效评价，且评价结果与政府补贴挂钩
		弹性合同	特许期调整机制、调价机制、争议解决机制、灵活退出机制等
	服务	服务态度	项目整个流程中的责任主体分明、建立本级PPP项目综合信息平台
		沟通水平	建立本级PPP第三方专业机构库和专家库，政府方及时分享行业发展规划、投资政策、财政税收政策、统计数据信息
		可信度	政府方利用新媒体对项目及社会资本方进行积极宣传
		政府承诺	双方合作共同申请示范项目
	支持与保证	政府保证机制	质量提升补偿保证和最低需求量保证
		政府补贴	对供水行业实行现金补贴和优惠政策
		财政支持	财政厅也有综合奖补，如对省财政厅确定的PPP示范市县，省财政给予一定额度的奖补；对列入省财政推荐项目库的项目，完成签约的，给予奖补；项目签约并开工建设的，给予奖补；财政部2016年开始以奖代补，鼓励企业申请中央奖补

续表

核心范畴	主范畴	副范畴	案例材料举例
企业行为	自利性投入	宣传产品	企业在合作中投入了大量的资金和人员用于企业其他业务领域的宣传
		关联销售	在合作的各种场合，企业经常搭便车销售公司其他产品
	公益性投入	人、财、物支持	企业经常对员工进行培训，以满足合作项目需要
		与第三方沟通协调	为了实现预期目标，企业在合作过程中与第三方积极沟通协调，付出大量成本
合作效率	交易收益	互补效应	企业与政府之间实现了资源共享、优势互补
		抵御风险	政府愿意与企业一起抵御风险
		促进创新	在政府的影响下，企业在技术方面更有创新动力
		开拓市场	与政府合作，有助于拓展企业的市场业务领域
	交易成本	融资成本	与政府合作，融资成本降低
		履约成本	利用政府的专业能力，企业不用花很多人力、物力、财力自行研究
		谈判成本	与政府合作，项目各阶段的谈判成本降低
企业动态能力	技术能力	技术手段、设备和人员优势	企业的城镇污水深度净化系统核心技术以膜集成为主导，主要包括微滤膜、超滤膜、智能一体化污水净化系统等；拥有强大的研发团队，建有院士专家工作站；是全球膜设备生产制造商和供应商之一
	融资能力	金融资源、知识和资源控制优势	企业于2001年成立，2010年上市，拥有较强的金融资源、知识和资源控制优势
	资源配置能力	整体外部环境资源优势	企业能否合理配置资源是项目成功的关键

三、构念测度

构念测度与第四章类似，但是因为案例项目所属行业不同，所以提议权、审批权和执行权的测度标准（临界值）存在差异，需要结合文献研究和案例证据发展出企业动态能力构念的测度。政企行为和合作效率的测度与第四章基本一致（如表5-3所示）。需要说明的是，控制权的数据主要来自PPP项目合同，从配置主体——政府和民营企业的角度，将项目合同中的条款转化为控制权配置。并以公共部门（政府为代表）和私营部门（民营企业为代表）掌握提议权、审批权和执行权的决策节点个数之比作为衡量民营企业对PPP项目控制强度的评价尺度。政企行为、合作效率与企业动态能力的数据，基于数据可得性的考虑，均采用主观评价方法。为了使数据尽量客观真实，采取以下措施：所有数据都通过对特定案例企业内部不同岗位、不同职务的人员的访谈获得，并结合对本行业特别熟悉的政府工作人员的整体评价，以及相关学者对案例素材和访谈资料的内容分析，得出相对客观的评价。

表5-3 关键构念测度

构念	维度	指标	测度
控制权	提议权	决策主体提出或设计决策方案或计划的权利	+：提议权在政企之间的分配比率＞0.30 ++：提议权在政企之间的分配比率0.04~0.30 +++：提议权在政企之间的分配比率＜0.04
	审批权	决策主体在若干方案中选择或对计划是否可行进行判断的权利	+：审批权在政企之间的分配比率＞1.5 ++：审批权在政企之间的分配比率1~1.5 +++：审批权在政企之间的分配比率＜1
	执行权	决策主体将确定的方案或计划付诸实践的权利	+：执行权在政企之间的分配比率＞0.15 ++：执行权在政企之间的分配比率0.04~0.15 +++：执行权在政企之间的分配比率＜0.04
企业动态能力	技术能力	技术手段、设备和人员优势	++：企业技术手段、设备和人员优势很明显 +：企业技术手段、设备和人员优势一般 N：企业几乎没有技术手段、设备和人员优势
	融资能力	金融资源、知识和资源控制优势	++：企业金融资源、知识和资源控制优势很明显 +：企业金融资源、知识和资源控制优势一般 N：企业几乎没有金融资源、知识和资源控制优势

续表

构念	维度	指标	测度
企业动态能力	资源配置能力	整体外部环境资源优势	++：企业外部环境资源优势很明显 +：企业外部环境资源优势一般 N：企业几乎没有外部环境资源优势
政企行为	政府行为	项目治理能力强 政府服务积极 政府支持与保证有力	++++++：政府项目治理能力、服务积极性、政府支持与保证力度都较强 +++++：政府项目治理能力、服务积极性、政府支持与保证力度三项中有两项较强，其他一项一般 ++++：政府项目治理能力、服务积极性、政府支持与保证力度三项中有一项较强，其他两项一般或者两项较强，一项没有 +++：政府项目治理能力、服务积极性、政府支持与保证力度都一般 ++：政府项目治理能力、服务积极性、政府支持与保证力度三项中有两项一般，一项没有 +：政府项目治理能力、服务积极性、政府支持与保证力度三项中有一项一般，两项没有 N：政府几乎没有项目治理能力、服务积极性、支持与保证
	企业行为	自利性投入水平低 公益性投入水平高	++++：企业的宣传公司其他产品和关联销售等自利性投入水平很低，对项目人财物的支持、与第三方沟通协调的努力程度等公益性投入水平很高 +++：企业的宣传公司其他产品和关联销售等自利性投入水平很低、一般，对项目人财物的支持、与第三方沟通协调的努力程度等公益性投入水平一般、很高 ++：企业的宣传公司其他产品和关联销售等自利性投入水平一般、几乎全是，对项目人财物的支持、与第三方沟通协调的努力程度等公益性投入水平一般、很高 +：企业的宣传公司其他产品和关联销售等自利性投入水平分别为一般、几乎全是，对项目人财物的支持、与第三方沟通协调的努力程度等公益性投入水平几乎没有、一般 N：企业几乎没有公益性投入，只有自利性投入

续表

构念	维度	指标	测度
合作效率	交易成本	融资成本、履约成本和谈判成本低	+++：PPP项目融资成本、履约成本和谈判成本很低 ++：PPP项目融资成本、履约成本和谈判成本一般 +：PPP项目融资成本、履约成本和谈判成本很高
	交易收益	互补效应、抵御风险、促进创新和开拓市场能力提升	+++：PPP项目特许经营后互补效应、抵御风险、创新意识和开拓市场能力都显著提升 ++：PPP项目特许经营后互补效应、抵御风险、创新意识和开拓市场能力都一般 +：PPP项目特许经营后互补效应、抵御风险、创新意识和开拓市场能力无明显变化

第三节 案例分析与研究发现

案例分析包括三个部分，首先，基于案例现象和潜在理论假设进一步修正第四章所构建的理论分析框架，揭示PPP项目合作效率的影响机制；其次，对案例项目控制权配置、政企行为、企业动态能力和合作效率的结果开展复制和比较分析；最后，基于案例证据和理论演绎，揭示供水行业PPP项目合作效率影响机制，构建起控制权配置、企业动态能力、政企行为及合作效率的作用机理模型。

一、控制权和企业动态能力交互效应下供水行业PPP项目合作效率分析框架

本研究的假设前提是政府愿意让渡更多控制权给民营企业且民营企业总是积极争取更多的控制权，因为这样既有利于政府更专注于项目治理、提供服务以及提供支持与保证，也有利于企业降本增效，从而有利于提升合作效率。然而，本研究隐含的理论潜在假设是民营企业有能力、有实力、可驾驭拥有更多的控制权，因为只有这样才能更好地保证PPP项目的合作效率。因此，本研究推

断企业动态能力会调节控制权配置对合作效率的影响程度。

事实上，有关企业动态能力对PPP项目合作效率的影响，正如第二章文献综述所述，从理论上讲，企业动态能力越强，PPP项目合作效率也应该越高。张淑华（2019）归纳了影响基础设施PPP项目合作效率的影响因素，其中与包括民营企业的社会资本有关的因素主要有PPP项目经验、资金实力、融资能力、公益意识和内部治理水平等，资金实力和融资能力皆属于企业动态能力的范畴。

另外，根据对BSY董事长和投资部总经理的访谈，他们一致认为："因为我们企业在同行里拥有绝对的技术优势、资金优势和管理优势，政府对我们还是非常信任的。尽管我们都是通过招投标获得项目，肯定是靠实力，但是政府也是希望我们投标成功的。无论是大项目还是小项目，我们都全力以赴，希望获得更多的控制权，这样有利于企业的创新和积极投入。即使合同里写明的控制权不是很高，我们也会利用自己的技术、资金和管理优势努力把项目做好，以获得更高的投资回报。"由此可见，控制权配置对PPP项目合作效率的影响还受企业动态能力的调节。

鉴于此，本研究假设，对于民营企业参与的供水行业PPP项目，民营企业拥有的控制权越高，合作效率也越高，而且企业动态能力与控制权之间存在交互效应，共同影响PPP项目合作效率。

事实上，通过案例素材挖掘发现，仅从控制权视角或企业动态能力视角，并不能完全解释供水行业PPP项目合作效率的差异。首先，单独采用控制权配置难以解释PPP项目合作效率的差异。根据前一章探索性案例分析，再结合现实的访谈，控制权配置都是影响供水行业PPP项目的关键因素，而且，民营企业拥有的控制权越高，PPP项目合作效率越高。H项目民营企业拥有更多的控制权，达"+++++"，而Q项目和S项目民营企业拥有较少的控制权，为"++++"，但是根据访谈和调研，H项目的合作效率反而更低，只有"+++"，Q项目和S项目的合作效率更高，达"++++"。其次，单独采用企业动态能力难以解释供水行业PPP

项目合作效率的差异。BSY公司同时参与四个项目，其中，H项目和N项目只有BSY一家企业参与，Q项目和S项目除BSY之外，均有另外两家企业参与。总体上讲，Q项目和S项目的企业动态能力更强，但是项目合作效率最高的并不是这两个项目，而是H项目达"++++++"。基于上述分析，在第四章探索性案例研究得出控制权配置—政企行为—合作效率的分析框架基础上，本章尝试将企业动态能力纳入供水行业PPP项目合作效率的分析框架，以揭示控制权配置与企业动态能力对PPP项目合作效率的交互影响。

二、案例内分析与案例间分析

通过分析四个案例项目PPP项目合同中的具体条款可以得到四个案例项目控制权的配置状况。

整体而言，Q项目和S项目的提议权、审批权、执行权配置结果分别为0.29、1.6、0.4和0.53、1.18、0.44，而N项目和H项目的提议权、审批权、执行权配置结果分别为0.038、0.625、0.038和0.042、1.0、0.13，与Q项目和S项目相比，N项目和H项目中，民营企业拥有的各项权利更多一些（如表5-4所示）。

表5-4 政企之间的控制权配置

	决策	Q 提议权	Q 审批权	Q 执行权	N 提议权	N 审批权	N 执行权	H 提议权	H 审批权	H 执行权	S 提议权	S 审批权	S 执行权
D1	勘察设计单位	G	G	G	I	I	I	I	I	I	G	G	G
D2	工程勘察	G	G	G	I	I	I	I	I	I	G	G	G
D3	初步设计及补充纠正	I	G	I	I	G	I	I	G	I	G	G	G
D4	施工图设计	G	G	G	I	G	I	I	G	I	G	G	G
D5	融资方案设计与实施	I	I	I	I	I	I	I	I	I	I	I	I
D6	资金到位和使用	I	I	I	I	I	I	I	I	I	I	I	I

续表

决策		Q 提议权	Q 审批权	Q 执行权	N 提议权	N 审批权	N 执行权	H 提议权	H 审批权	H 执行权	S 提议权	S 审批权	S 执行权
D7	担保和保险	I	I	I	I	I	I	I	I	I	G	G	I
D8	监理单位招标	G	G	G	I	I	I	I	G	I	G	G	G
D9	施工单位招标	I	I	I	I	I	I	I	I	I	I	I	I
D10	设备、材料等专业供应商招标	I	I	I	I	I	I	I	I	I	I	I	I
D11	征地拆迁和交通疏导	G	G	G	I	I	I	I	G	G	G	G	G
D12	施工现场场地准备	I	I	I	I	I	I	I	I	I	I	I	I
D13	施工组织设计	I	G	I	N	N	N	N	N	N	N	N	N
D14	施工进度控制	I	G	I	I	G	I	I	G	I	I	I	I
D15	材料、设备和施工质量控制	I	I	I	I	I	I	I	I	I	I	I	I
D16	工程变更	I	G	I	I	G	I	I	G	I	IG	G	I
D17	工程计量支付与价款结算	I	G	G	I	G	I	I	G	I	N	N	N
D18	安全管理及事故处理	I	I	I	I	I	I	I	I	I	I	G	I
D19	争议处理	IG	G	IG	IG	G	IG	IG	G	IG	IG	I	IG
D20	完工检验与竣工验收	I	G	I	I	I	I	I	G	IG	I	I	I
D21	设备、系统调试与试运行	N	N	N	I	I	I	N	N	N	I	I	I
D22	运营、维护、服务供应商招标	I	I	I	I	I	I	I	I	I	I	I	I
D23	运营管理	I	G	I	I	G	I	N	N	N	N	N	N
D24	质保维修与维护管理	I	G	I	I	G	I	I	G	I	I	G	I
D25	产品、服务定价与调整	I	G	IG	I	G	I	I	G	I	I	G	I
D26	产品、服务交付管理	I	I	I	I	I	I	I	I	I	I	G	I
D27	工程与相关资料、权力移交	I	G	I	I	G	I	I	G	I	I	G	IG

续表

	决策	Q 提议权	Q 审批权	Q 执行权	N 提议权	N 审批权	N 执行权	H 提议权	H 审批权	H 执行权	S 提议权	S 审批权	S 执行权
D28	回购支付	N	N	N	N	N	N	N	N	N	N	N	N
	审批权配置比例	公∶私=1.6			公∶私=0.625			公∶私=1.0			公∶私=1.18		
	提议权配置比例	公∶私=0.29			公∶私=0.038			公∶私=0.42			公∶私=0.53		
	执行权配置比例	公∶私=0.4			公∶私=0.038			公∶私=0.13			公∶私=0.44		

注：表格中I指私营部门投资者（本研究主要指民营企业）决策，G指公共部门（本研究主要指政府各部门、发起人）决策，N指合同中没有明确由公共部门决策还由私营部门决策。

（一）案例内分析

1. Q项目

本部分对项目Q的初始控制权配置进行了分析，对政企行为、企业动态能力及合作效率进行了描述（如表5-5所示）。

（1）控制权配置、企业动态能力与政企行为

根据PPP项目合同，政企双方提议权、审批权、执行权的比例分别为：0.29（"++"水平）、1.6（"+"水平）、0.4（"+"水平），项目Q的控制权为三者之和，达"++++"水平。从政企双方拥有控制权的比例来看，对提议权和执行权两个维度，民营企业拥有更多的控制权，但是对审批权这个维度，政府拥有更多的控制权。

项目Q的企业动态能力为融资能力、技术能力、配置资源能力之和，达"++++++++++"水平。其中，BSY贡献的动态能力为"++++++"，JA和FY贡献的动态能力分别为"+"和"+++"。根据对Q项目投资部经理的多次访谈，BSY在项目中的股权占比为72%，作为行业龙头企业和上市公司，其融资能力、技术能力和配置资源能力都具有绝对优势，均达到"++"水平；而JA和FY股权占比分别为8%和20%，JA占比少，主要在技术方面有贡献，为"+"水平，FY作为

本地企业，与政府之间关系良好，且沟通更顺畅，主要在配置资源能力方面对PPP项目有贡献，达"+++"水平。

项目Q的政企行为为政府行为与企业行为之和，达"+++++"水平。其中政府行为为"+++"，企业行为为"++"。根据访谈，一方面，项目所在地的政府行为在项目治理、政府服务和政府支持与保障方面均较为缺乏。这可能是因为这是Q县初次发起PPP项目，对PPP项目的运营机制尚不十分明晰，缺乏相关经验，所以激励手段和弹性合同相对缺乏，项目治理效果不理想。Q项目属于异地投资，尽管BSY是供水行业内较为知名的民营企业，地方政府对项目持谨慎原则，政企之间的关系基础较为薄弱，政企之间缺乏沟通交流渠道，地方政府不能给予充分的信任，所以政府服务水平不高且缺乏相应的支持与保证。另一方面，对于企业行为，因为企业拥有的控制权较低，企业投入的积极性受到影响，与PPP项目直接相关的投入很低，但是对企业其他产品研发的投入很高。

（2）PPP项目合作效率

项目Q的合作效率为"++++"水平。总体上讲，民营企业拥有的控制权偏低，企业动态能力较强，项目Q的合作效率并不低。因此，我们推断，民营企业动态能力可以在一定程度上弥补民营企业拥有的低控制权对合作效率的影响。

表5-5 项目Q民营企业的控制权、动态能力、政企行为及合作效率

分析项目	项目特点	控制权、动态能力和政企行为								合作效率
		控制权 ++++			动态能力 ++++++++++			政企行为 +++++		
		提议权 ++	审批权 +	执行权 +	三家企业技术能力 ++、+、N	三家企业融资能力 ++、+、N	三家企业资源配置能力 ++、+、+	政府行为 +++	企业行为 ++	
Q	民营企业拥有的控制权和企业动态能力对合作效率产生交互影响									++++

2. N项目

本节对项目N的初始控制权配置进行了分析，对政企行为、企业动态能力及合作效率进行了描述（如表5-6所示）。

（1）控制权配置、企业动态能力与政企行为

根据PPP项目合同，政企双方提议权、审批权、执行权的比例分别为：0.038（"+++"水平）、0.625（"+++"水平）、0.038（"+++"水平），项目N的控制权为三者之和，达"+++++++++"水平。从政企双方拥有控制权的比例来看，均小于1，所以提议权、审批权和执行权三个维度，都是民营企业拥有更多的控制权。

项目N的企业动态能力为融资能力、技术能力和配置资源能力之和，达"++++++"水平。根据对N项目负责人的访谈，BSY在项目中的股权占比为51%，但是本项目投资额高达20.14亿元，为了获得更多收益，企业一定会全力以赴，发挥自己所长。作为行业龙头企业和上市公司，BSY在本项目中的融资能力、技术能力和配置资源能力都具有绝对优势，均达到"++"水平。

项目N的政企行为为政府行为与企业行为之和，达"++++++++++++"水平。其中政府行为为"++++++"，企业行为为"++++++"。根据对N项目负责人投资经理的访谈，N项目是地级市层面项目，一方面，政府能够调动的资源更多，且具有较强的学习能力，能够建立相对完善的监管机制和执行流程，且执行效率较高；另一方面，相对于县级政府，市级政府拥有较多的政策支持与较强的政策执行能力，同时，BSY是供水行业知名民营企业，政企之间相互信任，所以尽管该项目为异地投资，但双方仍能够保持良好的沟通，推动项目顺利开展。此外，N项目总投资约为20亿元，项目服务对象达205.53万人，投资金额巨大且涉及面广，并入选第二批国家级示范项目，政府对该项目十分重视，政府具有较高的意愿和动力提供支持与保证。另一方面，对于企业行为，因为企业拥有的控制权较高，企业投入的积极性很高，与PPP项目直接相关的公益性投入很高。

（2）PPP项目合作效率

项目N的合作效率为"++++++"水平。总体上讲，民营企业拥有的控制权高，企业动态能力中等，项目N的合作效率很高。

表5-6　项目N民营企业的控制权、动态能力、政企行为及合作效率

分析项目	项目特点	控制权、动态能力和政企行为									合作效率
N	民营企业拥有的控制权与合作效率正相关	控制权 ++++++++			动态能力 ++++++			政企行为 ++++++++++++		++++++
		提议权 +++	审批权 +++	执行权 +++	技术能力 ++	融资能力 ++	资源配置能力 ++	政府行为 ++++++	企业行为 ++++++	

3. H项目

本部分对项目H的初始控制权配置进行了分析，对政企行为、企业动态能力及合作效率进行了描述（如表5-7所示）。

（1）控制权配置、企业动态能力与政企行为

根据PPP项目合同，政企双方提议权、审批权、执行权的比例分别为：0.42（"+"水平）、1.0（"++"水平）、0.13（"++"水平），项目H的控制权为三者之和，达"+++++"水平。从政企双方拥有控制权的比例来看，提议权和执行权两个维度，都是民营企业拥有更多的控制权，而审批权正好为1，政企双方平分控制权。

项目H的企业动态能力为融资能力、技术能力、配置资源能力之和，达"++++++"水平。根据对项目H负责人的访谈，BSY在项目中的股权占比为60%，为了降低成本，增加收益，企业一定会全力以赴，发挥自己所长。作为行业龙头企业和上市公司，BSY本身融资能力、技术能力和配置资源能力都具有绝对优势，均达到"++"水平。

项目H的政企行为为政府行为与企业行为之和，达"++++++++"水平，其中政府行为为"++++"，企业行为为"++++"。根据对H项目相关负责人的访谈，受访者认为对项目H而言，政府行为主要体现在政府支持与保证和项目治理两个方面，缺乏政府服务。这是该地区第二次与民营企业合作开展PPP项目，一方面，政府具有相应的PPP项目运行经验，具备良好的项目治理能力，另外，相应的政府支持与保障机制已经建立，为该项目打下良好基础。该地区首次与异地企业合作，在双方沟通上与本地企业存在差异，彼此信任不足，因而政府缺乏提供服务的决心。另一方面，对于企业行为，企业的宣传公司其他产品和关联销售等自利性投入水平很高，对项目人财物的支持、与第三方沟通协调的努力程度等公益性投入水平也很高。

（2）PPP项目合作效率

项目H的合作效率为"+++"水平。总体上讲，民营企业拥有的控制权中等，企业动态能力中等，项目H的合作效率较低。

表5-7　项目H民营企业的控制权、动态能力、政企行为及合作效率

分析项目	项目特点	控制权、动态能力和政企行为							合作效率
H	企业动态能力相同的情况下，民营企业拥有的控制权与合作效率正相关	控制权 +++++			动态能力 ++++++			政企行为 ++++++++		+++
		提议权 +	审批权 ++	执行权 ++	技术能力 ++	融资能力 ++	资源配置能力 ++	政府行为 ++++	企业行为 ++++	

4. S项目

本部分对项目S的初始控制权配置进行了分析，对政企行为、企业动态能力及合作效率进行了描述（如表5-8所示）。

（1）控制权配置、企业动态能力与政企行为

根据PPP项目合同，政企双方提议权、审批权、执行权的比例分别为0.53（"+"水平）、1.18（"++"水平）、0.44（"+"水平），项目S的控制权为三者之和，达"++++"水平。从政企双方拥有控制权的比例来看，对于提议权和执行权两个维度，民营企业拥有更多的控制权，但是对于审批权这个维度，政府拥有更多的控制权。

项目S的企业动态能力为融资能力、技术能力、配置资源能力之和，达"++++++++"水平。其中，BSY贡献的动态能力为"++++++"，JA和BSY环保科技两家公司贡献的动态能力分别为"N"和"++"。从对S项目BSY投资部副经理的多次访谈可知，一方面，BSY在项目中的股权占比为50%，企业既有意愿也有能力为PPP项目做出贡献。作为上市公司和行业龙头企业，融资能力、技术能力和配置资源能力都具有绝对优势，均达到"++"水平。JA因为股权占比只有1%，所以对其企业动态能力方面的贡献可以忽略，BSY环保科技股权占比达34%，作为本地企业，政企之间更加信任，且沟通无碍，其在技术能力和资源配置方面对PPP项目都有贡献，达"++"。

项目S的政企行为为政府行为与企业行为之和，达"+++++"水平，其中政府行为为"+++"，企业行为为"++"。根据对S项目相关负责人的访谈，一方面，对于政府行为，S项目与Q项目类似，受访者认为项目所在地的政府行为在项目治理、政府服务和政府支持与保障上均较为缺乏。另一方面，对于企业行为，因为企业拥有的控制权较低，企业投入的积极性受到影响，与PPP项目直接相关的投入很低，但是对企业其他产品研发的投入很高。

（2）PPP项目合作效率

项目S的合作效率为"++++"水平。总体上讲，民营企业拥有的控制权偏低，企业动态能力较强，项目S的合作效率并不低。因此，我们推断，民营企业动态能力可以在一定程度上弥补民营企业拥有的低控制权对合作效率的影响。

表5-8　项目S民营企业的控制权、动态能力、政企行为及合作效率

分析项目	项目特点	控制权、动态能力和政企行为									合作效率
		控制权 ++++			动态能力 +++++++			政企行为 +++++		
S	民营企业拥有的控制权和企业动态能力对合作效率产生交互影响	提议权 +	审批权 ++	执行权 +	三家企业技术能力 ++、+、N	三家企业融资能力 ++、N、N	三家企业资源配置能力 ++、+、N	政府行为 +++	企业行为 ++	++++

（二）多案例比较分析

基于上述分析，本部分对供水行业PPP项目的现实情境所涉及的各关键变量进行了评判打分（如表5-9所示），并请被采访人员及专家做出审核和修正，各构念的测度见表5-3。本部分将所有案例项目的各变量进行对比分析，从而归纳出控制权配置、政企行为与合作效率各变量之间的相关、因果关系，并提出初始的研究命题假设。

表5-9　控制权配置、政企行为与合作效率的评价得分汇总

变量	维度	项目Q	项目N	项目H	项目S
控制权配置	提议权	++	+++	+	+
	审批权	+	+++	++	++
	执行权	+	+++	++	+
	总水平	++++	+++++++++	+++++	++++
政府行为	项目治理	+	++	++	+
	服务	+	++	N	+
	支持与保证	+	++	++	+
	总水平	+++	++++++	++++	+++
企业行为	自利性投入	N	+++	++	N
	公益性投入	++	+++	+	++
	总水平	++	++++++	+++	++

续表

变量	维度	项目Q	项目N	项目H	项目S
合作效率	交易收益	++	+++	+	++
	交易成本	++	+++	++	++
	总水平	++++	++++++	+++	++++
企业动态能力	技术能力	+++	++	++	+++
	融资能力	+++	++	++	++
	资源配置能力	++++	++	++	+++
	总水平	++++++++++	++++++	++++++	++++++++

1. 控制权配置与合作效率

根据表5-9的数据和上述案例分析，可以初步得出这样的结论：民营企业拥有的控制权越高，政企之间的合作效率越高。

在案例项目中，项目N、项目H都由同一家企业BSY参与，企业动态能力一样，但是二者的控制权不同，项目N达到"+++++++++"，项目H只有"+++++"。而项目N的合作效率达到"++++++"，项目H只有"+++"。可见，民营企业拥有的控制权对项目的合作效率有显著的正向影响作用。

进一步，从控制权的三个维度来看，项目N中，民营企业拥有的提议权、审批权、执行权分别达"+++""+++""+++"水平；项目H中，民营企业拥有的提议权、审批权、执行权分别达"+""++""++"水平，无论从总的控制权，还是从控制权的三个维度分别考量，都能得到同样的推论。命题4-1、4-2、4-3得到验证。

2. 控制权配置与政企行为

根据表5-9的数据和第四章的探索性案例分析，可以初步得出这样的结论：民营企业拥有的控制权越高，政企行为越积极。

（1）控制权配置与政府行为

从表5-9可知，四个项目的控制权配置总水平与政府行为总水平呈正相关关系。项目N，民营企业拥有的控制权达到"+++++++++"，政府行为的总水平达到"++++++"。项目Q和项目S，民营企业拥有的控制权为"++++"，政府行为的总水平为"+++"。

从控制权的三个维度来看，对于企业动态能力相同的项目N和项目H，项目N的民营企业拥有的提议权、审批权、执行权分别达"+++""+++""+++"水平，政府行为总水平为"++++++"。项目H的民营企业拥有的提议权、审批权、执行权分别达"+""++""++"水平，政府行为总水平为"++++"。可见，从控制权三个维度考量，民营企业拥有的提议权、审批权和执行权对政府行为均有显著正向影响。命题4-7、4-8、4-9得到验证。

（2）控制权配置与企业行为

根据表5-9的数据和第四章的探索性案例分析，可以初步得出这样的结论：民营企业拥有的控制权越高，企业公益性投入越多，自利性投入越少。

从表5-9可知，四个项目的控制权配置总水平与企业行为总水平呈正相关关系。项目N，民营企业拥有的控制权达"+++++++++"水平，企业行为的总水平达"++++++"水平。项目H，民营企业拥有的控制权为"+++++"，企业行为的总水平为"+++"。项目Q和项目S，民营企业拥有的控制权达"++++"水平，企业行为的总水平为"++"。

从控制权的三个维度来看，同样比较企业动态能力相同的项目N和项目H。项目N的民营企业拥有的提议权、审批权、执行权分别达"+++""+++""+++"水平，企业行为总水平为"++++++"。项目H的民营企业拥有的提议权、审批权、执行权分别达"+""++""++"水平，企业行为总水平为"++++"。可见，从控制权三个维度考量，民营企业拥有的提议权、审批权和执行权对企业行为均有显著正向影响。命题4-15、4-16、4-17得到验证。

3. 政企行为与合作效率

（1）政府行为与合作效率

根据表5-9的数据和第四章的探索性案例分析，可以初步得出这样的结论：政府行为越积极，PPP项目合作效率越高。

从表5-9可知，四个项目的政府行为与合作效率并不完全呈正相关关系。项目N，政府行为达到"++++++"水平，合作效率的总水平达到"++++++"；项目H，政府行为达到"++++"水平，合作效率的总水平为"+++"；项目Q和项目S，政府行为达到"+++"水平，合作效率总水平为"++++"。可见，政府行为排序为项目N＞项目H＞项目S=项目Q，合作效率的排序为项目N＞项目S=项目Q＞项目H。如果单独比较企业动态能力相同的项目N和项目H，政府行为与合作效率呈正相关关系。对于企业动态能力存在差异的项目，政府行为则不一定与合作效率正相关。

从政府行为的三个维度来看，首先比较企业动态能力相同的两个项目N和项目H。项目N的政府行为的三个维度项目治理、服务、支持与保证分别为"++""++""++"水平，合作效率总水平为"++++++"；项目H的政府行为的三个维度项目治理、服务、支持与保证分别为"++""N""++"水平，合作效率总水平为"++++"。可见，从政府行为三个维度考量，政府服务与合作效率有显著正向影响，但是政府项目治理和政府支持与保证与合作效率的关系并不显著。比较四个项目，同样只有政府服务与合作效率有显著正向影响，而项目治理和政府支持与保证与合作效率的影响并不明确。因此，命题4-5得到验证。对于供水行业PPP项目，命题4-4和命题4-6并没有得到验证。

（2）企业行为与合作效率

根据表5-9的数据和第四章的探索性案例分析，可以初步得出这样的结论：企业自利性投入越少，公益性投入越多，PPP项目合作效率越高。

从表5-9可知，四个项目的企业行为与合作效率并不完全呈正相关关系。

项目N，企业行为达到"++++++"水平，合作效率的总水平达"++++++"；项目H，企业行为达到"+++"水平，合作效率的总水平为"+++"；项目Q和项目S，企业行为只有"++"水平，合作效率总水平为"++++"。可见，企业行为排序为项目N＞项目H＞项目S=项目Q，合作效率的排序为项目N＞项目S=项目Q＞项目H。如果单独比较企业动态能力相同的项目N和项目H，企业行为与合作效率正相关。对于企业动态能力存在差异的项目，企业行为则不一定与合作效率正相关。

从企业行为的两个维度来看，首先比较企业动态能力相同的两个项目：N和H。项目N的企业行为的两个维度自利性投入和公益性投入分别为"+++"和"+++"水平，合作效率总水平为"++++++"；项目H的企业行为的两个维度自利性投入和公益性投入分别为"++"和"+"水平，合作效率总水平为"+++"。可见，从企业行为两个维度考量，企业行为对合作效率有显著正向影响。继续比较企业动态能力存在差异的四个项目，自利性投入水平排序为项目N＞项目H＞项目Q=项目S，而合作效率水平的排序为项目N＞项目S=项目Q＞项目H；公益性投入水平排序为项目N＞项目Q=项目S＞项目H，合作效率水平的排序为项目N＞项目Q=项目S＞项目H，完全一致。因此，我们推断企业自利性投入与合作效率正相关关系并不显著，而企业公益性投入与合作效率正相关。命题4-14得到验证。对于供水行业PPP项目，命题4-13没有得到验证。

综合上述分析，控制权与政企行为关系的命题4-7、4-8、4-9、4-15、4-16、4-17得到验证，政企行为与合作效率的命题4-5、4-14得到验证。因此，对于供水行业PPP项目而言，政府服务是民营企业拥有的提议权、审批权和执行权与PPP项目合作效率的中介变量，企业公益性投入是民营企业拥有的提议权、审批权和执行权与PPP项目合作效率的中介变量，由此可以推断命题4-10、4-11、4-12、4-18、4-19、4-20部分得到验证。

4. 企业动态能力与控制权配置的交互效应

为了提高研究的内部效度，本研究在第四章采用嵌入式案例研究方法，选择同一家民营企业参与同一个行业的PPP项目进行探索，由于同一家企业不存在动态能力上的差异，所以整个分析框架里没有考虑企业动态能力的影响。然而，理论上，企业动态能力会提高交易收益，降低交易成本。因为如果一个企业动态能力强，一方面，政府可以更加放心地让渡更多的控制权给企业，从而将更多精力专注于项目治理能力的提升、服务的提供等，有助于提升PPP项目的合作效率；另一方面，对于动态能力强的民营企业，拥有更多的控制权意味着拥有更多的创新空间，更加有利于降低成本和增加收益，如此形成政企合作的良性循环。所以如前文所述，本章的分析框架里增加了企业动态能力，并假设企业动态能力对控制权配置与合作效率的关系起调节作用（如图5-1所示）。

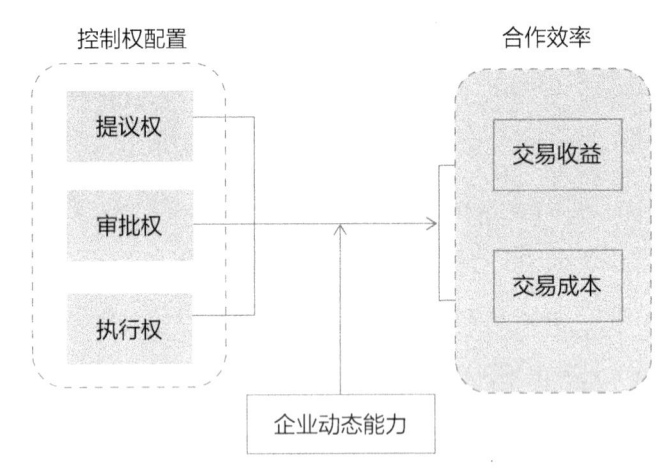

图5-1 企业动态能力对控制权配置与合作效率的关系起调节作用

第一，项目N和项目H的合作效率的差异主要受控制权配置的影响。这两个项目的企业动态能力水平相同，均达到"++++++"水平，这两个项目合作效率的差异主要受控制权配置的影响，项目N的控制权更高，所以项目N的合作效率也更高。

第二，项目Q与项目H之间，项目S与项目H之间合作效率的差异受控制权

第五章 供水行业PPP项目控制权配置与合作效率关系的解释性案例研究

与企业动态能力的交互影响。首先，比较项目Q和项目H，从控制权水平来看，项目H达"+++++"，项目Q达"++++"，从企业动态能力水平来看，项目H达"++++++"，项目Q达"++++++++++"。可见，对于项目H，控制权的优势因为企业动态能力的不足，出现了此消彼长的情形，而对于项目Q，企业动态能力弥补了控制权更低的不足，反而合作效率比项目H高。此分析同样适用于项目S与项目H的比较。其次，比较项目S和项目Q，企业动态能力水平分别为"++++++++"和"++++++++++"，项目S和项目Q的控制权虽然都达到"++++"水平，但是从数值来看，最能代表控制权大小的维度审批权，项目S为1.18，而项目Q为1.6，即民营企业拥有的审批权结果是项目S＞项目Q，两个项目的合作效率都达到"++++"，同样证实了企业动态能力与审批权交互影响PPP项目的合作效率。

可见，企业动态能力越高，控制权对合作效率的影响程度越大。根据访谈，项目拥有相近的控制权，在技术、融资和资源方面越强的企业，PPP项目可持续发展的原动力越足，从而项目合作效率也更高。

通过对供水行业PPP项目案例内与案例间的分析，验证了第四章的部分命题和假设，并得到以下新的命题。

命题5-1：对于供水行业PPP项目，民营企业拥有的控制权越多，合作效率越高。

命题5-2：对于供水行业PPP项目，民营企业拥有的控制权越多，政企行为越积极。

命题5-3：对于供水行业PPP项目，政府服务是民营企业拥有的提议权、审批权、执行权与PPP项目合作效率的中介变量。

命题5-4：对于供水行业PPP项目，企业公益性投入是民营企业拥有的提议权、审批权、执行权与PPP项目合作效率的中介变量。

命题5-5：对于供水行业PPP项目，企业动态能力对民营企业拥有的控制权与PPP项目合作效率的关系产生调节作用，良好的企业动态能力有助于推动控制权对合作效率的提升。

三、供水行业PPP项目合作效率的影响机制

通过分析发现，控制权是影响供水行业PPP项目合作效率的核心变量，控制权通过影响政企行为，从而影响合作效率。企业动态能力对控制权与PPP项目合作效率的影响起调节作用。所以影响供水行业PPP项目合作效率的主要因素可以归结为控制权、企业动态能力和政企行为。本部分将以供水行业PPP项目合作效率差异的分析框架为基础，结合案例素材和理论演绎，揭示控制权、企业动态能力、政企行为对供水行业PPP项目合作效率的影响机制。

（一）控制权对合作效率的影响机制

民营企业拥有的控制权通过影响政企行为，从而影响PPP项目的合作效率。民营企业拥有的控制权越多，政企行为越积极，PPP项目合作效率越高。这是因为，首先，根据"激励—反应"经济分析逻辑，政府让渡更多控制权给民营企业，相当于一种"激励"性策略，从而让政府和企业做出有利于提升PPP项目合作效率的"反应"。让渡更多控制权给民营企业有助于政府服务水平的提升，主要表现在：更加明确项目流程中的责任主体；政府有精力建立专业机构库和专家库，向企业传递各种信息；能够借助新媒体对项目及企业进行积极宣传，强化内外沟通。其次，民营企业拥有更多控制权，企业会更有安全感和创新的动力，愿意增加有利于项目本身发展的公益性投入。N项目的负责人Z总说："民营企业参与供水行业PPP项目的过程中，政府愿意让渡更多的控制权给民营企业的前提是政府治理能力足够，民营企业拥有足够的资源和能力。这样有助于政府腾出更多的精力负责监管与服务，有助于企业更好地发挥主观能动性，实现降本增效的目标。结果便是政企各自发挥所长，PPP项目的合作效率提高。"这也是推出PPP模式的初衷。事实上，当政府拥有更多控制权时，由于政府代表社会公众的利益，考虑到供水行业所提供产品和服务的准公共性，政府

第五章 供水行业PPP项目控制权配置与合作效率关系的解释性案例研究

可能会做出有利于公益性而非营利性的决策，导致PPP项目经济收益减少。而对民营企业而言，参与PPP项目的最终目标是为了降低成本和增加收益，这就使得民营企业会减少公益性的投入，甚至放弃合作，从而使得合作效率低下。反之，当民营企业拥有更多的控制权时，为了获得更高的经济收益，民营企业会增强努力行为和创新行为，从而可以获得更高的合作效率。高的合作效率将进一步促进民营企业的公益性投入行为，使得政企之间的PPP项目的合作进入良性循环。

收集的二手资料也证实了Z总的说法。在N项目中，民营企业之所以可以拥有较高的控制权，主要有两个原因。第一，政府高度重视，治理能力强，愿意让渡更多控制权给社会资本方，有意愿将本项目打造成政府吸引社会资本参与的典型示范项目。项目N是全市中心城区供水一体化布局的重点民生项目，得到市政府及相关部门的大力支持，承担着中心城区120多万人口的城市生活用水主供任务。项目原先由国有企业建设，在市政府的授权下，市水务局通过法定程序选择社会资本，与市水投公司成立项目公司，项目公司通过转让的方式获得ERDS市HTCD至KBS新区供水工程已建工程资产、债务、人员，并负责工程的融资、投资、建设、运营及维护，为国有企业转型升级开辟了新的途径。N项目采取ROT模式，属于盘活存量项目，项目的成功实施直接盘活存量资产14亿元，为防范地方政府债务风险做出了贡献，具有非常典型的示范作用，受到了财政部和自治区财政厅的高度关注。第二，社会资本方有能力承接更多的控制权。本项目引进的社会资本方BSY在水资源领域拥有成熟的科技成果、专利技术和管理经验，有助于提高城市供水运营水平和保障能力。数据表明，2019年上半年N项目供水总量为951万吨，比上年同期增长45%，出厂水合格率达到100%。第三，N市作为地级市，政府在人力、物力及财力等资源上具有显著优势，能够给予PPP项目公司更大的政策性优惠力度，如政府补贴和财政支持，政府有意愿也有能力为民营企业提供充分的服务。[1]

（二）控制权配置与企业动态能力对合作效率交互影响机制

企业动态能力通过调节控制权配置对合作效率的影响程度，从而影响供水行业PPP项目合作效率。民营企业参与供水行业PPP项目，如果企业获得的初始控制权较低，可以通过提升或显示其技术能力、融资能力和配置资源的能力，加大技术创新的力度，从而提升PPP项目合作效率。BSY投资部的L总说："企业参与PPP项目的终极目标肯定是追逐利润。毫无疑问，对BSY这样的企业，每一个PPP项目我们都想要更多的控制权。但是，有些地方政府要么比较保守，要么对企业缺乏了解，担心给予企业过多的控制权会失去对项目的控制，在最初的项目合同里，企业并不一定能获得满意的控制权。但是，只要企业在技术、资源方面有创新潜力，并将创新实力展示出来，PPP项目的合作效率仍然是有保证的。"本研究的推断与王守清等（2019）的观点一致，即民营企业在与政府合作的过程中，企业在技术、管理和融资方面的能力越强，政府更愿意让渡更多控制权给企业，使企业拥有更多的提议权。本研究案例亦表明企业动态能力越强，PPP项目合作效率越高。如BSY郑总所说："在N项目中，仅一年时间，供水量同比增长45%，出厂水合格率达到100%，之所以合作效率这么高，是因为BSY在水资源领域拥有成熟的科技成果、专利技术和管理经验。"可见，不仅控制权会影响PPP项目的合作效率，企业动态能力与控制权也对PPP项目合作效率产生交互影响，即企业动态能力会调节控制权对PPP项目合作效率的影响程度。

综上，本研究得出基于控制权配置、政企行为和企业动态能力协同作用的供水行业PPP项目合作效率模型（如图5-2所示）。控制权配置通过影响政企行为进而影响PPP项目合作效率，企业动态能力会调节控制权配置对合作效率的影响程度。

---

[1] 于永庄. 哈头才当至康巴什新区供水工程PPP项目成为自治区运用PPP模式盘活存量项目典型[EB/OL]. http://www.ordos.gov.cn/xw_127672/qqdt/201903/t20190312_2344485.html, 2019-03-12.

第五章　供水行业PPP项目控制权配置与合作效率关系的解释性案例研究

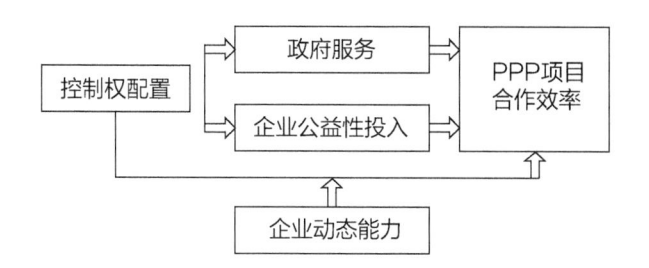

图5-2　供水行业PPP项目合作效率模型

第四节　研究结论

本章基于既有的城市公用事业PPP项目合作效率、控制权配置、政企行为和企业动态能力的前沿研究，通过深度访谈四个供水行业PPP项目形成案例文本，采用解释性案例研究和探索性案例研究方法，揭示了控制权配置、企业动态能力、政企行为对PPP项目合作效率的作用机制。研究发现如下。

第一，对于供水行业PPP项目，民营企业控制权配置对PPP项目合作效率具有显著的正向影响。案例分析结果显示，民营企业参与的四个供水行业PPP项目中民营企业的提议权、审批权和执行权越高，PPP项目的交易成本越低和交易收益越高，即民营企业的控制权对PPP项目合作效率具有显著的正向影响。

第二，对于供水行业PPP项目，民营企业拥有的控制权越多，政企行为越积极。案例分析结果表明，民营企业拥有的控制权越多，政府将有更多的精力处理自身擅长的事务，使项目治理、政府服务、政府支持与保证都更突出。同样，企业拥有的控制权越多，越会产生激励反应，为了获得更好的投资回报，企业会更愿意增加公益性投入，自觉减少自利性投入，从而提升项目的合作效率。

第三，对于供水行业PPP项目，企业动态能力对民营企业拥有的控制权与PPP项目的合作效率的关系产生调节作用，良好的企业动态能力有助于推动控制权对合作效率的提升。一方面，民营企业拥有的控制权接近的PPP项目，民营企业的动态能力越高，则项目交易成本越低，交易收益越高。企业动态能力对民营企业控制权与PPP项目合作效率的关系具有显著的正向调节效应。另一方面，民营企业拥有控制权较低的项目，因为拥有更高的企业动态能力，反而合作效率更高。如项目Q和项目H，从控制权水平来看，项目H＞项目Q，但是从PPP项目的企业动态能力水平来看，项目H＜项目Q。最终合作效率项目Q＞项目H。

第四，对于供水行业PPP项目，政府服务和企业公益性投入行为是民营企业拥有的提议权、审批权、执行权与PPP项目合作效率的中介变量。民营企业的提议权、审批权和执行权越多，政府服务越好，则PPP项目的合作效率也越高。民营企业的提议权、审批权和执行权越多，民营企业的公益性投入增加，PPP项目合作效率越高。由此可见，对于供水行业PPP项目，民营企业的控制权配置通过增加政府服务和民营企业公益性投入，从而影响PPP项目合作效率。

<第六章>

污水处理行业PPP项目控制权配置与合作效率关系的解释性案例研究

为了进一步提高研究的外部效度，在前述研究的基础上，本章将选择四家典型的民营企业参与的污水处理行业PPP项目开展解释性案例研究。本章在关注企业动态能力与控制权配置交互效应的同时，着重剖析行业之间是否存在差异。一方面检验第四章所提出的控制权配置对PPP项目合作效率影响机制的框架模型；另一方面借助解释性案例研究提出新的命题并对概念模型进行修正。

第一节 案例项目背景

一、H项目

BSY科技股份有限公司于2015年12月31日同意投资、建设、运营H县城乡污水处理厂PPP项目，项目投资总额约5.2亿元。合作模式为BOT（建设—运营—移交）。项目总占地面积265亩（176608平方米）。本项目污水处理设计总规模20万吨/日，一期总规模10万吨/日，项目总投资约为5.2388亿元，引入社会资本约4.7149亿元。项目合作期限25年，包括建设期和运营期。政府以土地入股，社会资本负责融资注入，投资建设运营。股权结构拟采用社会资本100%的结构。项目汇报机制为使用者付费。本项目初始审批权、提议权和执行权配置分别为1.6、0.33和0.3。

二、J项目

JA建设投资集团、DY水务股份有限公司、JXA水务集团有限公司于2017年11月15日同意投资、建设、运营J市生活污水处理工程PPP项目，项目投资总额约2.4321亿元，并在项目所在地设立项目公司。合作模式为BOT（建设—运营—移交）。项目建设内容包括农户化粪池改造、污水收集及尾水排放系统、污水处理设施、远程监控信息系统、道路修复和环境提升。特许经营权经营期为26

第六章　污水处理行业PPP项目控制权配置与合作效率关系的解释性案例研究

年。农业局通过与政府方出资代表JS先行控股集团有限公司共同出资设立项目公司。政府方与社会资本方的股权比例为1∶9。项目回报机制是可行性缺口补助。本项目初始审批权、提议权和执行权配置分别为1.67、0.3和0.28。

三、N项目

LY建设集团股份有限公司于2019年12月21日同意投资、建设、运营N市污水处理、污泥处理、污水厂尾水排放管、厂前区及地块绿化工程PPP项目，项目投资总额为6.5665亿元，并在项目所在地设立项目公司。合作模式为BOT（建设—运营—移交）。本次PPP项目仅包含一期工程，建设规模为100000m³/d。项目合作期限22年，包括建设期和运营期。项目回报机制是可行性缺口补助。本项目初始审批权、提议权和执行权配置分别为0.92、0.42和0.25。

四、R项目

ZH科技股份有限公司于2018年11月13日同意投资、建设、运营R市污水处理厂，项目投资总额约1.0649亿元，总用地面积85.27亩，建设规模为10000m³/d。采用BOT（建设—运营—移交）运作方式，由社会资本方负责本项目的资本金及项目债务融资，负责项目的建设、运营维护。本项目的特许经营权经营期为26年。项目汇报机制是使用者付费+政府可行性缺口补助。本项目初始审批权、提议权和执行权配置分别为1.09、0.19和0.2。

四个案例项目的基本信息汇总如表6-1所示。

表6-1　案例项目基本信息

项目编码	H	J	N	R
成立时间	2015	2017	2019	2018
投资总额/亿元	5.2388	2.4321	6.5665	1.0649

续表

项目编码	H	J	N	R
特许经营年限/年	25	26	22	26
合作次数/次	初次	初次	初次	初次
人口总量/万人	37.89	94.32	603	124.64
主营业务	污水处理	农户化粪池改造、污水收集及尾水排放系统、污水处理设施、远程监控信息系统、道路修复和环境提升	治理污水、污泥处理、污水厂尾水排放管、厂前区及地块绿化工程	污水处理
合作模式	BOT	BOT	BOT	BOT
回报机制	使用者付费	可行性缺口补助	可行性缺口补助	使用付费+可行性缺口补助
初始控制权配置 审批权	+	+	+++	++
初始控制权配置 提议权	++	++	+	+++
初始控制权配置 执行权	+	+	++	+++
政企行为 政府行为	+++	++++	++++	+++++
政企行为 企业行为 自利性行为	+	+	N	++
政企行为 企业行为 公益性行为	N	+	++	+
合作效率	+++	++++	++++++	++++
核心访谈次数、对象	1次 H市环境卫生管理处、BSY科技股份有限公司、HB设计研究总院有限公司相关负责人，企业投资总经理、项目副总经理	1次 J市市政园林局，JA建设投资集团、DY水务股份有限公司、JXA水务集团有限公司相关负责人、企业投资经理、项目部门经理	1次 N市住房和城乡建设规划局、BZ环境科技有限公司、LY建设集团股份有限公司、SY控股集团股份有限公司，相关负责人、企业投资经理、项目行政主管	1次 R县园林局，ZH科技股份有限公司相关负责人、企业高级投资经理、项目部门经理

续表

项目编码	H	J	N	R
补充访谈次数、对象	2次 企业高级投资经理、项目负责人	2次 企业高级投资经理、项目负责人	2次 企业高级投资经理、项目负责人	3次，企业高级投资经理、项目负责人
二手资料来源	财政部PPP综合信息平台	财政部PPP综合信息平台	财政部PPP综合信息平台	财政部PPP综合信息平台

第二节 研究设计与数据来源

一、资料收集

本研究主要通过访谈和档案来收集资料，收集时间集中在2019年5月至2020年7月。笔者及书组成员对四个案例项目和相关部门进行了6次正式（核心）访谈和9次补充访谈。访谈对象是参与项目的主要企业代表、参与项目的政府相关部门的经手人及项目运营管理的负责人。根据事先拟定的访谈提纲，对来自政府、民营企业和项目运营的关键人物进行深入访谈，确保了访谈对象的多样性。正式访谈每次时长1~2小时，采取现场访谈和腾讯会议相结合的形式。补充访谈时长15~50分钟，主要采用微信访谈的形式，主要对初次访谈有疑惑的问题进行补充。每次正式访谈至少有三人，一个人是主要采访人，其他是辅助采访人，主要负责做好访问记录。此外，为了保证信息的完整性和真实性，提高访问效率和可信程度，在受访人允许的情况下，同时运用多种数据收集方法，将记录和录音结合在一起。访问过后，及时对当天的记录进行归纳和总结，并写出访谈里问题的每一个答案，对于不明白和没有达成统一的问题做深入分析探讨，重复听录音并多次向受访人进行求证，进一步保证研究阶段资料的获取效率和真实性。此外，对访问过中较重要的问题，通过电子邮件、微信、电话回访的方式进行深层次的询问。除了访谈，为了降低研究偏差，还通过各种可行的方法收集和整理PPP项目的档案资料，包括PPP项目合同中关于控制权配置的核心的部分、项目年度报告、公开出版的案例，以及有关PPP项目的公众号推文等，尽可能地保障全面真实地获取案例素材。

二、资料编码

资料收集之后，根据初步形成的研究框架和扎根理论的要求进行归纳式编码与分析（Guba和Lincoln，1994）（表6-2所示）。研究框架中的不同变量将通过开放性编码、主轴编码和选择性编码的三级编码过程，为更高维度构念的汇总提供基础。为了保证研究信度，数据的整理和翻译由企业管理专业的教授和博士分两次进行。为了保证分析结果的一致性，两次整理都会对不一致的构念进行分析，产生分歧的部分由第三位了解污水处理行业PPP研究的权威教授判定如何进行编码。经过三人的沟通与协商，两次结果的一致性水平均达到95%以上，显示出较强的一致性。

表6-2 资料编码举例

核心范畴	主范畴	副范畴	案例材料举例
控制权	提议权	提出或设计决策方案或计划的权利	项目决策清单合同细则中注明：乙方在一定条件下可对项目的设计方案、建设方案、运营方案进一步完善及优化，修订过的方案必须经甲方审核通过方可实施
	审批权	决策主体在若干方案中选择或对计划是否可行进行判断的权利	项目决策清单合同细则中注明：监理单位招标工作由甲方负责

第六章 污水处理行业PPP项目控制权配置与合作效率关系的解释性案例研究

续表

核心范畴	主范畴	副范畴	案例材料举例
控制权	执行权	决策主体将确定的方案或计划付诸实践的权利	项目决策清单合同细则中注明：乙方应积极进行融资，通过银行贷款、资金注入、信托计划等多种形式支持本项目融资，确保本项目正常建设及运营维护；若乙方未能实现融资交割，且乙方未能以其他资金或甲方同意的其他方法及时补救，即构成乙方违约行为，甲方有权终止本协议
政府行为	项目治理	监管措施	项目实施过程中政府定期监管价格、安全和资金使用情况等
		激励手段	委托专业机构对项目定期绩效评价，且评价结果与政府补贴挂钩
		弹性合同	特许期调整机制、调价机制、争议解决机制、灵活退出机制等
	服务	服务态度	项目整个流程中的责任主体分明、建立了本级PPP项目综合信息平台
		沟通水平	建立了本级PPP第三方专业机构库和专家库，政府方及时分享行业发展规划、投资政策、财政税收、统计数据信息
		可信度	政府方利用新媒体对项目及社会资本方进行积极宣传
		政府承诺	双方合作共同申请示范项目
	支持与保证	政府保证机制	质量提升补偿保证和最低需求量保证
		政府补贴	对污水处理行业实行现金补贴和优惠政策
		财政支持	财政厅有综合奖补，如对省财政厅确定的PPP示范市县，省财政给予一定额度的奖补；对列入省财政推荐项目库的项目，完成签约的，给予奖补；项目签约并开工建设的，给予奖补；财政部自2016年开始以奖代补，鼓励企业申请中央奖补
企业行为	自利性投入	宣传产品	企业在合作中投入了大量的资金和人员用于企业其他业务领域的宣传
		关联销售	在合作的各种场合，企业经常搭便车销售公司其他产品
	公益性投入	人、财、物支持	企业经常对员工进行培训，以满足合作项目需要
		与第三方沟通协调	为了实现预期目标，企业在合作过程中与第三方积极沟通协调，付出大量成本

续表

核心范畴	主范畴	副范畴	案例材料举例
合作效率	交易收益	互补效应	企业与政府之间实现了资源共享、优势互补
		抵御风险	政府愿意和企业一起抵御风险
		促进创新	在政府的影响下，企业在技术方面更有创新动力
		开拓市场	与政府合作，有助于拓展企业的市场业务领域
	交易成本	融资成本	与政府合作，融资成本降低
		履约成本	利用政府的专业能力，企业不用花很多人力、物力、财力自行研究
		谈判成本	与政府合作，项目各阶段的谈判成本降低
企业动态能力	技术能力	技术手段、设备和人员优势	作为集膜材料研发、膜设备制造、膜工艺应用于一体的高科技环保企业，已发展为全球一流的膜设备生产制造商和供应商
	融资能力	金融资源、知识和资源控制优势	2010年登陆创业板A股市场，将同时上市的其他四只新股远远甩在后面，一跃成为沪深市场的第一高价股
	资源配置能力	整体外部环境资源优势	企业能否合理配置资源是项目成功的关键

三、构念测度

由于案例项目所属行业不同，所以提议权、审批权和执行权的测度标准（临界值）存在差异。此外，结合文献研究和案例证据发展出企业动态能力构念的测度。政企行为和合作效率的测度与第四章的测度方法基本一致（如表6-3所示）。需要说明的是，控制权的数据主要来源于PPP项目合同，从配置主体——政府和民营企业的角度，将项目合同中的条款转化为控制权配置。并以公共部门（政府为代表）和私营部门（民营企业为代表）掌握提议权、审批权和执行权的决策节点个数之比作为衡量民营企业对PPP项目控制强度的尺度。政企行为、合作效率与企业动态能力的数据，基于数据可得性的考虑，均采用主观评价方法。为了使数据尽量客观真实，采取以下措施：所有数据都通过对特定案例企业内部不同岗位、不同职务的人员的访谈获得，并结合对本行业特别

第六章 污水处理行业PPP项目控制权配置与合作效率关系的解释性案例研究

熟悉的政府工作人员的整体评价，以及相关学者对案例素材和访谈资料的内容分析，做出相对客观的评价。

表6-3 关键构念测度

构念	维度	指标	测度
控制权	提议权	决策主体提出或设计决策方案或计划的权利	+：提议权在政企之间的分配比率＞0.40 ++：提议权在政企之间的分配比率0.20~0.40 +++：提议权在政企之间的分配比率＜0.20
控制权	审批权	决策主体在若干方案中选择或对计划是否可行进行判断的权利	+：审批权在政企之间的分配比率＞1.5 ++：审批权在政企之间的分配比率1~1.5 +++：审批权在政企之间的分配比率＜1
控制权	执行权	决策主体将确定的方案或计划付诸实践的权利	+：执行权在政企之间的分配比率＞0.25 ++：执行权在政企之间的分配比率0.21~0.25 +++：执行权在政企之间的分配比率＜0.21
企业动态能力	技术能力	技术手段、设备和人员优势	++：企业技术手段、设备和人员优势很明显 +：企业技术手段、设备和人员优势一般 N：企业几乎没有技术手段、设备和人员优势
企业动态能力	融资能力	金融资源、知识和资源控制优势	++：企业金融资源、知识和资源控制优势很明显 +：企业金融资源、知识和资源控制优势一般 N：企业几乎没有金融资源、知识和资源控制优势
企业动态能力	资源配置能力	整体外部环境资源优势	++：企业外部环境资源优势很明显 +：企业外部环境资源优势一般 N：企业几乎没有外部环境资源优势
政企行为	政府行为	项目治理能力强 政府服务积极 政府支持与保证有力	++++++：政府项目治理能力、服务积极性、政府支持与保证力度都较强 +++++：政府项目治理能力、服务积极性、政府支持与保证力度三项中有两项较强，其他一项一般 ++++：政府项目治理能力、服务积极性、政府支持与保证力度三项中有一项较强，其他两项一般或者两项较强，一项没有 +++：政府项目治理能力，服务积极性，政府支持与保证力度都一般

续表

构念	维度	指标	测度
政企行为	政府行为	项目治理能力强 政府服务积极 政府支持与保证有力	++：政府项目治理能力，服务积极性，政府支持与保证力度三项中有两项一般，一项没有 +：政府项目治理能力，服务积极性，政府支持与保证力度三项中有一项一般，两项没有 N：政府几乎没有项目治理能力，服务积极性，政府支持与保证力度
政企行为	企业行为	自利性投入水平低 公益性投入水平高	++++：企业的宣传公司其他产品和关联销售等自利性投入水平很低，对项目人财物的支持、与第三方沟通协调的努力程度等公益性投入水平很高 +++：企业的宣传公司其他产品和关联销售等自利性投入水平很低、一般，对项目人财物的支持、与第三方沟通协调的努力程度等公益性投入水平一般、很高 ++：企业的宣传公司其他产品和关联销售等自利性投入水平一般、几乎全是，对项目人财物的支持、与第三方沟通协调的努力程度等公益性投入水平一般、很高 +：企业的宣传公司其他产品和关联销售等自利性投入水平一般、几乎全是，对项目人财物的支持、与第三方沟通协调的努力程度等公益性投入水平没有、一般 N：企业几乎没有公益性投入，只有自利性投入
合作效率	交易成本	融资成本、履约成本和谈判成本低	+++：PPP项目融资成本、履约成本和谈判成本很低 ++：PPP项目融资成本、履约成本和谈判成本一般 +：PPP项目融资成本、履约成本和谈判成本很高
合作效率	交易收益	互补效应、抵御风险、促进创新和开拓市场能力提升	+++：PPP项目特许经营后互补效应、抵御风险、企业的创新意识和开拓市场能力都显著提升 ++：PPP项目特许经营后互补效应、抵御风险、创新意识和开拓市场能力都一般 +：PPP项目特许经营后互补效应、抵御风险、企业的创新意识和开拓市场能力无明显变化

第三节 案例分析与研究发现

案例分析包括三个部分。首先，基于案例现象和潜在理论假设进一步修正第四章所构建的理论分析框架，揭示PPP项目合作效率的影响机制。其次，对案例项目控制权配置、政企行为、企业动态能力和合作效率的结果开展复制和比较分析。最后，基于案例证据和理论演绎，揭示污水处理行业PPP项目合作效率影响机制，构建起控制权配置、企业动态能力、政企行为以及合作效率的关联机制模型。

一、控制权和企业动态能力交互效应下污水处理行业PPP项目合作效率分析框架

本研究的假设前提是政府愿意让渡更多控制权给民营企业且民营企业总是积极争取更多的控制权，因为这样做既有利于政府更专注于项目治理、提供服务及提供支持与保证，也有利于企业降本增效，从而有助于提升合作效率。然而，本研究隐含的理论潜在假设是民营企业有能力、有实力、可驾驭拥有更多的控制权，因为只有这样才能更好地保证PPP项目的合作效率。因此，本研究推断企业动态能力会调节控制权配置对合作效率的影响程度。

事实上，有关企业动态能力对PPP项目合作效率的影响，正如第二章文献综述所述，从理论上讲，企业动态能力越强，PPP项目合作效率也应该更高。张淑华（2019）归纳了影响基础设施PPP项目合作效率的影响因素，其中与包括民营企业的社会资本有关的因素主要有PPP项目经验、资金实力、融资能力、公益意识和内部治理水平等，其中资金实力和融资能力皆属于企业动态能力的范畴。

另外，BSY董事长和投资部总经理在访谈中一致认为："因为我们企业在同行里拥有绝对的技术优势、资金优势和管理优势，政府对我们还是非常信任的。尽管我们都是通过招投标获得项目，肯定是靠实力，但是政府也是希望我

们投标成功的。无论是大项目还是小项目,我们都是全力以赴,希望获得更多的控制权,这样有利于企业创新和积极投入。即使合同里写明的控制权不是很高,我们也会利用自己的技术、资金和管理优势努力把项目做好,以获得更高的投资回报。"由此可见,控制权配置对PPP项目合作效率的影响还受企业动态能力的调节。

鉴于此,本研究假设,对民营企业参与的污水处理行业PPP项目,民营企业拥有的控制权越高,合作效率也越高,而且企业动态能力与控制权之间存在交互效应,共同影响PPP项目合作效率。

事实上,通过案例素材挖掘发现,仅从控制权视角或企业动态能力视角,并不能完全解释污水处理行业PPP项目合作效率的差异。单独采用控制权配置难以解释PPP项目合作效率的差异。根据前文探索性案例分析,再结合现实的访谈,控制权配置是影响污水处理行业PPP项目的关键因素,而且,民营企业拥有的控制权越高,PPP项目合作效率越高。然而,H项目和J项目民营企业拥有相同的控制权,为"++++",根据访谈和调研,J项目的合作效率更高,达"++++++",而H项目的合作效率较低,为"+++"。其次,单独采用企业动态能力难以解释污水处理行业PPP项目合作效率的差异。其中,J项目企业动态能力为"++++++++",N项目的企业动态能力为"+++++++++++",总体上来讲,N项目比J项目的企业动态能力更强,但是两者的项目合作效率是一样的,为"++++++"。基于上述分析,在第四章探索性案例研究得出控制权配置—政企行为—合作效率的分析框架基础上,本章尝试将企业动态能力纳入污水处理行业PPP项目合作效率的分析框架,以揭示控制权配置与企业动态能力对PPP项目合作效率的交互影响。

二、案例内分析与案例间分析

通过分析四个案例项目PPP项目合同中的具体条款可以得到四个案例项目控

制权的配置状况。

整体而言，J项目和R项目的提议权、审批权、执行权配置结果分别为0.3、1.67、0.28和0.19、1.09、0.2，而H项目和N项目的提议权、审批权、执行权配置结果分别为0.33、1.6、0.3和0.42、0.92、0.25。与H项目和N项目相比，J项目和R项目中，民营企业拥有的各项权利更多一些（如表6-4所示）。

表6-4 控制权配置汇总

	决策	H 提议权	H 审批权	H 执行权	J 提议权	J 审批权	J 执行权	N 提议权	N 审批权	N 执行权	R 提议权	R 审批权	R 执行权
D1	勘察设计单位	I	I	I	G	G	G	G	G	G	G	G	G
D2	工程勘察	I	G	I	I	I	I	I	I	I	I	I	I
D3	初步设计及补充纠正	G	G	I	I	G	I	I	G	I	I	G	I
D4	施工图设计	I	G	I	I	I	I	I	I	I	I	G	I
D5	融资方案设计与实施	I	I	I	I	G	I	I	I	I	I	I	I
D6	资金到位和使用	I	I	I	I	I	I	I	I	I	I	I	I
D7	担保和保险	I	I	I	I	I	I	I	I	I	I	I	I
D8	监理单位招标	I/G	G	I	G	G	G	G	G	G	I	I	I
D9	施工单位招标	I	I	I	I	I	I	I	I	I	I	I	I
D10	设备、材料等专业供应商招标	I	I	I	I	I	I	I	I	I	I	I	I
D11	征地拆迁和交通疏导	G	I/P	I	I	I	I	G	G	G	G	G	G
D12	施工现场场地准备	G	I	I	G	G	G	G	G	G	I	I	I
D13	施工组织设计	I	G	I	N	N	N	N	N	N	N	N	N
D14	施工进度控制	I	G	I	I	G	I	I	I	I	I	G	I
D15	材料、设备和施工质量控制	I	I	I	I	I	I	I	I	I	I	I	I
D16	工程变更	G	G	I	I/G	I	I	I/G	I	I	I/G	G	I
D17	工程计量支付与价款结算	N	N	N	N	N	I	G	I	N	N	N	N

续表

决策		H 提议权	H 审批权	H 执行权	J 提议权	J 审批权	J 执行权	N 提议权	N 审批权	N 执行权	R 提议权	R 审批权	R 执行权
D18	安全管理及事故处理	I	G	I	I	G	I	I	I	I	I	I	I
D19	争议处理	I/G	I	I/G	I	I	I	I/G	I	I	I/G	I	I/G
D20	完工检验与竣工验收	I	G	G	I	G	I/G	I	I	I	I	G	G
D21	设备、系统调试与试运行	I	G	I	N	N	N	I	I	I	I	G	I
D22	运营、维护、服务供应商招标	N	N	N	N	N	N	N	N	N	N	N	N
D23	运营管理	I	G	I	I	I	I	I	I	I	N	N	N
D24	质保维修与维护管理	I	G	I	I	G	I	I	G	I	I	G	I
D25	产品、服务定价与调整	I	G	G	I/G	G	I/G	I	G	I	I	G	I
D26	产品、服务交付管理	I	G	G	G	G	I	G	G	I	I	G	I
D27	工程与相关资料、权力移交	I	G	I/G	I	G	I/G	G	G	G	I	G	I
D28	回购支付	G	G	I/G	N	N	N	N	N	N	N	N	N
	审批权配置比例	公:私=1.6			公:私=1.67			公:私=0.92			公:私=1.09		
	提议权配置比例	公:私=0.33			公:私=0.3			公:私=0.42			公:私=0.19		
	执行权配置比例	公:私=0.3			公:私=0.28			公:私=0.25			公:私=0.2		

注：表格中I指私营部门投资者（本研究主要指民营企业）决策，G指公共部门（本研究主要指政府各部门、发起人）决策，N指合同中没有明确由公共部门决策还是由私营部门决策。

（一）案例内分析

1. H项目

本部分对项目H的初始控制权配置进行分析，对政企行为、企业动态能力及合作效率进行描述（如表6-5所示）。

第六章　污水处理行业PPP项目控制权配置与合作效率关系的解释性案例研究

（1）控制权配置、企业动态能力与政企行为

根据PPP项目合同，政企双方提议权、审批权、执行权的比例分别为0.33（"++"水平）、1.6（"+"水平）、0.3（"+"水平），项目H的控制权为三者之和，达"++++"水平。从政企双方拥有控制权的比例来看，对提议权和执行权两个维度，民营企业拥有更多的控制权，但是对审批权这个维度，政府拥有更多的控制权。

项目H的企业动态能力为融资能力、技术能力、配置资源能力之和，达"++++++"水平。

项目H的政企行为为政府行为与企业行为之和，达"++++"水平，其中政府行为达"+++"水平，企业行为达"+"水平。根据访谈，一方面，项目所在地政府行为的项目治理、政府服务和政府支持与保障均较一般。这可能是因为这是H县初次发起污水处理PPP项目，对PPP项目的运营机制尚不十分明晰，且缺乏相关经验，所以激励手段和弹性合同相对缺乏，项目治理效果一般。H项目属于异地投资，地方政府对项目持谨慎原则，政企之间的关系基础较为薄弱，政企之间缺乏沟通交流渠道，地方政府不能给予充分的信任，所以政府服务水平不高且缺乏相应的支持与保证。另一方面，对于企业行为，因为企业拥有的控制权较低，企业投入的积极性受到影响，与PPP项目直接相关的投入很低，但是对公司其他产品研发方面的投入很高。

（2）PPP项目合作效率

项目H的合作效率为"+++"水平。总体上讲，民营企业拥有的控制权偏低，企业动态能力不高，项目H的合作效率较低。

表6-5 项目H民营企业的控制权、动态能力、政企行为及合作效率

分析项目	项目特点	控制权、动态能力和政企行为							合作效率
		控制权++++			动态能力++++++			政企行为++++		
		提议权 ++	审批权 +	执行权 +	企业技术能力 ++	企业融资能力 ++	企业资源配置能力 ++	政府行为 +++	企业行为 +	
H	民营企业拥有的控制权和企业动态能力对合作效率产生交互影响									+++

2. J项目

本部分对项目J的初始控制权配置进行分析，对政企行为、企业动态能力及合作效率进行描述（如表6-6所示）。

（1）控制权配置、企业动态能力与政企行为

根据PPP项目合同，政企双方提议权、审批权、执行权的比例分别为0.3（"++"水平）、1.67（"+"水平）、0.28（"+"水平），项目J的控制权为三者之和，达"++++"水平。从政企双方拥有控制权的比例来看，对提议权和执行权两个维度，民营企业拥有更多的控制权，但是对审批权这个维度，政府拥有更多的控制权。

项目J的企业动态能力为融资能力、技术能力和配置资源能力之和，达"++++++++"水平。根据对J项目负责人的访谈，JA在项目中的股权占比为32%，但是本项目投资高达2.43亿元，为了获得更多收益，企业一定会全力以赴，发挥自己所长。

项目J的政企行为为政府行为与企业行为之和，达"++++++"水平，其中政府行为达"++++"水平，企业行为达"++"水平。根据对J项目负责人投资经理的访谈，J项目是地级市层面项目，一方面，政府能够调动的资源更多，且具有较强的学习能力，能够建立相对完善的监管机制和执行流程，且执行效率较

高;另一方面,相对于县级政府,市级政府拥有较多的政策支持与较强的政策执行能力,可推动项目顺利开展。此外,J项目总投资约为2.43亿元,项目服务对象达215个自然村,投资金额巨大且涉及面广。并且,对于企业行为,因为企业拥有的控制权较高,企业投入的积极性很高。

(2) PPP项目合作效率

项目J的合作效率为"++++++"水平。总体上讲,民营企业拥有的控制权高,企业动态能力较强,项目J的合作效率高。

表6-6 项目J民营企业的控制权、动态能力、政企行为及合作效率

分析项目	项目特点	控制权、动态能力和政企行为							合作效率
		控制权 ++++			动态能力 +++++++++			政企行为 ++++++		
J	民营企业拥有的控制权与合作效率正相关	提议权 ++	审批权 +	执行权 +	技术能力 +++	融资能力 +++	资源配置能力 +++	政府行为 ++++	企业行为 ++	++++++

3. N项目

本部分对项目N的初始控制权配置进行分析,对政企行为、企业动态能力及合作效率进行描述(如表6-7所示)。

(1) 控制权配置、企业动态能力与政企行为

根据PPP项目合同,政企双方提议权、审批权、执行权的比例分别为0.42("+"水平)、0.92("+++"水平)、0.28("++"水平),项目N的控制权为三者之和,达"++++++"水平。从政企双方拥有控制权的比例来看,均小于1,所以提议权、审批权和执行权三个维度,都是民营企业拥有更多的控制权。

项目N的企业动态能力为融资能力、技术能力、配置资源能力之和,达"++++++++++"水平。根据对N项目负责人的访谈,为了降低成本,增加收益,

企业一定会全力以赴，发挥自己所长。

项目N的政企行为为政府行为与企业行为之和，达"++++++"水平，其中政府行为达"++++"水平，企业行为达"++"水平。根据对N项目相关负责人的访谈，一方面，政府具有相应的PPP项目运行经验，具备良好的项目治理能力；相应的政府支持与保障机制已经建立，为该项目打下了良好基础；N项目作为国家级经济技术开发区和国家级产城融合示范区，在充分发挥经济主平台作用的同时推进"绿色新区"的建设，积极响应和贯彻国家的绿色、环保、可持续发展战略。另一方面，对于企业行为，企业的宣传公司其他产品和关联销售等自利性投入水平很低，对项目人财物的支持、与第三方沟通协调的努力程度等公益性投入水平很高。

（2）PPP项目合作效率

项目N的合作效率为"++++++"水平。总体上讲，民营企业拥有的控制权比例高，企业动态能力好，项目N的合作效率高。

表6-7 项目N民营企业的控制权、动态能力、政企行为及合作效率

分析项目	项目特点	控制权、动态能力和政企行为							合作效率
		控制权 ++++++			动态能力 ++++++++++			政企行为 ++++++		
N	企业动态能力相同的情况下，民营企业拥有的控制权与合作效率正相关	提议权 +	审批权 +++	执行权 ++	技术能力 ++++	融资能力 +++	资源配置能力 ++++	政府行为 ++++	企业行为 ++	++++++

4. R项目

本部分对项目R的初始控制权配置进行分析，对政企行为、企业动态能力及合作效率进行描述（如表6-8所示）。

（1）控制权配置、企业动态能力与政企行为

根据PPP项目合同，政企双方提议权、审批权、执行权的比例分别为0.19（"+++"水平）、1.09（"++"水平）、0.2（"+++"水平），项目R的控制权为三者之和，达"++++++++"水平。从政企双方拥有控制权的比例来看，对提议权和执行权两个维度，民营企业拥有更多的控制权，但是对审批权这个维度，政府拥有更多的控制权。

项目R的企业动态能力为融资能力、技术能力、配置资源能力之和，达"++++"水平。根据我们对R项目负责人的访谈，为了降低成本，增加收益，企业一定会全力以赴，发挥自己所长。

项目R的政企行为为政府行为与企业行为之和，达"++++++++"水平，其中政府行为达"+++++"水平，企业行为达"+++"水平。根据对R项目相关负责人的访谈，一方面，政府行为与N项目类似，受访者认为项目所在地的政府行为在项目治理、政府服务和政府支持与保障方面均很好；另一方面，对于企业行为，因为企业拥有的控制权较高，企业投入的积极性高。

（2）PPP项目合作效率

项目R的合作效率为"++++"水平。总体上讲，民营企业拥有的控制权适当，企业动态能力较低，项目R的合作效率并不高。因此推断，民营企业动态能力可以在一定程度上对合作效率产生影响。

表6-8 项目R民营企业的控制权、动态能力、政企行为及合作效率

分析项目	项目特点	控制权、动态能力和政企行为							合作效率
R	民营企业拥有的控制权和企业动态能力对合作效率产生交互影响	控制权 ++++++++			动态能力 ++++			政企行为 ++++++++		++++
		提议权 +++	审批权 ++	执行权 +++	技术能力 ++	融资能力 +	资源配置能力 +	政府行为 +++++	企业行为 +++	

（二）多案例比较分析

基于上述分析，本部分对污水处理行业PPP项目的现实情境所涉及的各关键变量进行了评判打分（如表6-9所示），并请被采访人员及专家做出审核和修正（各构念的测度如表6-3所示）。本部分将所有案例项目的各变量进行对比分析，从而归纳出控制权配置、政企行为与合作效率各变量之间的相关、因果关系，并提出初始的研究命题假设。

表6-9 污水处理行业PPP项目控制权配置、政企行为与合作效率评价得分汇总

变量	维度	项目H	项目J	项目N	项目R
控制权配置	提议权	++	++	+	+++
	审批权	+	+	+++	++
	执行权	+	+	++	+++
	总水平	++++	++++	++++++	++++++++
政府行为	项目治理	N	+	++	+
	服务	+	+	+	++
	支持与保证	++	++	+	++
	总水平	+++	+++	++++	+++++
企业行为	自利性投入	+	+	N	++
	公益性投入	N	+	++	+
	总水平	+	++++	+++	+++

第六章 污水处理行业PPP项目控制权配置与合作效率关系的解释性案例研究

续表

变量	维度	项目H	项目J	项目N	项目R
合作效率	交易收益	+	+++	+++	++
	交易成本	++	+++	+++	++
	总水平	+++	++++++	++++++	++++
企业动态能力	技术能力	++	+++	++++	++
	融资能力	++	+++	+++	+
	资源配置能力	++	+++	++++	+
	总水平	++++++	+++++++++	+++++++++++	++++

1.控制权配置与合作效率

根据表6-9的数据和上述案例分析可以初步得出这样的结论：民营企业拥有的控制权越高，政企之间的合作效率越高。

在案例项目中，项目H、项目R都由一家企业参与，企业动态能力相近。但是二者的控制权不同，项目R达到"++++++++"，而项目H只有"++++"，项目R的合作效率达到"++++"，项目H只有"+++"。可见，民营企业拥有的控制权对项目的合作效率有显著的正向影响作用。

进一步，从控制权的三个维度来看，项目R中，民营企业拥有的提议权、审批权、执行权分别达"+++""++""+++"水平，项目H中，民营企业拥有的提议权、审批权、执行权分别达"++""+""+"水平。从总的控制权考量，能得到同样的推论。命题4-1、4-2、4-3得到验证。

2.控制权配置与政企行为

根据表6-9的数据和第四章的探索性案例分析可以初步得出这样的结论：民营企业拥有的控制权越高，政企行为越积极。

（1）控制权配置与政府行为

从表6-9可知，四个项目的控制权配置总水平与政府行为总水平呈正相关关系。如项目R，民营企业拥有的控制权达到"++++++++"，政府行为的总水平达到"+++++"，项目H和项目J，民营企业拥有的控制权均为"++++"，项目H政府行为的总水平为"+++"，项目J政府行为的总水平为"++++"。

从控制权的三个维度来看，对于企业动态能力相近的项目R和项目H，项目R的民营企业拥有的提议权、审批权、执行权分别达"+++""++""+++"水平，政府行为总水平为"+++++"；项目H的民营企业拥有的提议权、审批权、执行权分别达"++""+""+"水平；政府行为总水平为"+++"。可见，从控制权三个维度考量，民营企业拥有的提议权、审批权和执行权对政府行为均有显著正向影响。命题4-7、4-8、4-9得到验证。

（2）控制权配置与企业行为

根据表6-9的数据和第四章的探索性案例分析可以初步得出这样的结论：民营企业拥有的控制权越多，企业公益性投入越多，自利性投入越少。

从表6-9可知，四个项目的控制权配置总水平与企业行为总水平呈正相关关系。对于项目R，民营企业拥有的控制权达到"++++++++"水平，企业行为的总水平达到"+++"水平；对于项目H，民营企业拥有的控制权为"++++"，企业行为的总水平为"+"；项目J和项目N，民营企业拥有的控制权分别为"++++"和"++++++"，企业行为的总水平均为"++"。

从控制权的三个维度来看，同样比较企业动态能力相近的两个项目R和H。项目R的民营企业拥有的提议权、审批权、执行权分别达"+++""++""+++"水平，企业行为总水平为"+++"；项目H的民营企业拥有的提议权、审批权、执行权分别达"++""+""+"水平，企业行为总水平为"+"。可见，从控制权三个维度考量，民营企业拥有的提议权、审批权和执行权对企业行为均有显著正向影响。命题4-15、4-16、4-17得到验证。

3. 政企行为与合作效率

（1）政府行为与合作效率

根据表6-9的数据和第四章的探索性案例分析可以初步得出这样的结论：政府行为越积极，PPP项目合作效率越高。

从表6-9可知，四个项目的政府行为与合作效率并不完全呈正相关关系。对于项目N，政府行为达到"++++"水平，合作效率的总水平达到"++++++"水平；对于项目R，政府行为达到"+++++"水平，合作效率的总水平为"++++"；项目H和项目J，政府行为分别为"+++"和"++++"，合作效率总水平分别为"+++"和"++++++"。可见，政府行为排序为项目R＞项目N=项目J＞项目H，合作效率的排序为项目N=项目J＞项目R＞项目H。

从政府行为的三个维度来看，首先比较企业动态能力相近的两个项目R和H。项目R的政府行为的三个维度项目治理、服务、支持与保证分别为"+""++""++"水平，合作效率总水平为"++++"；项目H的政府行为的三个维度项目治理、服务、支持与保证分别为"N""+""++"水平，合作效率总水平为"+++"。可见，从政府行为三个维度考量，政府项目治理与合作效率呈正相关关系，但是政府服务和政府支持与保证与合作效率的关系并不显著。继续比较四个项目，政府服务、政府支持与保证并与合作效率的影响并不明确。因此，对于污水处理行业PPP项目，命题4-4得到验证，命题4-5和命题4-6并没有得到验证。

（2）企业行为与合作效率

根据表6-9的数据和第四章的探索性案例分析可以初步得出这样的结论：企业自利性投入越少，公益性投入越多，PPP项目合作效率越高。

从表6-9可知，四个项目的企业行为与合作效率并不完全呈正相关关系。对于项目R，企业行为达到"+++"水平，合作效率的总水平达到"++++"；对于项目N，企业行为达到"++"水平，合作效率的总水平为"++++++"；项目H和项目J，企业行为分别为"+"和"++"水平，合作效率总水平分别为"+++"和"++++++"。可见，企业行为排序为项目R＞项目N=项目J＞项目H，合作效率的排序为项目J=项目N＞项目R＞项目H。

从企业行为的两个维度来看，首先比较企业动态能力相近的两个项目R和H。项目R的企业行为的两个维度自利性投入和公益性投入分别为"++""+"水平，合作效率总水平为"++++"；项目H的企业行为的两个维度自利性投入和公益性投入分别为"+""N"水平，合作效率总水平为"+++"。可见，从企业行为两个维度考量，企业自利性投入对合作效率没有显著正向影响，企业公益性投入对合作效率有显著正向影响。继续比较企业动态能力存在差异的四个项目，我们得到企业自利性投入与合作效率正相关关系并不显著，企业公益性投入与合作效率存在正相关关系。因此，对于污水处理行业PPP项目，命题4-13没有得到验证，命题4-14得到验证。

综合上述分析，控制权与政企行为关系的命题4-7、4-8、4-9、4-15、4-16、4-17得到验证，政企行为与合作效率的命题4-4、4-14得到验证。因此，对于污水处理行业PPP项目而言，政府项目治理是民营企业拥有的提议权、审批权、执行权与PPP项目合作效率的中介变量，企业公益性投入是民营企业拥有的提议权、审批权、执行权与PPP项目合作效率的中介变量，由此可以推断命题4-10、4-11、4-12、4-18、4-19、4-20部分得到验证。

4. 企业动态能力与控制权配置的交互效应

为了提高研究的内部效度，本研究在第四章采用嵌入式案例研究方法，选择同一家民营企业参与同一个行业的PPP项目进行探索，由于同一家企业不存在动态能力上的差异，所以整个分析框架里没有考虑企业动态能力的影响。理论上，企业动态能力会提高交易收益，降低交易成本。因为如果一个企业动态能

第六章 污水处理行业PPP项目控制权配置与合作效率关系的解释性案例研究

力强,一方面,政府可以更加放心地让渡更多的控制权给企业,从而将更多精力专注于项目治理能力的提升、服务的提供等,有助于提升PPP项目的合作效率;另一方面,对于动态能力强的民营企业,拥有更多的控制权,意味着有更多的创新空间和创新动力,更加有利于降低成本和增加收益,如此可形成政企合作的良性循环。所以如前所述,本章的分析框架里增加了企业动态能力,并假设企业动态能力对控制权配置与合作效率的关系起调节作用。

根据表6-9分析可知,四个项目的企业动态能力不一样,因此,项目H与项目J之间,项目N与项目R之间合作效率的差异受控制权与企业动态能力的交互影响。比较项目N和项目R,从控制权水平来看,项目N达到"++++++"水平,项目R达到"++++++++"水平,但是从PPP项目的企业动态能力水平来看,项目N的企业动态能力为"++++++++++++",项目R的企业动态能力为"++++"。可见,对于项目R,控制权的优势因为企业动态能力的不足,出现了此消彼长的情形;对于项目N,企业动态能力弥补了控制权较低的不足,反而合作效率比项目R高。此分析同样适用于项目H与项目J的比较。

可见,企业动态能力越高,控制权对合作效率的影响程度越大。根据访谈,项目拥有相近的控制权,企业在技术、融资和资源方面越强的企业,PPP项目可持续发展的原动力越足,从而项目合作效率也更高。

通过对污水处理行业PPP项目案例内及案例间的分析,验证了第四章的部分命题和假设,并得到以下新的命题。

命题6-1:对于污水处理行业PPP项目,民营企业拥有的控制权越多,合作效率越高。

命题6-2:对于污水处理行业PPP项目,民营企业拥有的控制权越多,政企行为越积极。

命题6-3:对于污水处理行业PPP项目,政府项目治理是民营企业拥有的提议权、审批权、执行权与PPP项目合作效率的中介变量。

命题6-4：对于污水处理行业PPP项目，企业公益性投入是民营企业拥有的提议权、审批权、执行权与PPP项目合作效率的中介变量。

命题6-5：对于污水处理行业PPP项目，企业动态能力对民营企业拥有的控制权与PPP项目的合作效率的关系产生调节作用，良好的企业动态能力有助于推动控制权对合作效率的提升。

三、污水处理行业PPP项目合作效率的影响机制

分析发现，控制权是影响污水处理行业PPP项目合作效率的核心变量，控制权是通过影响政企行为，从而影响合作效率的，且企业动态能力对控制权与PPP项目合作效率的影响起调节作用。所以影响污水处理行业PPP项目合作效率的主要因素可以归结为控制权、企业动态能力和政企行为。接下来将以污水处理行业PPP项目合作效率差异的分析框架为基础，结合案例素材和理论演绎，揭示控制权、企业动态能力、政企行为对污水处理行业PPP项目合作效率的影响机制。

（一）控制权对合作效率的影响机制

民营企业拥有的控制权通过影响政企行为，从而影响PPP项目的合作效率。民营企业拥有的控制权越多，政企行为越积极，PPP项目合作效率越高。这是因为，首先，根据"激励—反应"基本经济分析逻辑，政府让渡更多控制权给民营企业，相当于一种"激励"性策略，从而让政府和企业做出有利于提升PPP项目合作效率的"反应"。让渡更多控制权给民营企业有助于政府项目治理能力的提升，主要表现在：项目实施过程中政府更加严格地定期监管价格、安全和资金使用情况；政府有精力委托专业机构对项目定期绩效评价，且评价结果与政府补贴挂钩；政府制定弹性合同，特许期调整机制、调价机制、争议解决机制、灵活退出机制。民营企业拥有更多控制权，企业会更有安全感和创新的

动力，愿意增加有利于项目本身发展的公益性投入。其次，R项目的负责人L总说："民营企业参与污水处理行业PPP项目的过程中，政府愿意让渡更多的控制权给民营企业的前提是，政府项目治理能力足够，民营企业拥有足够的资源和能力。结果便是政企各自发挥所长，PPP项目的合作效率提高。"这本来也是推出PPP模式的初衷。

通过收集二手资料，也证实了L总的说法。在R项目中，民营企业之所以可以拥有较高的控制权，主要有以下两个原因。第一，政府高度重视，治理能力强，愿意让渡更多控制权给社会资本方，有意愿将本项目打造成政府吸引社会资本参与的典型示范项目。R项目是全市污水处理一体化布局的重点民生项目，受到市政府及相关部门的大力支持。R项目污水处理厂采用较为先进的污水处理工艺水解+A2/O，设计规模为4万立方米/日，先期处理规模达到1万立方米/日，该厂的建成，将极大地改善周围水体环境，对治理水污染，保护当地流域水质和生态平衡具有十分重要的作用。第二，社会资本方有能力承接更多的控制权。本项目引进的社会资本方ZH，其在水资源领域拥有成熟的科技成果、专利技术和管理经验，有助于提高城市污水处理运营水平和保障能力。第三，R市作为地级市，政府在人力、物力及财力等资源上具有显著优势，能够给予PPP项目公司更大的政策性优惠力度，如政府补贴和财政支持，政府有意愿也有能力为民营企业提供充分的服务。

（二）控制权配置与企业动态能力对合作效率交互影响机制

企业动态能力通过调节控制权配置对合作效率的影响程度，从而影响污水处理行业PPP项目合作效率。民营企业参与污水处理行业PPP项目，如果企业获得的初始控制权较低，可以通过提升或显示其技术能力、融资能力和配置资源的能力，加大技术创新的力度，从而提升PPP项目合作效率。ZH投资部的W总说："我们参与PPP项目的目标就是降本增效，每一个PPP项目，我们都想要更多的控制权，这样更有利于运营管理，更有利于提高效率。但是，有些地方政府要么比较保守，要么对企业缺乏了解，担心给予企业过多的控制权会失去对项目的控制，在最初的项目合同里，企业并不一定能获得满意的控制权。但是，只要企业在技术、资源方面有创新潜力，并将创新实力显现出来，PPP项目的合作效率仍然是有保证的。"我们的推断与王守清等（2019）的观点一致，即民营企业在与政府合作的过程中，企业在技术、管理和融资方面的能力越强，政府更愿意让渡更多控制权给企业，使企业拥有更多的控制权。本研究案例亦表明企业动态能力越强，PPP项目合作效率越高。可见，不仅控制权会影响PPP项目的合作效率，企业动态能力与控制权也对PPP项目合作效率产生交互影响，即企业动态能力会调节控制权对PPP项目合作效率的影响程度。

综上可知，本研究得出基于控制权配置、政企行为和企业动态能力协同作用的污水处理行业PPP项目合作效率模型（如图6-1所示）。控制权配置通过影响政企行为进而影响PPP项目合作效率，企业动态能力会调节控制权配置对合作效率的影响程度。

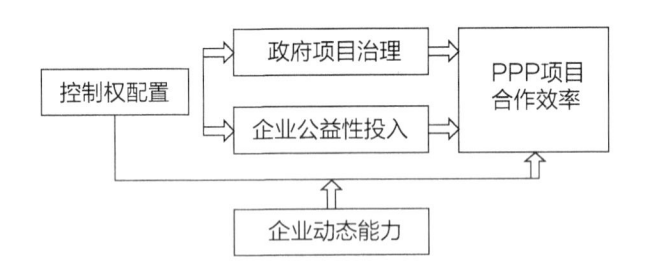

图6-1　污水处理行业PPP项目合作效率模型

第四节　研究结论

本章基于既有的城市公用事业PPP项目合作效率、控制权配置、政企行为和企业动态能力的前沿研究，通过深度访谈四个污水处理行业PPP项目形成案例文本，借助解释性案例研究和探索性案例研究，揭示了控制权配置、企业动态能力、政企行为对PPP项目合作效率的作用机制。研究发现如下。

第一，对于污水处理行业PPP项目，民营企业控制权配置对PPP项目合作效率具有显著的正向影响。案例分析结果显示，民营企业参与的四个污水处理行业PPP项目中民营企业的提议权、审批权和执行权越高，PPP项目的交易成本越低和交易收益越高，即民营企业的控制权对PPP项目合作效率具有显著的正向影响。

第二，对于污水处理行业PPP项目，民营企业拥有的控制权越多，政企行为越积极。案例分析结果表明，民营企业拥有的控制权越多，政府将有更多的精力处理自身擅长的事务，使得项目治理、政府服务、政府支持与保证都会更突出。同样，企业拥有的控制权越多，越会产生激励反应，为了获得更好的投资回报，企业会更愿意增加公益性投入，自觉减少自利性投入，从而提升项目合作效率。

第三，对于污水处理行业PPP项目，企业动态能力对民营企业拥有的控制权与PPP项目的合作效率的关系产生调节作用，良好的企业动态能力有助于推动控制权对合作效率的提升。一方面，民营企业拥有的控制权接近的PPP项目，民营企业的动态能力越高，则项目交易成本越低，交易收益越高。企业动态能力对民营企业控制权与PPP项目合作效率的关系具有显著的正向调节效应。另一方面，民营企业拥有控制权较低的项目，因为拥有更高的企业动态能力，反而合作效率更高。如项目N和项目R，从控制权水平来看，项目R＞项目N，但是从PPP项目的企业动态能力水平来看，项目R＜项目N，最终合作效率项目N＞项目R。

第四，对于污水处理行业PPP项目，政府项目治理和企业公益性投入行为是民营企业拥有的提议权、审批权、执行权与PPP项目合作效率的中介变量。民营企业的提议权、审批权和执行权越多，政府项目治理越好，同时PPP项目的合作效率也越高。民营企业的提议权、审批权和执行权越多，民营企业的公益性投入增加，PPP项目合作效率越高。由此可见，对于污水治理行业PPP项目，民营企业的控制权配置通过提高政府项目治理水平和民营企业公益性投入，从而影响PPP项目合作效率。

<第七章>
燃气行业PPP项目控制权配置与合作效率关系的解释性案例研究

为了进一步提高研究的外部效度，在前述研究的基础上，本章选择市场经济欠发达地区的四家典型的民营企业参与的燃气行业PPP项目开展解释性案例研究。本章在关注企业动态能力与控制权配置交互效应的同时，着重剖析政企行为不同维度的中介效应。一方面，检验第四章所提出的控制权配置对PPP项目合作效率影响机制的框架模型；另一方面，借助解释性案例研究提出新的命题并对概念模型进行修正。

第一节　案例项目背景

一、S项目

JC鸿奥燃气有限公司于2015年12月26日与S县城市管理局签署《J县管道燃气工程PPP项目合同书》，同意投资、建设、运营和移交J县管道燃气工程PPP项目，项目投资总额约2.2亿元，不再设立项目公司。合作模式为BOT（建设—运营—移交）。本项目一期工程为建成CNG加气站及城市中压管网，包括中压干管和调压设施；二期工程为铺设长输管线并建设LNG加注站。项目合作期限20年，包括建设期和运营期。JC鸿奥燃气有限公司独立投资建设运营，合作期内享有本项目的特许经营权和收益权。项目回报机制是使用者付费。项目初始审批权、提议权和执行权配置分别为1.33、0.28和0.28。

二、G项目

CX聚能燃气开发有限公司于2018年5月25日与G县能源局签署《G县天然气利用工程项目PPP项目合同》，项目投资总额约1.36亿元，并在项目所在地设立项目公司。项目总占地面积23.84亩。合作模式为BOO（建设—拥有—经营）。项目建设内容为建设全长40km的高压输气管道；新建场站一座，设计规模为

15×10⁴m³/d；扩建场站一座；新增超声波流量计2组；城区中压管网建设，近期21.5km，远期41km，共计62.5km。项目合作期限30年。CX聚能燃气开发有限公司负责出资设立项目公司，且占公司注册资本的100%。项目回报机制是使用者付费。项目初始审批权、提议权和执行权配置分别为0.92、0.19和0.18。

三、X项目

X县火炬燃气有限公司于2017年6月与X县住房和城乡建设局签署《X县燃气管道建设（西线段）PPP项目》，项目投资总额约1.25亿元，并在项目所在地设立项目公司。项目建设内容为管网铺设和5200户居民的入户安装工程。合作模式为BOT（建设—运营—移交）。项目合作期限30年，包括建设期2年和运营期28年。H县火炬燃气有限公司负责出资设立项目公司，且占公司注册资本的100%。项目回报机制是使用者付费。项目初始审批权、提议权和执行权配置分别为0.91、0.28和0.26。

四、H项目

H中燃城市燃气发展有限公司于2017年3月30日与H县住房和城乡建设局签署《H县燃气利用工程PPP项目》，项目投资总额约2亿元。合作模式为ROT（扩建—运营—移交）。项目产出范围为向H县社会提供燃气公共产品服务，工业园区小时高峰供气量为67152Nm³，日供气量158×10⁴Nm³，SH镇小时高峰供气量为2497Nm³，日供气量1.4×10⁴Nm³，天然气中压输配管道干管总长约107km。本项目的特许经营权经营期为25年。H中燃城市燃气发展有限公司与H县政府共同出资设立项目公司，股权结构为政府占项目公司股份10%，社会资本方占项目公司股份90%。项目回报机制是使用者付费。项目初始审批权、提议权和执行权配置分别为0.71、0.14和0.17。

四个案例项目的基本信息汇总如表7-1所示。

表7-1 案例项目基本信息

项目编码		S	G	X	H
成立时间		2015	2018	2017	2017
投资总额/亿元		2.2	1.36	1.25	2
特许经营年限/年		20	30	30	25
合作次数/次		初次	初次	初次	初次
人口总量/万人		76.41	10.35	22.83	20
主营业务		CNG加气站、城市中压管网、长输管线并建设LNG加注站	建设高压输气管道、场站、城区中压管网	管道铺设和入户安装工程	提供燃气公共产品服务
合作模式		BOT	BOO	BOT	ROT
回报机制		使用者付费	使用者付费	使用者付费	使用者付费
初始控制权配置	审批权	+	++	++	+++
	提议权	+	++	+	+++
	执行权	++	+++	++	+++
政企行为	政府行为	++	++++	+++	++++++
	企业行为 自利性行为	N	++	++	++
	企业行为 公益性行为	+	+	N	++
合作效率		+++++	+++	++	++++++
核心访谈次数、对象		1次 S县城市管理局相关负责人，企业投资总经理、项目副总经理	1次 G县能源局相关负责人，企业投资经理、项目部门经理	1次 X县住房和城乡建设局相关负责人，企业投资经理、项目主管	1次 H县住房和城乡建设局相关负责人，企业高级投资经理、项目部门经理
补充访谈次数、对象		1次 企业高级投资经理、项目负责人	2次 企业高级投资经理、项目负责人	1次 企业高级投资经理、项目负责人	1次 企业高级投资经理、项目负责人
二手资料来源		财政部PPP综合信息平台	财政部PPP综合信息平台	财政部PPP综合信息平台	财政部PPP综合信息平台

第二节 研究设计与数据来源

一、资料收集

本研究主要通过访谈和档案收集资料，收集时间集中在2019年5月至2020年3月。笔者及书组成员对四个案例项目和相关部门进行了4次正式（核心）访谈和5次补充访谈。访谈对象是参与项目的主要企业代表、参与项目的政府相关部门的经手人及项目运营管理的负责人。根据事先拟定的访谈提纲，对来自政府、民营企业和项目运营的关键人物进行深入访谈，确保了访谈对象的多样性。正式访谈每次时长2小时左右，采取腾讯会议的形式。补充访谈每次时长15~50分钟，主要采用微信访谈的形式，重点是对于初次访谈有疑惑的问题进行补充。每一次去访谈至少有三人，一个人是主要采访人，其他是辅助采访人，主要负责做好访问记录。此外，为了保证信息的完整性和真实性，提高访问效率和可信程度，在受访人允许的情况下，同时采用了多种数据收集方法，将记录和录音结合在一起。访问过后，及时对当天的记录进行归纳和总结，并写出访谈里问题的每一个答案，对于不明白没有达成统一的问题做深入分析探讨，重复听录音并多次向受访人求证，进一步保证研究阶段资料的准确性和真实性。此外，对较重要的问题，通过电子邮件、微信、电话回访的方式进行深层次询问。除了访谈之外，为了降低研究偏差，还通过各种可行的方法收集和整理PPP项目的档案资料，包括PPP项目合同中关于控制权配置的核心的部分、项目年度报告、公开出版的案例，以及有关PPP项目的公众号推文、百度信息等，尽可能地保障整理出的数据可以全面真实地获取案例素材。

二、资料编码

资料收集之后，具体分析程序将根据初步形成的研究框架和扎根理论的要求进行归纳式编码与分析（Guba和Lincoln，1994）（如表7-2所示）。研究框架中的不同变量将通过开放性编码、主轴编码和选择性编码的三级编码过程，为更高维度构念的汇总提供基础。为了保证研究信度，数据的整理和翻译由企业管理专业的教授和博士分两次进行。为了保证分析结果的一致性，两次整理都会对不一致的构念进行分析，产生分歧的部分由第三位了解燃气行业PPP研究的权威教授判定如何进行编码。经过三人的沟通与协商，两次结果的一致性水平均达到95%以上，显示出较强的一致性。

表7-2 资料编码举例

核心范畴	主范畴	副范畴	案例材料举例
控制权	提议权	提出或设计决策方案或计划的权利	项目决策清单合同细则中注明：乙方认为变更设计将加快建设速度、降低建设或维护成本、提高项目的质量和环保标准，应当在设计文件中进行优化，但应遵守本合同关于变动的相关约定，报经甲方认可后实施
	审批权	决策主体在若干方案中选择或对计划是否可行进行判断的权利	项目决策清单合同细则中注明：本项目工程监理单位应具备相应资质并有类似项目监理经验，监理单位由乙方依法选取，费用由乙方承担
	执行权	决策主体将确定的方案或计划付诸实践的权利	项目决策清单合同细则中注明：在整个合作期内，乙方应根据本合同的规定，自行承担费用和风险，对本项目设施进行维修、维护
政府行为	项目治理	监管措施	项目公司应制订和执行工程质量保证和质量控制计划，并在工程建设进度月报中反映工程质量监控计划
		激励手段	在项目合同期内，可以按实际绩效设置一定的奖惩机制
		弹性合同	特许期调整机制、调价机制、项目收益机制调整、灵活退出机制等
	服务	服务态度	派专人协助社会资本方办理公司注册手续等各项手续，并在社会资本方成立公司后，积极协助其取得相关企业资格认定，并落实其所能享受的国家优惠政策

第七章　燃气行业PPP项目控制权配置与合作效率关系的解释性案例研究

续表

核心范畴	主范畴	副范畴	案例材料举例
政府行为	服务	沟通水平	沟通协调其他行业管理部门，协助乙方办理项目建设运营所需的审批手续
		可信度	为乙方实施特许经营活动提供协助和政策支持，在特许经营期内不出台规避本协议项下责任和义务或与之相冲突的政策文件
	支持与保证	政府承诺	政府方全力做好与项目建设相关的规划、国土、建设、外贸、物价、公用事业、工商、税务、人事等协调工作，保障社会资本方及项目实施企业获得最佳的公司注册、项目报件、人才引进等服务
		政府保证机制	为降低项目风险，应落实在当地仅对乙方进行特许经营授权，最大程度避免行业竞争
		政府补贴	对燃气行业实行现金补贴和优惠政策
		财政支持	财政厅有综合奖补，如对省财政厅确定的PPP示范市县，省财政给予一定额度的奖补；对列入省财政推荐项目库的项目，完成签约的，给予奖补；项目签约并开工建设的，给予奖补；财政部自2016年开始以奖代补，鼓励企业申请中央奖补
企业行为	自利性投入	宣传产品	企业在合作中投入了大量的资金和人员用于企业其他业务领域的宣传
		关联销售	在合作的各种场合，企业经常会搭便车销售公司其他产品
	公益性投入	人、财、物支持	企业经常对员工进行培训，以满足合作项目需要
		与第三方沟通协调	面向用户及广大市民开展各种公益宣传活动，普及能源利用知识，促进能源在生活、生产中的合理应用
合作效率	交易收益	互补效应	企业与政府之间实现了资源共享、优势互补
		抵御风险	政府愿意和企业一起抵御风险
		促进创新	在政府的影响下，企业在技术方面更有创新动力
		开拓市场	与政府合作，有助于拓展企业的市场业务领域
	交易成本	融资成本	与政府合作，融资成本降低

续表

核心范畴	主范畴	副范畴	案例材料举例
合作效率	交易成本	履约成本	利用政府的专业能力,企业不用花很多人力、物力、财力自行研究
		谈判成本	与政府合作,项目各阶段的谈判成本降低
企业动态能力	技术能力	技术手段、设备和人员优势	39年的焦化生产和26年城市燃气供应实践,公司积累了丰富的生产、管理经验,造就了支撑企业持续成长的员工队伍
	融资能力	金融资源、知识和资源控制优势	主营业务具备稳健增长的现金流特性,加上一套有效及完善的资金管理系统,在宏观经济和资本市场仍存在不确定因素的环境下,始终保持业务的稳定发展与健康的现金流
	资源配置能力	整体外部环境资源优势	企业属于合资企业,是自治区当时规模最大、实力最强的燃气企业

三、构念测度

本部分提出的构念测度与第四章类似,但是因为案例项目所属行业不同,所以提议权、审批权和执行权的测度标准(临界值)存在差异,需要结合文献研究和案例证据发展出企业动态能力构念的测度。政企行为和合作效率的测度与第四章基本一致(如表7-3所示)。需要说明的是,控制权的数据主要来源于PPP项目合同,从配置主体——政府和民营企业的角度,将项目合同中的条款转化为控制权配置,并以公共部门(政府为代表)和私营部门(民营企业为代表)掌握提议权、审批权和执行权的决策节点个数之比作为衡量民营企业对PPP项目控制强度的尺度。政企行为、合作效率与企业动态能力的数据,基于数据可得性的考虑,均采用主观评价方法。为了使数据尽量客观真实,采取以下措施:所有数据都通过对特定案例企业内部不同岗位、不同职务的人员的访谈获得,并结合对本行业特别熟悉的政府工作人员的整体评价,以及相关学者对案例素材和访谈资料的内容分析,做出相对客观的评价。

表7-3 关键构念测度

构念	维度	指标	测度
控制权	提议权	决策主体提出或设计决策方案或计划的权利	+：提议权在政企之间的分配比率>0.20 ++：提议权在政企之间的分配比率0.15~0.20 +++：提议权在政企之间的分配比率<0.15
	审批权	决策主体在若干方案中选择或对计划是否可行进行判断的权利	+：审批权在政企之间的分配比率>1 ++：审批权在政企之间的分配比率0.75~1 +++：审批权在政企之间的分配比率<0.75
	执行权	决策主体将确定的方案或计划付诸实践的权利	+：执行权在政企之间的分配比率>0.3 ++：执行权在政企之间的分配比率0.2~0.3 +++：执行权在政企之间的分配比率<0.2
企业动态能力	技术能力	技术手段、设备和人员优势	++：企业技术手段、设备和人员优势很明显 +：企业技术手段、设备和人员优势一般 N：企业几乎没有技术手段、设备和人员优势
	融资能力	金融资源、知识和资源控制优势	++：企业金融资源、知识和资源控制优势很明显 +：企业金融资源、知识和资源控制优势一般 N：企业几乎没有金融资源、知识和资源控制优势
	资源配置能力	整体外部环境资源优势	++：企业外部环境资源优势很明显 +：企业外部环境资源优势一般 N：企业几乎没有外部环境资源优势
政企行为	政府行为	项目治理能力强 政府服务积极 政府支持与保证有力	++++++：政府项目治理能力、服务积极性、政府支持与保证力度都较强 +++++：政府项目治理能力、服务积极性、政府支持与保证力度三项中有两项较强，其他一项一般 ++++：政府项目治理能力、服务积极性、政府支持与保证力度三项中有一项较强，其他两项一般或者两项较强，一项没有 +++：政府项目治理能力，服务积极性，政府支持与保证力度都一般 ++：政府项目治理能力，服务积极性，政府支持与保证力度三项中两项一般，一项没有 +：政府项目治理能力，服务积极性，政府支持与保证力度三项中一项一般，两项没有 N：政府几乎没有项目治理能力，服务积极性，政府支持与保证力度

续表

构念	维度	指标	测度
政企行为	企业行为	自利性投入水平低 公益性投入水平高	++++：企业的宣传公司其他产品和关联销售等自利性投入水平很低，对项目人财物的支持、与第三方沟通协调的努力程度等公益性投入水平很高 +++：企业的宣传公司其他产品和关联销售等自利性投入水平很低、一般，对项目人财物的支持、与第三方沟通协调的努力程度等公益性投入水平一般、很高 ++：企业的宣传公司其他产品和关联销售等自利性投入水平一般、几乎全是，对项目人财物的支持、与第三方沟通协调的努力程度等公益性投入水平一般、很高 +：企业的宣传公司其他产品和关联销售等自利性投入水平一般、几乎全是，对项目人财物的支持、与第三方沟通协调的努力程度等公益性投入水平几乎没有、一般 N：企业几乎没有公益性投入，只有自利性投入
合作效率	交易成本	融资成本、履约成本和谈判成本低	+++：PPP项目融资成本、履约成本和谈判成本很低 ++：PPP项目融资成本、履约成本和谈判成本一般 +：PPP项目融资成本、履约成本和谈判成本很高
	交易收益	互补效应、抵御风险、促进创新和开拓市场能力提升	+++：PPP项目特许经营后互补效应、抵御风险、创新意识和开拓市场能力都显著提升 ++：PPP项目特许经营后互补效应、抵御风险、创新意识和开拓市场能力都一般 +：PPP项目特许经营后互补效应、抵御风险、创新意识和开拓市场能力无明显变化

第三节 案例分析与研究发现

案例分析包括三个部分，首先，基于案例现象和已有研究命题进一步修正

第七章　燃气行业PPP项目控制权配置与合作效率关系的解释性案例研究

第四章构建的理论分析框架，揭示PPP项目合作效率的影响机制。其次，对案例项目控制权配置、政企行为、企业动态能力和合作效率的结果开展复制和比较分析。最后，基于案例证据和理论演绎，揭示燃气行业PPP项目合作效率影响机制，构建起控制权配置、企业动态能力、政企行为、合作效率的分析模型。

一、控制权和企业动态能力交互效应下燃气行业PPP项目合作效率分析框架

本研究的假设前提是政府愿意让渡更多控制权给民营企业且民营企业总是积极争取更多的控制权，因为这样既有利于政府更专注于项目治理、提供服务以及提供支持与保证，也有利于企业降本增效，从而有助于提升合作效率。本研究隐含的理论潜在假设是民营企业有能力、有实力、可驾驭拥有更多的控制权，因为只有这样才能更好地保证PPP项目的合作效率。因此，本研究推断企业动态能力会调节控制权配置对合作效率的影响程度。

事实上，已有学者关注企业能力对PPP项目合作效率的影响，证实企业动态能力越强，PPP项目合作效率也更高。张淑华（2019）归纳了影响基础设施PPP项目合作效率的影响因素，其中与包括民营企业的社会资本有关的因素主要有PPP项目经验、资金实力、融资能力、公益意识和内部治理水平等，资金实力和融资能力皆属于企业动态能力的范畴。

另外，H县住房和城乡建设局相关负责人和H项目负责人在访谈中一致认为："HZR的规模和实力在自治区是有目共睹的，拥有绝对的技术优势、资源优势和人才优势，政府对企业还是非常信任的。尽管企业通过招投标获得项目，肯定是靠实力，但是政府也是希望HZR投标成功的。无论项目的大小，企业都是全力以赴，希望获得更多的控制权，这样有利于企业创新和积极投入。同时政府也希望企业利用自己的技术、资金和管理优势努力把项目做好，以获得更高的投资回报，由此可能将更多的控制权给予企业。"由此可见，控制权

配置对PPP项目合作效率的影响还受到企业动态能力的调节。

鉴于此，本研究假设，对于民营企业参与的燃气行业PPP项目，民营企业拥有的控制权越高，合作效率也越高，而且企业动态能力与控制权之间存在交互效应，共同影响PPP项目合作效率。

事实上，通过案例素材挖掘发现，仅从控制权视角或企业动态能力视角，并不能完全解释燃气行业PPP项目合作效率的差异。

首先，单独采用控制权配置难以解释PPP项目合作效率的差异。根据第四章探索性案例分析，再结合现实的访谈，控制权配置是影响燃气行业PPP项目的关键因素，而且，民营企业拥有的控制权越高，PPP项目合作效率越高。然而，项目G和项目X中民营企业拥有更多的控制权，分别达"+++++++"和"+++++"，而项目S民营企业拥有较少的控制权，为"++++"，但是根据访谈和调研，项目G和项目X的合作效率反而更低，分别只有"+++"和"++"，而项目S的合作效率更高，达"+++++"。

其次，单独采用企业动态能力难以解释燃气行业PPP项目合作效率的差异。参与项目G和项目X的民营企业动态能力类似，均为"+++"水平，项目G的合作效率要高于项目X的合作效率。基于上述分析，在第四章探索性案例研究得出控制权配置—政企行为—合作效率的分析框架基础上，本章尝试将企业动态能力纳入燃气行业PPP项目合作效率的分析框架，以揭示控制权配置与企业动态能力对PPP项目合作效率的交互影响。

二、案例内分析与案例间分析

通过分析四个案例中PPP项目合同的具体条款，得到四个案例项目控制权的配置结果。整体而言，四个案例项目的控制权配置结果，除了政府部门在S项目的审批权配置比例大于民营企业，其余各个项目控制权配置比例均为民营企业大于公共部门。进一步从控制权配置的三个维度看，审批权作为影响控制权的

第七章 燃气行业PPP项目控制权配置与合作效率关系的解释性案例研究

核心维度，公共部门仍掌握一定的话语权，而民营企业的提议权和执行权占据主导地位。四个项目中，H项目民营企业拥有的各项权利最多，S项目民营企业拥有的各项权利最少。

其中S项目的审批权配置比例、提议权配置比例、执行权配置比例分别为1.33、0.28、0.28；G项目的审批权配置比例、提议权配置比例、执行权配置比例分别为0.92、0.19、0.18；X项目的审批权配置比例、提议权配置比例、执行权配置比例分别为0.91、0.28、0.26；H项目的审批权配置比例、提议权配置比例、执行权配置比例分别为0.71、0.14、0.17（如表7-4所示）。

表7-4 政企之间的控制权配置

编号	决 策	S 提议权	S 审批权	S 执行权	G 提议权	G 审批权	G 执行权	X 提议权	X 审批权	X 执行权	H 提议权	H 审批权	H 执行权
D1	勘察设计单位	I	I	I	I	I	I	I	I	I	I	I	I
D2	工程勘察	N	N	N	I	I	I	I	I	I	I	I	I
D3	初步设计及补充纠正	I	G	I	I	G	I	I	G	I	I	G	I
D4	施工图设计	I	G	I	I	G	I	I	G	I	I	G	I
D5	融资方案设计与实施	I	I	I	I	I	I	I	I	I	I	I	I
D6	资金到位和使用	I	I	I	I	I	I	I	I	I	I	I	I
D7	担保和保险	I	G	I	G	G	I	G	G	I	G	G	I
D8	监理单位招标	I	I	I	I	I	I	G	G	G	I	I	I
D9	施工单位招标	I											
D10	设备、材料等专业供应商招标	I	I	I	I	I	I	I	I	I	I	I	I
D11	征地拆迁和交通疏导	G	G	G	G	G	G	N	N	N	G	G	G

续表

编号	决策	S 提议权	S 审批权	S 执行权	G 提议权	G 审批权	G 执行权	X 提议权	X 审批权	X 执行权	H 提议权	H 审批权	H 执行权
D12	施工现场场地准备	G	G	G	I	I	I	N	N	N	I	I	I
D13	施工组织设计	N	N	N	I	G	I	N	N	N	N	N	N
D14	施工进度控制	I	I	I	I	G	I	I	G	I	I	I	I
D15	材料、设备和施工质量控制	I	I	I	I	I	I	I	I	I	I	I	I
D16	工程变更	I/G	G	I	I/G	G	I	I/G	G	I	I	G	I
D17	工程计量支付与价款结算	N	N	N	N	N	N	N	N	N	N	N	N
D18	安全管理及事故处理	I	G	I	I	I	I	I	I	I	I	I	I
D19	争议处理	I/G	I	IG	I/G	I	IG	I/G	I	IG	I/G	I	IG
D20	完工检验与竣工验收	I	G	I	I	G	IG	I	G	IG	I	G	IG
D21	设备、系统调试与试运行	N	N	N	N	N	N	N	N	N	I	I	I
D22	运营、维护、服务供应商招标	N	N	N	N	N	N	I	I	I	N	N	N
D23	运营管理	N	N	N	N	N	N	N	N	N	I	G	I
D24	质保维修与维护管理	I	G	I	I	I	I	I	I	I	I	I	I
D25	产品、服务定价与调整	G	G	G	I	G	I	G	G	G	I	G	I
D26	产品、服务交付管理	I	G	I	I	I	I	I	G	I	I	G	I
D27	工程与相关资料、权力移交	I	G	IG	I	G	IG	I	G	IG	I	G	IG

续表

编号	决策	S 提议权	S 审批权	S 执行权	G 提议权	G 审批权	G 执行权	X 提议权	X 审批权	X 执行权	H 提议权	H 审批权	H 执行权
D28	回购支付	N	N	N	N	N	N	N	N	N	N	N	N
	审批权配置比例	公:私=1.33			公:私=0.92			公:私=0.91			公:私=0.71		
	提议权配置比例	公:私=0.28			公:私=0.19			公:私=0.28			公:私=0.14		
	执行权配置比例	公:私=0.28			公:私=0.18			公:私=0.26			公:私=0.17		

注：表格中I指私营部门投资者（本研究主要指民营企业）决策，G指公共部门（本研究主要指政府各部门、发起人）决策，N指合同中没有明确由公共部门决策还是由私营部门决策。

（一）案例内分析

1. S项目

本部分对项目S的初始控制权配置进行了分析，对政企行为、企业动态能力及合作效率进行了描述（如表7-5所示）。

（1）控制权配置、企业动态能力与政企行为

根据PPP项目合同，政企双方提议权、审批权、执行权的比例为0.28（"+"水平）、1.33（"+"水平）、0.28（"++"水平），项目S的控制权为三者之和，达"++++"水平。从政企双方拥有控制权的比例来看，提议权和执行权两个维度，民营企业拥有更多的控制权，但是审批权这个维度，政府拥有更多的控制权。

项目S的企业动态能力为融资能力、技术能力、配置资源能力之和，达"++++"水平。JC鸿奥燃气有限公司的母公司AD集团，连续多年位列"中国民营企业500强"，能源产业分布在全国200多座城市，并在海外开展油气田开发和燃气营销业务，是全球化的综合能源服务商，资源配置能力较为突出，达到"++"水平。JC公司处于城市燃气行业的第二梯队之后，融资能力、技术能力均

较为一般，为"+"水平。

项目S的政企行为为政府行为与企业行为之和，达"+++"水平，其中政府行为达"++"水平，企业行为达"+"水平。根据对S项目相关负责人的访谈，对于S项目而言，政府行为主要是政府支持与保证，政府服务与项目治理较为欠缺。这是因为S项目特许经营权年限较短，合同中价格条款及收益分配条款弹性余地少。S项目所在地是欠发达地区，政府的激励手段有限。另外该项目所在地政府被清退出库的PPP项目数量较多，所以对缺乏了解和信任的企业，政府缺乏提供服务的动力和决心。对于企业行为，因为企业拥有的控制权较低，企业投入的积极性受到影响，对PPP项目的投入很低。

（2）PPP项目合作效率

项目S的合作效率达"+++++"水平，总体上讲，民营企业拥有的控制权偏低，企业动态能力较强，项目S的合作效率并不低。因此推断，民营企业动态能力可以在一定程度上弥补民营企业拥有的控制权较低对合作效率的影响。

表7-5 项目S民营企业的控制权、动态能力、政企行为及合作效率

分析项目	项目特点	控制权、动态能力和政企行为							合作效率
		控制权 ++++			动态能力 ++++			政企行为 +++		
		提议权	审批权	执行权	技术能力	融资能力	资源配置能力	政府行为	企业行为	
S	民营企业拥有的控制权和企业动态能力对合作效率产生交互影响	+	+	++	+	+	++	++	+	+++++

2. G项目

本部分对项目G的初始控制权配置进行了分析，对政企行为、企业动态能力及合作效率进行了描述（如表7-6所示）。

第七章　燃气行业PPP项目控制权配置与合作效率关系的解释性案例研究

（1）控制权配置、企业动态能力与政企行为

根据PPP项目合同，政企双方提议权、审批权、执行权的比例为0.19（"++"水平）、0.92（"++"水平）、0.18（"+++"水平），项目G的控制权为三者之和，达"+++++++"水平。从政企双方拥有控制权的比例来看，提议权和执行权两个维度，都是民营企业拥有更多的控制权，审批权这个维度，政企双方基本上平分控制权。

项目G的企业动态能力为融资能力、技术能力和配置资源能力之和，达"+++"水平。具体参与该项目的企业为GS聚能燃气开发有限公司的子公司，母公司成立于2017年8月14日，PPP项目发起日为2018年2月12日，此时公司仅成立半年不到，各方面均处于起步阶段，融资能力、技术能力和配置资源能力均为"+"水平。

项目G的政企行为为政府行为与企业行为之和，达"+++++++"水平，其中政府行为达"++++"水平，企业行为达"+++"水平。根据对G项目相关负责人的访谈，受访者认为对于G项目而言，政府行为包括项目治理、政府服务、政府支持与保证。一方面，政企之间缺乏了解，没有太高的信任基础，政府比较谨慎，对于缺乏了解和信任的企业，缺乏提供服务和提供项目治理的动力和决心。另一方面，项目所在地为贫困县，政府能够提供的财政支持有限，政府的激励手段和服务可信度、承诺对民营企业来说保证不足，政企之间缺少沟通，尚未建立足够的信任，政企关系水平较低。对于企业行为，由于企业拥有的控制权较高，企业投入的积极性较高，与PPP项目直接相关的自利性投入很高。

（2）PPP项目合作效率

项目G的合作效率为"+++"水平，总体上讲，民营企业拥有的控制权中等，企业动态能力较低，项目G的合作效率较低。

表7-6　项目G民营企业的控制权、动态能力、政企行为及合作效率

分析项目	项目特点	控制权、动态能力和政企行为							合作效率
G	民营企业拥有的控制权和企业动态能力对合作效率产生交互影响	控制权 +++++++			动态能力 +++			政企行为 +++++++		+++
		提议权 ++	审批权 ++	执行权 +++	技术能力 +	融资能力 +	资源配置能力 +	政府行为 ++++	企业行为 +++	

3. X项目

本部分对项目X的初始控制权配置进行了分析，对政企行为、企业动态能力及合作效率进行了描述（如表7-7所示）。

（1）控制权配置、企业动态能力与政企行为

根据PPP项目合同，政企双方提议权、审批权、执行权的比例为0.28（"+"水平）、0.91（"++"水平）、0.26（"++"水平），项目X的控制权为三者之和，达"+++++"水平。从政企双方拥有控制权的比例来看，均小于1，所以提议权、审批权和执行权三个维度，都是民营企业拥有更多的控制权。

项目X的企业动态能力为融资能力、技术能力、配置资源能力之和，达"+++"水平。参与PPP项目的民营企业为小型民营企业，各方面能力都不突出，融资能力、技术能力和配置资源能力均为"+"水平。

项目X的政企行为为政府行为与企业行为之和，达"+++++"水平，其中政府行为达"+++"水平，企业行为达"++"水平。根据对项目X相关负责人的访谈，受访者认为对于X项目而言，政府行为包括项目治理、政府服务、政府支持与保证。一方面，项目的付费机制为可行性缺口补助，有政府补贴，政府拥有较强的执行能力。另一方面，项目所在地政府和公众希望通过PPP促进经济发展的意愿强烈。加之企业是本地企业，政企之间沟通较多，建立了足够的信任，

政企关系水平较高,所以政府服务和项目治理投入较高。对于企业行为,因为企业拥有的控制权较高,企业投入的积极性较高,与PPP项目直接相关的自利性投入很高。

(2) PPP项目合作效率

项目X的合作效率为"++"水平,总体上讲,民营企业拥有的控制权中等,企业动态能力较低,项目X的合作效率较低。

表7-7 项目X民营企业的控制权、动态能力、政企行为及合作效率

分析项目	项目特点	控制权、动态能力和政企行为							合作效率
X	民营企业拥有的控制权和企业动态能力对合作效率产生交互影响	控制权 +++++			动态能力 +++			政企行为 +++++		++
		提议权 +	审批权 ++	执行权 ++	技术能力 +	融资能力 +	资源配置能力 +	政府行为 +++	企业行为 ++	

4. H项目

本部分对项目H的初始控制权配置进行了分析,对政企行为、企业动态能力及合作效率进行了描述(如表7-8所示)。

(1)控制权配置、企业动态能力与政企行为

根据PPP项目合同,政企双方提议权、审批权、执行权的比例为0.14("+++"水平)、0.71("+++"水平)、0.17("+++"水平),项目H的控制权为三者之和,达"+++++++++"水平。政企双方拥有控制权的比例均小于1,所以提议权、审批权和执行权三个维度,都是民营企业拥有更多的控制权。

项目H的企业动态能力为融资能力、技术能力和配置资源能力之和,达"++++++"水平。参与PPP项目的H中燃城市燃气发展有限公司是ZGRQ获H市

燃气专营权，与H市煤气有限责任公司组建的合资公司。而ZGRQ在城市燃气行业中占据第一梯队的领头羊地位，背靠上市公司和行业龙头企业，企业融资能力、技术能力和配置资源能力都具有绝对优势，均达到"++"水平。

项目H的政企行为为政府行为与企业行为之和，达"++++++++++"水平，其中政府行为达"++++++"水平，企业行为达"++++"水平。项目H政企之间关系良好，互相信任，政府行为包括项目治理、政府服务、政府支持与保证。H市获得财政部PPP中心、当地政府等各部门的大力支持，国务院督导组对PPP工作专项督导，政府拥有较强的执行能力，而且政府和公众对PPP的发展都有强烈意愿，充满信心。一方面企业是属地企业，与政府沟通较多；另一方面企业是自治区当时规模最大、实力最强的燃气企业，企业与政府彼此信任，政企关系良好，项目治理、政府服务、政府支持与保证均较高。对于企业行为，企业的宣传公司其他产品和关联销售等自利性投入水平很高，对项目人财物的支持、与第三方沟通协调的努力程度等公益性投入水平也很高。

（2）PPP项目合作效率

项目H的合作效率为"++++++"水平，总体上讲，民营企业拥有的控制权高，企业动态能力较强，项目H的合作效率很高。

表7-8 项目H民营企业的控制权、动态能力、政企行为及合作效率

分析项目	项目特点	控制权、动态能力和政企行为							合作效率
		控制权			动态能力			政企行为		
		+++++++++			++++++			++++++++++		
H	民营企业拥有的控制权与合作效率正相关	提议权	审批权	执行权	技术能力	融资能力	资源配置能力	政府行为	企业行为	++++++
		+++	+++	+++	++	++	++	++++++	++++	

（二）多案例比较分析

基于上述分析，本部分对燃气行业PPP项目的现实情境所涉及的各关键变量进行了评判打分，并请被采访人员及专家做出审核和修正（如表7-9所示）。本部分将所有案例项目的各变量进行对比分析，从而归纳出控制权配置、政企行为与合作效率各变量之间的相关、因果关系，并提出初始的研究命题假设。

表7-9 燃气行业PPP项目控制权配置、政企行为与合作效率评价汇总

变量	维度	项目S	项目G	项目X	项目H
控制权配置	提议权	+	++	+	+++
	审批权	+	++	++	+++
	执行权	++	+++	++	+++
	总水平	++++	+++++++	+++++	+++++++++
政府行为	项目治理	+	++	++	++
	服务	N	++	+	++
	支持与保证	+	N	N	++
	总水平	++	++++	+++	++++++
企业行为	自利性投入	N	++	++	++
	公益性投入	+	+	N	++
	总水平	+	+++	++	++++
合作效率	交易收益	+++	+	+	+++
	交易成本	++	++	+	+++
	总水平	+++++	+++	++	++++++
企业动态能力	技术能力	+	+	+	++
	融资能力	+	+	+	++
	资源配置能力	++	+	+	++
	总水平	++++	+++	+++	++++++

1. 控制权配置与合作效率

根据表7-9的数据和上述案例分析可以初步得出这样的结论：民营企业拥有的控制权越高，政企之间的合作效率越高。

在案例项目中，项目G、项目X的企业动态能力类似，但是两者的控制权不同，项目G的控制权达到"+++++++"，项目X只有"+++++"，而项目G的合作效率达到"+++"，项目X为"++"。相对项目H来讲，项目S较低的控制权配置给项目带来了更低的合作效率，案例数据表明，项目H和项目S的控制权水平分别为"+++++++++"和"++++"，项目H和项目S的合作效率分别为"++++++"和"+++++"。

进一步，从控制权的三个维度来看，项目G中，民营企业拥有的提议权、审批权、执行权分别达"++" "++" "+++"水平；项目X中，民营企业拥有的提议权、审批权、执行权分别达"+" "++" "++"水平。所以无论从总的控制权考量，还是从控制权的三个维度考量，都能得到同样的推论。命题4-1、4-2、4-3得到验证。

2. 控制权配置与政企行为

根据表7-9的数据和第四章的探索性案例分析可以初步得出这样的结论：民营企业拥有的控制权越高，政企行为越积极。

（1）控制权配置与政府行为

从表7-9的数据可知，四个项目的控制权配置总水平与政府行为总水平呈正相关关系。如项目H，民营企业拥有的控制权总水平达到"+++++++++"，政府行为的总水平达到"++++++"；项目S，民营企业拥有的控制权为"++++"，政府行为的总水平为"++"。

从控制权的三个维度来看，对于企业动态能力类似的项目G和项目X，项目G的民营企业拥有的提议权、审批权、执行权分别达"++" "++" "+++"水平，政府行为总水平为"++++";项目X的民营企业拥有的提议权、审批权、执行权分别达"+""++""++"水平,政府行为总水平为"+++"。可见,从控制权三个维度考量,民营企业拥有的提议权、审批权和执行权对政府行为均有显著正向影响。命题4-7、4-8、4-9得到验证。

(2)控制权配置与企业行为

根据表7-9的数据和第四章的探索性案例分析可以初步得出这样的结论:民营企业拥有的控制权越多,企业公益性投入越多、自利性投入越少。

从表7-9可知,四个项目的控制权配置总水平与企业行为总水平呈正相关关系。对于项目H,民营企业拥有的控制权达到"+++++++++",企业行为的总水平达到"++++";对于项目G,民营企业拥有的控制权为"+++++++",企业行为的总水平为"+++";对于项目X,民营企业拥有的控制权为"+++++",企业行为的总水平为"++";对于项目S,民营企业拥有的控制权为"++++",企业行为的总水平为"+"。

从控制权的三个维度来看,同样比较企业动态能力类似的两个项目G和X,项目G的民营企业拥有的提议权、审批权、执行权分别达"++""++""+++"水平,企业行为总水平为"+++";项目X的民营企业拥有的提议权、审批权、执行权分别达"+""++""++"水平,企业行为总水平为"++"。可见,从控制权三个维度考量,民营企业拥有的提议权、审批权和执行权对企业行为均有显著正向影响。命题4-15、4-16、4-17得到验证。

3.政企行为与合作效率

(1)政府行为与合作效率

根据表7-9的数据和第四章的探索性案例分析可以初步得出这样的结论:政府行为越积极,PPP项目合作效率越高。

从表7-9可知,四个项目的政府行为与合作效率并不完全呈正相关关系。对于项目H，政府行为达到"++++++"水平，合作效率的总水平达到"++++++"；对于项目S，政府行为达到"++"水平，合作效率的总水平为"+++++"；项目G和项目X，政府行为分别达到"++++"和"+++"水平，合作效率总水平分别为"+++"和"++"。可见，政府行为排序为项目H＞项目G＞项目X＞项目S，合作效率的排序为项目H＞项目S＞项目G＞项目X。如果单独比较企业动态能力类似的项目G和项目X，政府行为与合作效率正相关。对于企业动态能力存在差异的项目，政府行为则不一定与合作效率正相关。项目S的政府行为为"++"，低于项目G和项目X的"++++"和"+++"，但是项目S的合作效率要高于项目G和项目X。

从政府行为的三个维度来看，首先比较企业动态能力类似的两个项目G和X，项目G的政府行为的三个维度项目治理、服务、支持与保证分别为"++" "++" "N"水平，合作效率总水平为"+++"；项目X的政府行为的三个维度项目治理、服务、支持与保证分别为"++" "+" "N"水平，合作效率总水平为"++"。可见，从政府行为三个维度考量，政府服务与合作效率有显著正向影响，但是政府项目治理与政府支持与保证与合作效率的关系并不显著。继续比较四个项目，同样只有政府服务与合作效率有显著正向影响，而政府项目治理、政府支持与保证对合作效率的影响并不明确。因此，命题4-5得到验证。对于燃气行业PPP项目，命题4-4和命题4-6并没有得到验证。

（2）企业行为与合作效率

根据表7-9的数据和第四章的探索性案例分析可以初步得出这样的结论：企业自利性投入越少、公益性投入越多，PPP项目合作效率越高。

从表7-9可知，四个项目的企业行为与合作效率并不完全呈正相关关系。对于项目H，企业行为达到"++++"水平，合作效率的总水平达到"++++++"；对于项目S，企业行为达到"+"水平，合作效率的总水平为"+++++"；项目G和项目X，企业行为分别为"+++"和"++"水平，合作效率总水平为"+++"和

"++"。可见，企业行为排序为项目H＞项目G＞项目X＞项目S，合作效率的排序为项目H＞项目S＞项目G＞项目X。如果单独比较企业动态能力类似的项目G和项目X，企业行为与合作效率正相关。对于企业动态能力存在差异的项目，企业行为则不一定与合作效率正相关，项目S的企业行为达"+"水平，低于项目G和项目X的"+++"和"++"，但是项目S的合作效率要高于项目G和项目X。

从企业行为的两个维度来看，首先比较企业动态能力类似的两个项目G和X，项目G的企业行为的两个维度自利性投入和公益性投入分别为"++"和"+"水平，合作效率总水平为"+++"；项目X的企业行为的两个维度自利性投入和公益性投入分别为"++"和"N"水平，合作效率总水平为"++"。可见，从企业行为两个维度考量，企业行为对合作效率有显著正向影响。继续比较企业动态能力存在差异的四个项目，自利性投入水平排序为项目H=项目G=项目X＞项目S，而合作效率水平的排序为项目H＞项目S＞项目G＞项目X；公益性投入水平排序为项目H＞项目S=项目G＞项目X，合作效率水平的排序为项目H＞项目S＞项目G＞项目X，基本上一致。因此推断，企业自利性投入与合作效率正相关关系并不显著，而企业公益性投入与合作效率正相关。命题4-14得到验证。对燃气行业PPP项目，命题4-13没有得到验证。

综合上述分析，控制权与政企行为关系的命题4-7、4-8、4-9、4-15、4-16、4-17得到验证，政企行为与合作效率关系的命题4-5、4-14得到验证。对燃气行业PPP项目而言，政府服务是民营企业拥有的提议权、审批权和执行权与PPP项目合作效率的中介变量，企业公益性投入是民营企业拥有的提议权、审批权和执行权与PPP项目合作效率的中介变量，由此可以推断命题4-10、4-11、4-12、4-18、4-19、4-20部分得到验证。

4. 企业动态能力与控制权配置的交互效应

第一，项目G和项目X的合作效率的差异主要受控制权配置的影响，这两个项目的企业动态能力水平均达到"+++"，所以这两个项目合作效率的差异主要受控制权配置的影响，项目G的控制权更高，所以项目G的合作效率也更高。

第二，项目G与项目S之间，项目X与项目S之间合作效率的差异受控制权与企业动态能力的交互影响。比较项目G和项目S，从控制权水平来看，项目G达"+++++++"，项目S达"++++"，从PPP项目的企业动态能力水平来看，项目G的企业动态能力达"+++"，项目S的企业动态能力达"++++"。对于项目G，控制权的优势因为企业动态能力的不足被抵消，而对于项目S，企业动态能力弥补了控制权较低的不足，反而合作效率比项目G高。此分析同样适用于项目X与项目S的比较。

可见，企业动态能力越高，控制权对合作效率的影响程度越大。根据访谈，项目拥有相近的控制权，企业在技术、融资和资源方面越强的企业，PPP项目可持续发展的原动力越足，从而项目合作效率也更高。

通过对燃气行业PPP项目案例内及案例间的分析，验证了第四章的部分命题和假设，并得到以下新的命题。

命题7-1：对于燃气行业PPP项目，民营企业拥有的控制权越多，合作效率越高。

命题7-2：对于燃气行业PPP项目，民营企业拥有的控制权越多，政企行为越积极。

命题7-3：对于燃气行业PPP项目，政府服务是民营企业拥有的提议权、审批权和执行权与PPP项目合作效率的中介变量。

命题7-4：对于燃气行业PPP项目，企业公益性投入是民营企业拥有的提议权、审批权和执行权与PPP项目合作效率的中介变量。

命题7-5：对于燃气行业PPP项目，企业动态能力对民营企业拥有的控制权与PPP项目的合作效率的关系产生调节作用，良好的企业动态能力有助于推动控制权

对合作效率的提升。

三、燃气行业PPP项目合作效率的影响机制

分析发现，控制权是影响燃气行业PPP项目合作效率的核心变量，控制权是通过影响政企行为，从而影响合作效率的。企业动态能力对控制权与PPP项目合作效率的影响起调节作用。所以影响燃气行业PPP项目合作效率的主要因素可以归结为控制权、企业动态能力和政企行为。接下来本章将以燃气行业PPP项目合作效率差异的分析框架为基础，结合案例素材和理论演绎，揭示控制权、企业动态能力、政企行为对燃气行业PPP项目合作效率的影响机制。

（一）控制权对合作效率的影响机制

民营企业拥有的控制权通过影响政企行为，从而影响PPP项目的合作效率。民营企业拥有的控制权越多，政企行为越积极，PPP项目合作效率越高。根据"激励—反应"基本经济分析逻辑，政府让渡更多控制权给民营企业，相当于一种"激励"性策略，可以让政府和企业做出有利于提升PPP项目合作效率的"反应"。一方面，让渡更多控制权给民营企业有助于政府服务水平的提升，主要表现为：更加明确项目流程中的责任主体；有精力建立专业机构库和专家库，向企业传递各种信息；能够借助新媒体对项目及企业进行积极宣传，强化内外沟通等。另一方面，民营企业拥有更多控制权，企业会更有安全感和创新的动力，愿意增加有利于项目发展的公益性投入。

根据深入访谈和研究，H项目所在地的政府行为提升最强。一方面，该区域优化营商环境，成为全国营商便利度提升最快的城市之一。另一方面，H市获得财政部PPP中心、自治区政府等部门的大力支持，国务院督导组对H市的PPP工作专项督导，使各项工作高效推进、组织有方。反观S项目，政企之间缺少沟通，尚未建立足够的信任，政企关系水平较低，未能建立良好的政企关系，降低了

政企沟通质量和信息传递效率，阻碍了企业获得更多的项目初始控制权，从而导致企业的努力水平下降，最终表现为政企合作效率降低。

（二）控制权配置与企业动态能力对合作效率交互影响机制

企业动态能力通过调节控制权配置对合作效率的影响程度，从而影响燃气行业PPP项目合作效率。民营企业参与燃气行业PPP项目，如果企业获得的初始控制权较低，可以通过提升或显示其技术能力、融资能力和配置资源的能力，加大技术创新的力度，从而提升PPP项目合作效率。JC鸿奥燃气投资部的H总认为："企业参与PPP项目的终极目标肯定是追逐利润。毫无疑问，每一个PPP项目我们都想要更多的控制权。但是，当地PPP项目清退数量较多，涉及投资额较大，使地方政府比较保守，在最初的项目合同里，企业并不一定能获得满意的控制权。但是，只要企业在技术、资金和管理方面有相对优势，并将优势转化为更高的投资回报，PPP项目的合作效率仍然是有保证的。"我们的推断与王守清等（2019）的观点一致，即在与政府合作的过程中，企业在技术、管理和融资方面的能力越强，政府越愿意让渡更多控制权给企业，使企业拥有更多的提议权。本研究案例亦表明企业动态能力越强，PPP项目合作效率越高。可见，不仅控制权会影响PPP项目的合作效率，企业动态能力与控制权也对PPP项目合作效率产生交互影响，即企业动态能力会调节控制权对PPP项目合作效率的影响程度。

综上，本研究得出基于控制权配置、政企行为和企业动态能力协同作用的燃气行业PPP项目合作效率模型（如图7-1所示）。控制权配置通过影响政企行为进而影响PPP项目合作效率，企业动态能力会调节控制权配置对合作效率的影响程度。

第七章　燃气行业PPP项目控制权配置与合作效率关系的解释性案例研究

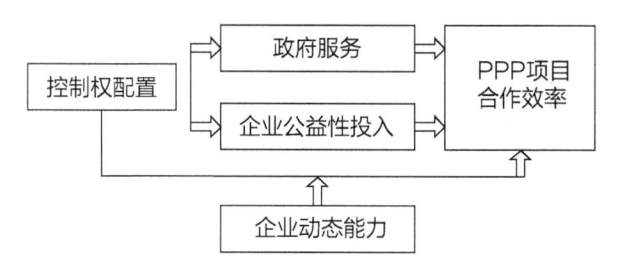

图7-1　燃气行业PPP项目合作效率模型

第四节　研究结论

本章基于既有的城市公用事业PPP项目合作效率、控制权配置、政企行为和企业动态能力的前沿研究，通过深度访谈四个燃气行业PPP项目形成案例文本，采用解释性案例研究和探索性案例研究方法，揭示了控制权配置、企业动态能力、政企行为对PPP项目合作效率的作用机制。研究发现如下。

第一，对于燃气行业PPP项目而言，民营企业控制权配置对PPP项目合作效率有显著的正向影响。案例分析结果显示，民营企业参与的四个燃气行业PPP项目中民营企业的提议权、审批权和执行权越高，PPP项目的交易成本越低、交易收益越高，即民营企业的控制权对PPP项目合作效率有显著的正向影响。

第二，对于燃气行业PPP项目，民营企业拥有的控制权越多，政企行为越积极。案例分析结果表明，民营企业拥有的控制权越多，政府将有更多的精力处理自身擅长的事务，项目治理、政府服务、政府支持与保证都会更突出。同样，企业拥有的控制权越多，越能对企业产生激励。为了获得更好的投资回报，企业会更愿意增加公益性投入，自觉减少自利性投入，从而提升项目合作效率。

第三，对于燃气行业PPP项目，企业动态能力对民营企业拥有的控制权与

PPP项目的合作效率的关系产生调节作用，良好的企业动态能力有助于推动控制权对合作效率的提升。企业动态能力对审批权配置与合作效率起到正向调节作用。企业动态能力较高的情况下，审批权配置对PPP项目合作效率的影响程度更大；提议权配置和执行权配置对合作效率的影响程度与企业动态能力不相关。

　　第四，对于燃气行业PPP项目，政府服务和企业公益性投入行为是民营企业拥有的提议权、审批权、执行权与PPP项目合作效率的中介变量。民营企业的提议权、审批权和执行权越多，政府服务越好，则PPP项目的合作也效率越高。民营企业的提议权、审批权和执行权越多，民营企业的公益性投入增加，PPP项目合作效率越高。由此可见，对于燃气行业PPP项目，民营企业的控制权配置通过增加政府服务和民营企业公益性投入，从而影响PPP项目的合作效率。

<第八章>
公交行业PPP项目控制权配置与合作效率关系的解释性案例研究

为了进一步提高研究的外部效度，在前述研究的基础上，本章选择我国中部地区的四家民营企业参与的公交行业PPP项目进行解释性案例研究。本章同样关注企业动态能力与控制权配置交互效应，重点剖析政企行为中起中介效应的维度变化。一方面，检验第四章所提出的控制权配置对PPP项目合作效率影响机制的框架模型；另一方面，在案例分析的基础上提出新的命题并对概念模型进行修正。

第一节 案例项目背景

一、C项目

KL建设工程有限公司于2017年12月29日同意投资、建设、运营和移交的C市公交场站（一期）PPP项目，项目投资总额约2亿元，并在项目所在地设立项目公司。合作模式为BOT（建设—运营—移交）。项目总用地面积包含柳叶湖快速公交站、武陵公交站、皂果路公交站、城东快速公交站、鼎城快速公交首末站共五个公交站场。项目合作期限16年，包括建设期和运营期。C市交通运输局与C市公共交通有限责任公司以合资方式成立项目公司。项目回报机制是可行性缺口补助。项目初始审批权、提议权和执行权配置分别为1.67、0.44和0.50。

二、S项目

TC客运有限公司、XS道路客运有限公司、LX交通发展集团有限责任公司于2018年2月18日同意投资、建设、开发、运营和移交S县城乡公交一体化PPP项目，项目投资总额约15亿元，并在项目所在地设立项目公司。合作模式为OM（招标采购）。项目包括S县县域范围内的公交场站及公交线路。项目合作期限30年。项目实施机构为S县通途交通建设投资有限公司，采用竞争性磋商的方式确认社会资本。项目回报机制是可行性缺口补助。项目初始审批权、提议权和执行权配置分别为2.57、0.24和0.22。

三、N项目

BM投资管理公司和SJ第二建设有限公司于2017年9月同意投资、建设、运营和移交N宁市第十二届中国国际园林博览会配套交通项目快速公交（BRT）二号线工程PPP项目，项目投资总额约14亿元，并在项目所在地设立项目公司。合作模式为BOT（建设—运营—移交）。项目总长17.2千米。项目合作期限15年，包括建设期和运营期。项目实施机构为N市城市客运交通管理处，采用公开招标的方式确认社会资本。项目回报机制是可行性缺口补助。项目初始审批权、提议权和执行权配置分别为2.43、0.53和0.44。

四、R项目

JNH客运有限公司于2016年12月12日同意投资、建设、运营和移交R县城乡公交一体化PPP项目，项目投资总额约1.5亿元，并在项目所在地设立项目公司。合作模式为BOT（建设—运营—移交）。项目分为四期，县城周边20千米范围内，开通县城到其他乡镇，乡镇之间及村镇之间的公交网络。项目合作期限29年，包括建设期和运营期。项目实施机构为C市城管局，采用公开招标的方式确认社会资本，社会资本持股不低于95%。项目回报机制是可行性缺口补助。项目初始审批权、提议权和执行权配置分别为0.83、0.21和0.25。

四个案例项目的基本信息汇总如表8-1所示。

表8-1　案例项目基本信息

项目编码	C	S	N	R
成立时间	2017	2018	2017	2016
投资总额/亿元	2	15	14	1.5

续表

项目编码		C	S	N	R
特许经营年限/年		16	30	15	29
合作次数/次		初次	初次	初次	第二次
人口总量/万人		584.5	81.8	751.74	40.72
主营业务		建设多个公交站场	公交站场的建设与开发、城乡公交线路运营等业务	快速公交（BRT）二号线工程PPP项目（含各项工程施工及维修）、资产的管理维护以及其他政府允许的特许经营内容	公交一体化改造、开通县城旅游班线客运、优先开发与城乡公交一体化相关的旅游产业项目
合作模式		BOT	OM	BOT	BOT
回报机制		可行性缺口补助	可行性缺口补助	可行性缺口补助	可行性缺口补助
初始控制权配置	审批权	+	+	+	+++
	提议权	++	+++	+	+++
	执行权	+	+++	+	+++
政企行为	政府行为	+++	++++	++	++++++
	企业行为 自利性行为	N	+	N	++
	企业行为 公益性行为	++	++	++	++
合作效率		++++	+++	+++++	++++++
核心访谈次数、对象		1次 C市交通运输局相关负责人，企业投资总经理、项目副总经理	1次 S县副县长，企业投资经理、项目部门经理	1次 N市城市客运交通管理处相关负责人，企业投资经理、项目行政主管	1次 R县交通运输局相关负责人，企业高级投资经理、项目部门经理
补充访谈次数、对象		1次 企业高级投资经理、项目负责人	2次 企业高级投资经理、项目负责人	2次 企业高级投资经理、项目负责人	1次 企业高级投资经理、项目负责人

第八章　公交行业PPP项目控制权配置与合作效率关系的解释性案例研究

续表

项目编码	C	S	N	R
二手资料来源	财政部PPP综合信息平台、百度百科	财政部PPP综合信息平台、百度百科	财政部PPP综合信息平台、百度百科	财政部PPP综合信息平台、百度百科

第二节　研究设计与数据来源

一、资料收集

本研究主要通过访谈和档案来收集资料，收集时间集中在2019年7月至2020年7月。笔者及书组成员对四个案例项目和相关部门进行了4次正式（核心）访谈和6次补充访谈。访谈对象是参与项目的主要企业代表、参与项目的政府相关部门的经手人以及项目运营管理的负责人。根据事先拟定的访谈提纲，对来自政府、民营企业和项目运营的关键人物进行深入访谈，确保了访谈对象的多样性。正式访谈每次时长1.5小时左右，采取腾讯会议形式。补充访谈每次时长15~50分钟，主要采用微信访谈的形式，重点是对初次访谈有疑惑的问题进行补充。正式访谈至少有三人，一个人是主要采访人，其他是辅助采访人，主要负责做好访问记录。此外，为了保证信息的完整性和真实性，提高访谈效率和可信程度，在受访人允许的情况下，同时采用了多种数据收集方法，将记录和录音结合在一起。访问过后，及时对当天的记录进行归纳和总结，并写出访谈里问题的每一个答案，对于不明白没有达成统一的问题做深入分析探讨，重复听录音并多次向受访人求证，进一步保证研究阶段资料的效率和真实性。此外，对访谈中较重要的问题，通过电子邮件、微信、电话回访的方式进行深层次的询问。除了访谈之外，为了降低研究偏差，还通过各种可行的方法收集和整理PPP项目的档案资料，包括PPP项目合同中关于控制权配置的核心的部分、项目年度报告、公开出版的案例,以及有关PPP项目的公众号推文等,尽可能地保障可以全面真实地获取案例素材。

二、资料编码

资料收集之后,根据初步形成的研究框架和扎根理论的要求进行归纳式编码与分析(Guba和Lincoln,1994)(如表8-2所示)。研究框架中的不同变量通过开放性编码、主轴编码和选择性编码的三级编码过程,为更高维度构念的汇总提供基础。为了保证研究信度,数据的整理和翻译由企业管理专业的教授和博士分两次进行。为了保证分析结果的一致性,两次整理都会对不一致的构念进行分析,产生分歧的部分由第三位了解公交行业PPP研究的权威教授判定如何进行编码。经过三人的沟通与协商,两次结果的一致性水平均达到95%以上,显示出较强的一致性。

表8-2 资料编码举例

核心范畴	主范畴	副范畴	案例材料举例
控制权	提议权	提出或设计决策方案或计划的权利	项目决策清单合同细则中注明:乙方对设计进行变更应书面通知甲方和监理,并由甲方和监理审查;甲方和监理应在收到乙方的设计变动提议后五个工作日内通知乙方是否批准
	审批权	决策主体在若干方案中选择或对计划是否可行进行判断的权利	项目决策清单合同细则中注明:项目开始试运营之前,乙方应根据适用法律和谨慎运营管理编制或修订本项目的《运营维护手册》并提交甲方,经甲方审批后按照该《运营维护手册》进行本项目的运营维护
	执行权	决策主体将确定的方案或计划付诸实践的权利	项目决策清单合同细则中注明:乙方应严格按照本项目施工图组织本项目范围内各单项工程的施工建设

第八章 公交行业PPP项目控制权配置与合作效率关系的解释性案例研究

续表

核心范畴	主范畴	副范畴	案例材料举例
政府行为	项目治理	监管措施	项目实施过程中政府对项目公司投资、建设、运营及移交进行全程实时监管，若发现与合同不符，责成项目公司限期予以纠正
		激励手段	城市客运交通管理处定期对项目公司进行绩效考核，考核结果与年度运营补贴及30%年度建设补贴挂钩
		弹性合同	合作期调整补贴机制、成本调价机制、票价调整机制、争议解决机制、灵活退出机制等
	服务	服务态度	有专门的政府公共部门负责合作项目；项目整个流程中的责任主体分明、建立了本级PPP项目综合信息平台
		沟通水平	建立了本级PPP项目第三方专业机构库和专家库，政府方及时分享行业发展规划、投资政策、财政税收政策、统计数据信息
		可信度	政府通过媒体定期发布项目相关信息，并上传至财政部政府和社会资本合作中心，按要求公开项目不同阶段的相关信息
		政府承诺	双方合作共同申请示范项目
	支持与保证	政府保证机制	质量提升补偿保证和最低需求量保证
		政府补贴	按照一定比例给予社会资本补贴
		财政支持	财政厅有综合奖补，如对省财政厅确定的PPP示范市县，省财政给予一定额度的奖补；对列入省财政推荐项目库的项目，完成签约的，给予奖补；项目签约并开工建设的，给予奖补；财政部自2016年开始以奖代补，鼓励企业申请中央奖补
企业行为	自利性投入	宣传产品	企业投入大量人力、物力用于本公司的产品或者服务宣传
		关联销售	在合作的各种场合，企业经常搭便车销售公司其他产品
	公益性投入	人、财、物支持	为满足项目要求，自主对员工进行培训
		与第三方沟通协调	设置专门的部门或者人员负责与第三方的沟通工作

续表

核心范畴	主范畴	副范畴	案例材料举例
合作效率	交易收益	互补效应	企业与政府之间实现了资源共享、优势互补
		抵御风险	政府和企业达到风险共担
		促进创新	在政府的影响下，企业更有意愿进行管理和技术创新
		开拓市场	与政府合作，有助于拓展企业的市场业务领域
	交易成本	融资成本	与政府合作，融资成本降低
		履约成本	利用政府的专业能力，企业不用花很多人力、物力、财力自行研究
		谈判成本	与政府合作，项目各阶段的谈判成本降低
企业动态能力	技术能力	技术手段、设备和人员优势	现有各类工程技术人员和经济管理人员318人，其中高级职称15人、中级职称218人、一级注册建造师21人、二级注册建造师33人、国家注册造价工程师8人，各类施工作业人员持证上岗率达100%；公司已通过ISO 9001：2000质量管理体系认证、OHSAS 18001：2007职业安全卫生管理体系认证、ISO 14001：2004环境管理体系认证；作为国家一级施工企业，公司具有全面的专业技术管理能力
	融资能力	金融资源、知识和资源控制优势	公司具有雄厚的经济实力
	资源配置能力	整体外部环境资源优势	多次被市人民政府授予"明星企业""优秀企业"称号，多次荣获建设行政主管部门授予的"安全文明施工企业""施工企业先进单位""造价管理先进单位"荣誉称号，连续五年被省、市工商局评为"守合同重信用单位"

三、构念测度

构念测度与第四章类似，但是因为案例项目所属行业不同，所以提议权、审批权和执行权的测度标准（临界值）存在差异，此外，结合文献研究和案例证据发展出企业动态能力这一核心构念。政企行为和合作效率的测度与第四章基本一致（如表8-3所示）。需要说明的是，控制权的数据主要来源于PPP项目合同，从配置主体——政府和民营企业的角度，将项目合同中的条款转化为控制权配置，并以公共部门（政府为代表）和私营部门（民营企业为代表）掌握提议权、审批权和执行权的决策节点个数之比作为衡量民营企业对PPP项目控制强度的尺度。基于数据可得性的考虑，政企行为、合作效率与企业动态能力等核心构念均采用主观评价方法。为了使数据尽量客观真实，采取以下措施：所有数据都通过对特定案例企业内部不同岗位、不同职务的人员的访谈获得，结合对本行业特别熟悉的政府工作人员的整体评价，同时邀请相关学者对案例素材和访谈资料进行内容分析，做出相对客观的评价。

表8-3 关键构念测度

构念	维度	指标	测度
控制权	提议权	决策主体提出或设计决策方案或计划的权利	+：提议权在政企之间的分配比率>0.40 ++：提议权在政企之间的分配比率0.25-0.40 +++：提议权在政企之间的分配比率<0.25
控制权	审批权	决策主体在若干方案中选择或对计划是否可行进行判断的权利	+：审批权在政企之间的分配比率>2 ++：审批权在政企之间的分配比率1-2 +++：审批权在政企之间的分配比率<1
控制权	执行权	决策主体将确定的方案或计划付诸实践的权利	+：执行权在政企之间的分配比率>0.4 ++：执行权在政企之间的分配比率0.3-0.4 +++：执行权在政企之间的分配比率<0.3
企业动态能力	技术能力	技术手段、设备和人员优势	++：企业技术手段、设备和人员优势很明显 +：企业技术手段、设备和人员优势一般 N：企业几乎没有技术手段、设备和人员优势
企业动态能力	融资能力	金融资源、知识和资源控制优势	++：企业金融资源、知识和资源控制优势很明显 +：企业金融资源、知识和资源控制优势一般 N：企业几乎没有金融资源、知识和资源控制优势
企业动态能力	资源配置能力	整体外部环境资源优势	++：企业外部环境资源优势很明显 +：企业外部环境资源优势一般 N：企业几乎没有外部环境资源优势

续表

构念	维度	指标	测度
政企行为	政府行为	项目治理能力强 政府服务积极 政府支持与保证有力	++++++：政府项目治理能力、服务积极性、政府支持与保证力度都较强 +++++：政府项目治理能力、服务积极性、政府支持与保证力度三项中有两项较强，一项一般 ++++：政府项目治理能力、服务积极性、政府支持与保证力度三项中有一项较强，两项一般或者两项较强，一项没有 +++：政府项目治理能力，服务积极性，政府支持与保证力度都一般 ++：政府项目治理能力，服务积极性，政府支持与保证力度三项中有两项一般，一项没有 +：政府项目治理能力，服务积极性，政府支持与保证力度三项中有一项一般，两项没有 N：政府几乎没有项目治理能力，服务积极性，政府支持与保证
	企业行为	自利性投入水平低 公益性投入水平高	++++：企业的宣传公司其他产品和关联销售等自利性投入水平很低，对项目人财物的支持、与第三方沟通协调的努力程度等公益性投入水平很高 +++：企业的宣传公司其他产品和关联销售等自利性投入水平很低、一般，对项目人财物的支持、与第三方沟通协调的努力程度等公益性投入水平都一般、很高 ++：企业的宣传公司其他产品和关联销售等自利性投入水平一般、几乎全是，对项目人财物的支持、与第三方沟通协调的努力程度等公益性投入水平一般、很高 +：企业的宣传公司其他产品和关联销售等自利性投入水平一般、几乎全是，对项目人财物的支持、与第三方沟通协调的努力程度等公益性投入水平几乎没有、一般 N：企业几乎没有公益性投入，只有自利性投入

续表

构念	维度	指标	测度
合作效率	交易成本	融资成本、履约成本和谈判成本低	+++：PPP项目融资成本、履约成本和谈判成本很低 ++：PPP项目融资成本、履约成本和谈判成本一般 +：PPP项目融资成本、履约成本和谈判成本很高
	交易收益	互补效应、抵御风险、促进创新和开拓市场能力提升	+++：PPP项目特许经营后互补效应、抵御风险、创新意识和开拓市场能力都显著提升 ++：PPP项目特许经营后互补效应、抵御风险、创新意识和开拓市场能力都一般 +：PPP项目特许经营后互补效应、抵御风险、创新意识和开拓市场能力无明显变化

第三节 案例分析与研究发现

案例分析包括三个部分，首先，基于案例现象和潜在理论假设进一步修正第四章构建的理论分析框架，揭示PPP项目合作效率的影响机制。其次，对案例项目控制权配置、政企行为、企业动态能力和合作效率的结果开展复制和比较分析。最后，基于案例证据和理论演绎，揭示公交行业PPP项目合作效率影响机制，构建起控制权配置、企业动态能力、政企行为及合作效率的关联机制模型。

一、控制权和企业动态能力交互效应下公交行业PPP项目合作效率分析框架

本研究的假设前提是政府愿意让渡更多控制权给民营企业且民营企业总是积极争取更多的控制权，因为这样既有利于政府更专注于项目治理、提供服务以及提供支持与保证，也有利于企业降本增效，从而有利于提升合作效率。本研究隐含的理论潜在假设是民营企业有能力、有实力、可驾驭拥有更多的控制

权，因为只有这样才能更好地保证PPP项目的合作效率。因此，本研究推断企业动态能力能够调节控制权配置对合作效率的影响程度。

理论上，PPP项目的合作效率也会受到企业自身动态能力的影响。叶晓甦等（2017）的研究表明，企业自身属性对PPP项目合作也有影响，其中包括企业融资能力、项目经验、企业规模等因素。实际上，BM投资部总经理在访谈中认为："我们善于和别的企业合作共同完成项目，我们企业的优势在资金和资源方面，缺乏技术优势，因此我们通常和具备技术优势的企业共同参与投标来获得项目。我们希望获得更多的控制权，但实际上政府往往不会在初始阶段就给予企业很多控制权，我们就会利用自身的优势努力做好项目，获得政府信任，然后在合适的时机和政府对控制权分配进一步谈判，来达到降低风险、提高效率的目的。"由此可见，控制权配置对PPP项目合作效率的影响还受企业动态能力的调节。

鉴于此，本研究假设，对于民营企业参与的公交行业PPP项目，民营企业拥有的控制权越高，合作效率也越高，而且企业动态能力与控制权之间存在交互效应，共同影响PPP项目合作效率。

事实上，通过案例素材挖掘，我们发现，仅从控制权视角或企业动态能力视角，并不能完全解释公交行业PPP项目合作效率的差异。单独采用控制权配置难以解释PPP项目合作效率的差异。根据前述探索性案例分析，再结合现实的访谈，控制权配置是影响公交行业PPP项目的关键因素，而且，民营企业拥有的控制权越高，PPP项目合作效率越高。项目S民营企业拥有更多的控制权，达"+++++++"，项目C和项目N民营企业拥有较少的控制权，为"++++"和"+++"，但是根据访谈和调研，项目S的合作效率反而更低，只有"+++"，而项目C和项目N的合作效率更高，达"++++"和"+++++"。单独采用企业动态能力难以解释公交行业PPP项目合作效率的差异。项目C和项目S的企业动态能力更强，但是项目合作效率最高的并不是这两个项目，而是项目R，达"++++++"。

第八章　公交行业PPP项目控制权配置与合作效率关系的解释性案例研究

基于上述分析，在第四章探索性案例研究得出控制权配置—政企行为—合作效率的分析框架基础上，本章尝试将企业动态能力纳入公交行业PPP项目合作效率的分析框架，以揭示控制权配置与企业动态能力对PPP项目合作效率的交互影响。

二、案例内分析与案例间分析

通过分析四个案例项目PPP项目合同中的具体条款可以得到四个案例项目控制权的配置状况。

整体而言，项目R和项目S的提议权、审批权、执行权配置结果分别为0.21、0.83、0.25和0.24、2.57、0.22，项目C和项目N的提议权、审批权、执行权配置结果分别为0.44、1.67、0.50和0.53、2.43、0.44。与项目C和项目N相比，R项目和S项目中，民营企业拥有的各项权利更多一些（如表8-4所示）。

表8-4　控制权配置汇总

编号	决策	C 提议权	C 审批权	C 执行权	S 提议权	S 审批权	S 执行权	N 提议权	N 审批权	N 执行权	R 提议权	R 审批权	R 执行权
D1	勘察设计单位	G	G	G	I	G	I	G	G	G	I	I	I
D2	工程勘察	G	G	G	I	G	I	G	G	G	I	I	I
D3	初步设计及补充纠正	I	G	I	I	G	G	G	G	G	G	G	G
D4	施工图设计	I	G	I	I	G	I	G	G	G	I	I	I
D5	融资方案设计与实施	I	I	I	I	I	I	I	I	I	I	I	I
D6	资金到位和使用	I	G	I	I	I	I	I	I	I	I	I	I
D7	担保和保险	I	I	I	G	G	I	G	G	I	G	G	I
D8	监理单位招标	G	G	G	G	G	G	G	G	G	I	I	I
D9	施工单位招标	I	I	I	I	I	I	I	I	I	I	I	I
D10	设备、材料等专业供应商招标	I	I	I	I	I	I	I	I	I	N	N	N
D11	征地拆迁和交通疏导	G	G	G	I	I	I	G	G	G	G	G	G

续表

编号	决策	C 提议权	C 审批权	C 执行权	S 提议权	S 审批权	S 执行权	N 提议权	N 审批权	N 执行权	R 提议权	R 审批权	R 执行权
D12	施工现场场地准备	G	G	G	I	I	I	I	I	I	I	I	I
D13	施工组织设计	N	N	N	N	N	N	N	N	N	N	N	N
D14	施工进度控制	I	I	I	I	G	I	I	I	I	I	I	I
D15	材料、设备和施工质量控制	I	G	I	G	G	I	I	G	I	I	I	I
D16	工程变更	IG	G	I	G	G	I	IG	G	I	I	G	I
D17	工程计量支付与价款结算	G	G	G	G	G	G	N	N	N	N	N	N
D18	安全管理及事故处理	I	G	I	I	G	I	I	G	I	I	I	I
D19	争议处理	IG	I	N	IG	I	IG	IG	I	IG	IG	I	IG
D20	完工检验与竣工验收	I	I	IG	I	G	IG	I	G	IG	I	G	IG
D21	设备、系统调试与试运行	N	N	N	N	N	N	I	I	I	N	N	N
D22	运营、维护、服务供应商招标	I	I	I	I	I	I	I	G	I	I	I	I
D23	运营管理	N	N	N	I	G	I	N	N	N	N	N	N
D24	质保维修与维护管理	I	I	I	I	G	I	I	G	I	I	G	I
D25	产品、服务定价与调整	I	G	I	I	G	I	I	G	I	I	G	I
D26	产品、服务交付管理	I	G	I	I	G	I	I	G	I	I	G	I
D27	工程与相关资料、权力移交	I	G	IG	I	G	IG	I	G	I	I	G	IG
D28	回购支付	N	N	N	N	N	N	N	N	N	N	N	N
	审批权配置比例	公：私=1.67			公：私=2.57			公：私=2.43			公：私=0.83		
	提议权配置比例	公：私=0.44			公：私=0.24			公：私=0.53			公：私=0.21		
	执行权配置比例	公：私=0.50			公：私=0.22			公：私=0.44			公：私=0.25		

注：表格中I指私营部门投资者（本研究主要指民营企业）决策，G指公共部门（本研究主要指政府各部门、发起人）决策，N指合同中没有明确由公共部门决策还是由私营部门决策。

第八章 公交行业PPP项目控制权配置与合作效率关系的解释性案例研究

（一）案例内分析

1. C项目

本部分对项目C的初始控制权配置进行了分析，对政企行为、企业动态能力及合作效率进行了描述（如表8-5所示）。

（1）控制权配置、企业动态能力与政企行为

根据PPP项目合同，政企双方提议权、审批权、执行权的比例为0.44（"++"水平）、1.67（"+"水平）、0.50（"+"水平），项目C的控制权为三者之和，达"++++"水平。从政企双方拥有控制权的比例来看，提议权和执行权两个维度，民营企业拥有更多的控制权，审批权这个维度，政府拥有更多的控制权。

项目C在动态能力上，项目技术能力、融资能力和资源配置能力水平分别为"++"水平、"+"水平、"++"水平，企业动态能力为融资能力、技术能力、配置资源能力之和，达"+++++"水平。根据访谈，KL建设工程有限公司成立于2003年，经过多年的发展，已经拥有健全的制度体系和运营体系，是一家管理和技术相对成熟的企业。KL投资总经理表示，企业成立以来完工合格率达100%，优良率达80%，企业始终坚持质量为生存，管理为效益的原则。因此，KL的技术能力较强，达到"++"水平；作为本地企业，KL资源配置能力也较强，达"++"水平；KL整体规模较小，融资能力为"+"水平。

项目C的政府行为与企业行为之和达"+++++"水平，其中政府行为达"+++"水平，企业行为达"++"水平。根据对项目C相关负责人的访谈，对于政府行为，项目治理和政府支持与保障较为缺乏，政府服务相对较好。这是由于该项目是C市首次在公交行业采用PPP模式，适用PPP行业的项目治理经验不足，因此项目治理水平不高。项目C属于本地企业投资，企业与政府之间沟通较多，同时政府对本次合作较为重视，C市交通运输局局长表示，作为实施机构，交通局将大力支持项目建设，尽力做好配合与服务。尽管如此，政府出于谨慎

原则，并没有向企业提供一定的支持与保障。对于企业行为，KL希望通过增加公益性投入来增加政府对企业的信任进而获得更多控制权，因而公益性投入较高，自利性投入较低。

（2）PPP项目合作效率

项目C的合作效率为"++++"水平，总体上讲，民营企业拥有的控制权偏低，企业动态能力较强，项目C的合作效率较低。

表8-5 项目C民营企业的控制权、动态能力和政企行为及合作效率

分析项目	项目特点	控制权、动态能力和政企行为							合作效率
C	民营企业拥有的控制权和企业动态能力对合作效率产生交互影响	控制权 ++++			动态能力 +++++			政企行为 +++++		++++
		提议权 ++	审批权 +	执行权 +	技术能力 ++	融资能力 +	资源配置能力 ++	政府行为 +++	企业行为 ++	

2. S项目

本部分对项目S的初始控制权配置进行了分析，对政企行为、企业动态能力及合作效率进行了描述（如表8-6所示）。

（1）控制权配置、企业动态能力与政企行为

根据PPP项目合同，政企双方提议权、审批权、执行权的比例为0.24（"+++"水平）、2.57（"+"水平）、0.22（"+++"水平），项目N的控制权为三者之和，达"+++++++"水平。从政企双方拥有控制权的比例来看，提议权和执行权均小于0.25，审批权则大于2，所以民营企业提议权和执行权较高，审批权较低。

S项目的企业动态能力为融资能力、技术能力与配置资源能力之和，达"++++"水平。根据对项目负责人的访谈，TC客运有限公司和XS道路客运有限公司

均为当地企业，规模均较小，TC和XS在项目公司的股权占比差距较小，分别为32%和24%，项目S企业总体融资能力为"+"水平。TC的主营业务包括城乡客运和旅游客运，XS的主营业务主要是出租车客运，TC是主要的技术贡献方，项目S企业总体技术能力达"++"水平。LX的规模相对TC和XS更大，其管理经验更占优势，因此主要贡献资源配置能力，项目S企业总体资源配置能力达"+"水平。

项目S的政企行为为政府行为与企业行为之和，达"+++++++"水平，其中政府行为达"++++"水平，企业行为达"+++"水平。根据对项目投资经理的访谈，政府行为主要体现在政府服务方面，缺乏项目治理和政府支持与保障。这是因为项目S是该县第一次引入PPP项目，项目治理机制和经验十分缺乏，对权责划分不够明确，因而项目治理水平较低。同时项目S的投资额达15亿元，使用可行性缺口补助回报的机制对政府的财政压力较大，政府在支持和保障方面心有余而力不足，主要通过政府服务的方式对社会资本提供支持。另一方面，政府给予企业的控制权较高，企业的公益性投入意愿较强，达"++"水平。

（2）PPP项目合作效率

项目S的合作效率为"+++"水平，总体上讲，民营企业拥有的控制权较高，企业动态能力较低，项目S的合作效率很低。由项目S推测民营企业动态能力会影响高控制权对合作效率的影响。

表8-6　项目S民营企业的控制权、动态能力和政企行为及合作效率

分析项目	项目特点	控制权、动态能力和政企行为							合作效率
S	民营企业拥有的控制权与合作效率正相关	控制权 +++++++			动态能力 ++++			政企行为 +++++++		+++
		提议权 +++	审批权 +	执行权 +++	技术能力 ++	融资能力 +	资源配置能力 +	政府行为 ++++	企业行为 +++	

3. N项目

本部分对项目N的初始控制权配置进行了分析，对政企行为、企业动态能力及合作效率进行了描述（如表8-7所示）。

（1）控制权配置、企业动态能力与政企行为

根据PPP项目合同，政企双方提议权、审批权、执行权的比例为0.53（"+"水平）、2.43（"+"水平）、0.4（"+"水平），项目N的控制权为三者之和，达"+++"水平。从政企双方拥有控制权的比值来看，民营企业拥有的控制权不高。

项目N的企业动态能力为融资能力、技术能力、配置资源能力之和，达"+++++++++"水平。根据对项目负责人的访谈，项目N采用联合体建设方式，由BM投资管理有限公司和SJ第二建设有限公司共同建设，两者取长补短。BM主要负责利用自身的融资能力筹集项目所需资金，BM作为专业的投资管理公司，在融资渠道和融资经验方面具有优势，融资能力达"+++"水平，BM在项目中的股权占比达75%。SJ在项目中的股权占比为5%，作为专业的建筑公司，SJ在基础设施建设施工等方面有成熟的经验和独特的技能优势，主要贡献其技术和资源的配置能力，两者均达到"+++"水平。

项目N的政企行为为政府行为与企业行为之和，达"++++"水平，其中政府行为达"++"水平，企业行为达"++"水平。根据对项目N相关负责人的访谈，受访者认为对于N项目而言，政府行为主要是政府支持与保证。一方面，政府补贴到位，政府拥有较强的执行能力；另一方面，该区域政府和公众发展PPP的意愿不足，外加政企之间缺少沟通，尚未建立足够的信任，政企关系水平较低，所以政府服务和项目治理投入不足。

（2）PPP项目合作效率

项目N的合作效率达"+++++"水平，总体上讲，民营企业拥有的控制权低，企业动态能力高，项目N的合作效率中等。由此可以推测，企业动态能力能

够弥补低控制权对合作效率的影响。

表8-7 项目N民营企业的控制权、动态能力和政企行为及合作效率

分析项目	项目特点	控制权、动态能力和政企行为							合作效率
N	民营企业拥有的控制权和企业动态能力对合作效率产生交互影响	控制权 +++			动态能力 +++++++++			政企行为 ++++		+++++
		提议权 +	审批权 +	执行权 +	技术能力 +++	融资能力 +++	资源配置能力 +++	政府行为 ++	企业行为 ++	

4. R项目

本部分对项目R的初始控制权配置进行了分析，对政企行为、企业动态能力及合作效率进行了描述（如表8-8所示）。

（1）控制权配置、企业动态能力与政企行为

根据PPP项目合同，政企双方提议权、审批权、执行权的比例为0.21（"+++"水平）、0.83（"+++"水平）、0.25（"+++"水平），项目R的控制权为三者之和，达"+++++++++"水平。从政企双方拥有控制权的比例来看，民营企业拥有更多的控制权。

R项目在动态能力上，项目技术能力、融资能力和资源配置能力水平均为"+"水平，企业动态能力为融资能力、技术能力、配置资源能力之和，达"+++"水平。根据对项目部门经理的访谈，由于项目本身规模相对较小，项目包含城乡公交和旅游公交的改造与开通，JNH客运有限公司的业务范围主要是出租车客运、市际包车客运；家用电器及电子产品、汽车零配件等，JNH对公交建设缺乏相应经验，因而技术能力为"+"水平。同时由于规模限制，企业的融资能力和资源配置能力也相对较低，分别为"+"水平。

项目R的政企行为为政府行为与企业行为之和，达"++++++++++"水平，其

中政府行为达"++++++"水平，企业行为达"++++"水平。根据对项目R相关负责人的访谈，R项目政企之间关系良好，互相信任，政府行为包括项目治理、政府服务、政府支持与保证。当地PPP机构健全，流程完善，政府监管到位、协调得力，政府拥有较强的执行能力，而且政府和公众对PPP的发展都有强烈意愿，充满信心。同时，一方面企业是属地企业，与政府之间沟通较多；另一方面企业与政府是第二次合作，有过合作经验，彼此信任，政企关系良好，项目治理、政府服务、政府支持与保证均为最高。对于企业行为，由于企业得到较高的初始控制权，企业具有较大的自主性投入，包括自利性投入和公益性投入。

（2）PPP项目合作效率

项目R的合作效率为"++++++"水平，总体上讲，民营企业拥有的控制权高，企业动态能力低，R项目的合作效率并不低。

表8-8 项目R民营企业的控制权、动态能力和政企行为及合作效率

分析项目	项目特点	控制权、动态能力和政企行为							合作效率
R	民营企业拥有的控制权和企业动态能力对合作效率产生交互影响	控制权 ++++++++			动态能力 +++			政企行为 ++++++++++		++++++
^	^	提议权 +++	审批权 +++	执行权 +++	技术能力 +	融资能力 +	资源配置能力 +	政府行为 ++++++	企业行为 ++++	^

（二）多案例比较分析

基于上述分析，本部分对公交行业PPP项目的现实情境所涉及的各关键变量进行了评判打分，并请被采访人员及专家做出审核和修正（如表8-9所示）。本部分将所有案例项目的各变量进行对比分析，从而归纳出控制权配置、政企行为与合作效率各变量之间的相关、因果关系，并提出初始的研究命题假设。

表8-9　公交行业PPP项目控制权配置、政企行为与合作效率评价得分汇总

变量	维度	项目C	项目S	项目N	项目R
控制权配置	提议权	++	+++	+	+++
	审批权	+	+	+	+++
	执行权	+	+++	+	+++
	总水平	++++	+++++++	+++	+++++++++
政府行为	项目治理	+	+	+	++
	服务	++	++	+	++
	支持与保证	N	+	N	++
	总水平	+++	++++	++	++++++
企业行为	自利性投入	N	+	N	++
	公益性投入	++	++	++	++
	总水平	++	+++	++	++++
合作效率	交易收益	++	+	++	+++
	交易成本	++	++	+++	+++
	总水平	++++	+++	+++++	++++++
企业动态能力	技术能力	++	++	+++	+
	融资能力	+	+	+++	+
	资源配置能力	++	+	+++	+
	总水平	+++++	++++	+++++++++	+++

1. 控制权配置与合作效率

根据表8-9的数据和上述案例分析可以初步得出这样的结论：民营企业拥有的控制权越高，政企之间的合作效率越高。

在案例项目中，比较项目R和项目S，项目S的企业动态能力达到"++++"，项目R的企业动态能力达到"+++"，项目R的控制权达到"+++++++++"，项目S达到"+++++++"，而项目R的合作效率达到"++++++"，项目S合作效率仅为"+++"。可见，民营企业拥有的控制权对项目的合作效率有显著的正向影响。

从控制权配置的三个维度来看，项目R和项目S的提议权、执行权相同，皆

达到"+++"，项目R的审批权达到"+++"，项目S的审批权只有"+"，而项目R的合作效率显著高于项目S。所以从控制权的三个维度考量，命题4-1得到验证，但是4-2、4-3并没有得到验证。

2.控制权配置与政企行为

根据表8-9的数据和第四章的探索性案例分析可以初步得出这样的结论：民营企业拥有的控制权越高，政企行为越积极。

（1）控制权配置与政府行为

从表8-9可知，四个项目的控制权配置总水平与政府行为总水平呈正相关关系。如项目R，民营企业拥有的控制权达到"+++++++++"，政府行为的总水平达到"++++++"；项目N，民营企业拥有的控制权为"+++"，政府行为的总水平为"++"。

从控制权的三个维度来看，对于项目R和项目N，项目R的民营企业拥有的提议权、审批权、执行权分别达"+++""+++""+++"水平，政府行为总水平为"++++++"；项目N的民营企业拥有的提议权、审批权、执行权分别达"+""+""+"水平，政府行为总水平为"++"。可见，从控制权三个维度考量，民营企业拥有的提议权、审批权和执行权对政府行为均有显著正向影响。命题4-7、4-8、4-9得到验证。

（2）控制权配置与企业行为

根据表8-9的数据和第四章的探索性案例分析可以初步得出这样的结论：民营企业拥有的控制权越多，企业行为积极性越高。

从表8-9可知，四个项目的控制权配置总水平与企业行为总水平呈正相关关系。对于项目R，民营企业拥有的控制权达到"+++++++++"，企业行为的总水平达到"++++"；对于项目S，民营企业拥有的控制权为"+++++++"，企业行为的总水平为"+++"；项目C和项目N，民营企业拥有的控制权分别为"++++"和"+++"，企业行为的总水平均为"++"。

从控制权的三个维度来看，同样比较项目R和项目N，项目R的民营企业拥有的提议权、审批权、执行权分别达"+++""+++""+++"水平，企业行为总水平为"++++"；项目N的民营企业拥有的提议权、审批权、执行权分别达"+""+""+"水平，企业行为总水平为"++"。可见，从控制权三个维度考量，民营企业拥有的提议权、审批权和执行权对企业行为均有显著正向影响。命题4-15、4-16、4-17得到验证。

3. 政企行为与合作效率

（1）政府行为与合作效率

根据表8-9的数据和第四章的探索性案例分析可以初步得出这样的结论：政府行为越积极，PPP项目合作效率越高。

从表8-9可知，四个项目的政府行为与合作效率并不完全呈正相关关系。对于项目R，政府行为达到"++++++"水平，合作效率的总水平达到"++++++"；对于项目N，政府行为达到"++"水平，合作效率的总水平为"+++++"；对于项目S，政府行为达到"++++"水平，合作效率总水平为"+++"；对于项目C，政府行为达到"+++"水平，合作效率总水平为"++++"。可见，政府行为排序为项目R＞项目S＞项目C＞项目N，合作效率的排序为项目R＞项目N＞项目C＞项目S。动态能力不一致的项目，政府行为不一定与合作效率正相关。

从政府行为的三个维度来看，项目R的政府行为的三个维度项目治理、服务、支持与保证分别为"++""++""++"水平，合作效率总水平为"++++++"；项目C的政府行为的三个维度项目治理、服务、支持与保证分别为"+""++""N"水平，合作效率总水平为"++++"；项目S的政府行为的三个维度项目治理、服务、支持与保证分别为"+""++""+"水平，合作效率总水平为"+++"；项目N的政府行为的三个维度项目治理、服务、支持与保证分别为"+""+""N"水平，合作效率总水平为"+++++"。可见，从政府行为三个维度考量，政府支持与保证对合作效率有显著正向影响，但项目治理和政府服务对合作效率的影响并不明确。对于公交行业PPP项目，命题4-6得到验证，命题4-4和命题4-5并没有得到验证。

（2）企业行为与合作效率

根据表8-9的数据和第四章的探索性案例分析可以初步得出这样的结论：企业自利性投入越少，PPP项目合作效率越高。

从表8-9可知，四个项目的企业行为与合作效率并不完全呈正相关关系。对于项目R，企业行为达到"++++"水平，合作效率的总水平达到"++++++"；对于项目S，企业行为达到"+++"水平，合作效率的总水平为"+++"；项目C和项目N，企业行为只有"++"水平，合作效率总水平分别为"++++"和"+++++"。可见，企业行为排序为项目R＞项目S＞项目C=项目N，合作效率的排序为项目R＞项目N＞项目C＞项目S。企业行为不一定与合作效率正相关。

从企业行为的两个维度来看，比较项目R和项目N，项目R的企业行为的两个维度自利性投入和公益性投入分别为"++"和"++"水平，合作效率总水平为"++++++"；项目N的企业行为的两个维度自利性投入和公益性投入分别为"N"和"++"水平，合作效率总水平为"+++++"。继续比较企业动态能力存在差异的四个项目，自利性投入水平排序为项目R＞项目S＞项目C=项目N，公益性投入水平排序为项目R=项目S=项目C=项目N，合作效率水平的排序为项目R＞项目N＞项目C＞项目S。因此推断，企业自利性投入与合作效率负相关，而企业公益性投入与合作效率不相关。可见，从企业行为两个维度考量，企业自利性投入对合作效率有显著负向影响，命题4-13得到验证。对于公交行业PPP项目，命题4-14没有得到验证。

综合上述分析，控制权与政企行为关系的命题4-7、4-8、4-9、4-15、4-16、4-17得到验证，政企行为与合作效率的命题4-6、4-13得到验证。因此，对于公交行业PPP项目而言，政府支持与保证是民营企业拥有的提议权、审批权和执行权与PPP项目合作效率的中介变量，企业自利性投入是民营企业拥有的提议权、审批权和执行权与PPP项目合作效率的中介变量，由此可以推断命题4-10、4-11、4-12、4-18、4-19、4-20部分得到验证。

4. 企业动态能力与控制权配置的交互效应

为了研究动态能力与控制权对合作效率的影响，本章将企业动态能力纳入分析框架中展开分析，在第四章的基础上选择同一行业不同民营企业参与的PPP项目进行探索。企业动态能力指企业为降低风险、响应市场或商业环境变化、获得机会，对企业现有的资源、资产进行重组或者更新的能力，其中也包括管理和技术的创新能力（Teece，1997）。企业动态能力理论在资源基础理论上从动态变化视角进一步分析了企业内部资源和能力因素对企业竞争力的影响，突破了企业资源异质性和不可流动性的静态视角（焦豪，杨季枫和应瑛，2021），因而企业动态能力能够降低项目风险，提高项目收益。一方面，对政府而言，控制权的转移往往伴随着风险的转移，动态能力强的民营企业，适应不确定性环境和风险的能力更强，能够有效降低项目风险，政府对企业的信任感增强，因而更愿意将更多的控制权让渡给企业；另一方面，动态能力强的民营企业具备高水平的管理和技术创新能力，更多的控制权有助于民营企业发挥自身的创新能力，从而节约项目成本、提高项目效率，最终提升项目收益，达到政府和企业合作效率提高的双赢合作效果。所以如前所述，本章的分析框架里增加了企业动态能力，并假设企业动态能力对控制权配置与合作效率的关系起调节作用。

根据表8-9分析可知。

第一，项目R和项目N的合作效率的差异主要受控制权配置的影响。项目R控制权配置达"+++++++++"，项目N的控制权配置达"+++"，项目R的控制权大于项目N的控制权；项目R的动态能力达"+++"，项目N的动态能力达"+++++++++"，项目R的动态能力小于项目N的动态能力，而项目R最终的合作效率高于项目N的合作效率，项目R的合作效率达"++++++"，项目N的合作效率达"+++++"，所以这两个项目合作效率的差异主要受控制权配置的影响，项目R的控制权更高，项目R的合作效率也更高。

第二，项目C与项目S之间、项目N和项目S之间合作效率的差异受控制权与企业动态能力的交互影响。比较项目C和项目S，从控制权水平来看，项目C达"++++"，项目S达"+++++++"，但是从PPP项目的企业动态能力水平来看，项目C的企业动态能力达"+++++"水平，项目S的企业动态能力达"++++"，项目C和项目S最终的合作效率分别为"++++"和"+++"。可见，对于项目S，控制权的优势因为企业动态能力的不足而合作效率降低，而对于项目C，企业动态能力弥补了控制权较低的不足，反而合作效率比项目S高。此分析同样适用于项目N与项目S的比较，对于项目N和项目S，企业动态能力水平分别为"+++++++++"和"++++"，控制权分别为"+++"和"+++++++"，最终，项目N和项目S的合作效率分别达到"+++++"和"+++"，同样表明控制权分配和企业动态能力交互作用于PPP项目合作效率。

可见，企业动态能力越高，控制权对合作效率的影响程度越大。根据访谈，对于初始控制权相近的项目，企业的技术、融资和资源能力越强，PPP项目可持续发展的内在动力越强，从而项目合作效率也更高。

通过对公交行业PPP项目案例内与案例间的分析，验证了第四章的部分命题，并得到以下新的命题。

命题8-1：对于公交行业PPP项目，民营企业拥有的控制权越多，合作效率越高。

命题8-2：对于公交行业PPP项目，民营企业拥有的控制权越多，政企行为越积极。

命题8-3：对于公交行业PPP项目，政府支持与保证是民营企业拥有的提议权、审批权和执行权与PPP项目合作效率的中介变量。

命题8-4：对于公交行业PPP项目，自利性投入是民营企业拥有的提议权、审批权和执行权与PPP项目合作效率的中介变量。

命题8-5：对于公交行业PPP项目，企业动态能力对民营企业拥有的控制权与PPP项目的合作效率的关系产生调节作用，良好的企业动态能力有助于推动控制权对合作效率的提升。

三、公交行业PPP项目合作效率的影响机制

通过分析发现，控制权是影响公交行业PPP项目合作效率的核心变量，控制权是通过影响政企行为，从而影响合作效率的，且企业动态能力对控制权对PPP项目合作效率的影响起调节作用。影响公交行业PPP项目合作效率的主要因素可以归结为控制权、企业动态能力和政企行为。接下来本章将以公交行业PPP项目合作效率差异的分析框架为基础，结合案例素材和理论演绎，揭示控制权、企业动态能力、政企行为对公交行业PPP项目合作效率的影响机制。

（一）控制权对合作效率的影响机制

民营企业拥有的控制权通过影响政企行为，从而影响PPP项目的合作效率。民营企业拥有的控制权越多，政企行为越积极，PPP项目合作效率越高。首先，根据"激励—反应"基本经济分析逻辑，政府让渡更多控制权给民营企业，相当于一种"激励"性策略，可让政府和企业做出有利于提升PPP项目合作效率的"反应"。一方面，让渡更多控制权给民营企业有助于政府支持与保证的提升，主要表现为：明确规定最低需求量；根据制定的绩效规则，给予企业一定的政策优惠与补贴；对积极申请并纳入示范项目的PPP项目根据示范等级提供奖励。另一方面，民营企业拥有更多控制权，企业会更多照顾项目的公益性，减少自利性投入。其次，R项目的负责人W总说："民营企业参与公交行业PPP项目的过程中，政府只有在对项目整体把控具有充分的信心，并且对企业足够信任时才愿意将更多的控制权转让给企业。这样有助于政府集中资源与精力做好保障和监管工作，企业自身也有更大的内在动力追求更高的项目实施效率。政企之间取长补短，做好各自擅长的工作，最终的合作效率才会提高。"事实上，当政府拥有更多控制权时，由于政府代表社会公众的利益，而公交行业属于准公共产品，政府在面对公众利益和项目利益时，往往会选择保护公众利益，从而有可能损害项目收益，进而影响民营企业的收益。而这与民营企业参与PPP项目的根本目标相违背，即民营企业期望以尽量小的成本获得最大的收益，这就有可能导致民营企业自利性投入增加，从而降低项目合作效率。反

之，当民营企业拥有更多的控制权时，民营企业为了获得更高的项目收益，会增强主观能动性，从而使PPP项目获得更高的合作效率。高的合作效率和收益将使民营企业主动降低自利性投入，最终PPP项目的合作得以可持续发展。

通过收集二手资料，也证实了W总的说法。在R项目中，民营企业之所以可以拥有较高的控制权，主要有两个原因。第一，项目规模较小，政府有能力把控项目，因此愿意让渡更多控制权给社会资本方。R项目是R县翘首以盼的项目，可为全县约40万居民解决乘车难、乘车贵问题，R项目对城乡居民出行和促进城乡一体化具有重要意义，得到县委县政府的大力支持。项目的投资规模在1.5亿元左右，政府对项目的整体规划和部署的能力较强，有信心将控制权让渡给社会资本。第二，与社会资本第二次合作，政府和社会资本相互的信任程度较高。尽管JNH公司的规模较小，但在当地有较大知名度，R县县政府决定再次与其合作，合作双方具备合作经验，双方对彼此充分信任，因而政府控制权转让的意愿更高。

（二）控制权配置与企业动态能力对合作效率交互影响机制

企业动态能力通过调节控制权配置对合作效率的影响程度，从而影响公交行业PPP项目合作效率。民营企业参与公交行业PPP项目，如果获得的初始控制权较低，可以通过提升或显示其技术能力、融资能力和配置资源的能力，加大技术创新的力度，降低项目风险，从而提升PPP项目合作效率。公交行业PPP项目中民营企业获得的初始控制权一般较低，一方面是因为公交行业普遍采用可行性缺口补助形式，政府给予一定的补贴，民营企业后续缺乏争取控制权的动力；另一方面本研究中的公交行业案例项目均处于中部地区，相对东部地区而言，中部地区地方政府对民营企业的信任感较低。

公交行业项目在初始控制权相差较大时，控制权对合作效率的影响大于企业动态能力，而当初始控制权相近时，动态能力更强的民营企业参与的PPP项目合作效率更高。KL投资部的T总说："公交行业获得的控制权一般都较低，这是因为，一方面公交行业PPP项目发展起步较晚，各地基本上都是首次在公交领域引入PPP模式，政府缺乏相应的经验与机制，不放心在初始阶段将控制权过多让渡给企业，企业只有通过自身的努力，展现在技术、资源方面的实力来获得政府的信任，从而获得更多的控制权，提升双方的合作效率。"

同时，本章案例也表明，企业动态能力能够调节控制权对PPP项目合作效率的影响。BM投资部F经理表示："由于是异地投资，开始时地方政府出于谨慎原则，并没有给予企业很多控制权，但是企业凭借技术实力和融资实力使得项目得以高效推进。"可见在控制权受到限制的情况下，民营企业可以通过自身动态实力保证项目的合作效率，即控制权和动态能力对PPP项目合作效率具有交互作用。

综上，本研究得出基于控制权配置、政企行为和企业动态能力协同作用的公交行业PPP项目合作效率模型（如图8-1所示）。控制权配置通过影响政企行为进而影响PPP项目合作效率，企业动态能力会调节控制权配置对合作效率的影响程度。

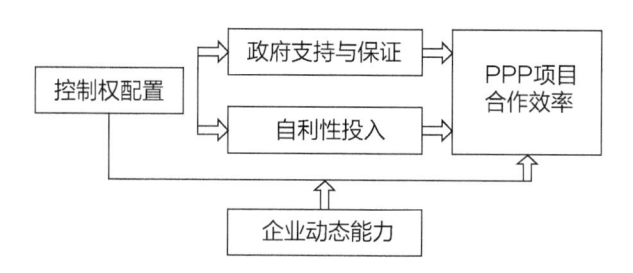

图8-1 公交行业PPP项目合作效率模型

第四节 研究结论

本章基于既有的城市公用事业PPP项目合作效率、控制权配置、政企行为和企业动态能力的前沿研究，通过深度访谈四个公交行业PPP项目形成案例文本，采用解释性案例研究与探索性案例研究方法，揭示了控制权配置、企业动态能力、政企行为对PPP项目合作效率的作用机制。研究发现如下。

第一，对于公交行业PPP项目，民营企业控制权配置对PPP项目合作效率具有显著的正向影响。案例分析结果显示，民营企业参与的四个公交行业PPP项目中，民营企业的提议权、审批权和执行权越高，PPP项目的项目风险越低、交易收益越高，即民营企业的控制权对PPP项目合作效率具有显著的正向影响。

第二，对于公交行业PPP项目，民营企业拥有的控制权越多，政企行为越积极。案例分析结果表明，民营企业拥有的控制权越多，政府更愿意为社会资本提供支持与保证。同样，企业拥有的控制权越多，越能对企业产生激励，为了获得更好的投资回报，企业更愿意自觉减少自利性投入，从而提升项目合作效率。

第三，对于公交行业PPP项目，企业动态能力对民营企业拥有的控制权与PPP项目的合作效率的关系能够产生调节作用，良好的企业动态能力有助于推动控制权对合作效率的提升。一方面，民营企业拥有的控制权接近的PPP项目，民营企业动态能力较高的项目，项目风险较低，交易收益较高，企业动态能力对民营企业控制权与PPP项目合作效率的关系具有显著的正向调节效应。另一方面，民营企业拥有控制权较低的项目，会因为拥有更高的企业动态能力，合作效率反而更高。如项目C和项目N，从控制权水平来看，项目N < 项目C，但是从PPP项目的企业动态能力水平来看，项目N > 项目C，最终合作效率项目N > 项目C。

第四，对于公交行业PPP项目，政府支持与保证和企业自利性投入行为是民营企业拥有的提议权、审批权、执行权与PPP项目合作效率的中介变量。民营企业的提议权、审批权和执行权越多，政府支持与保证越好，PPP项目的合作效率也越高。民营企业的提议权、审批权和执行权越多，民营企业的自利性投入减少，PPP项目合作效率越高。由此可见，对于公交行业PPP项目，民营企业的控制权配置通过增加政府支持与保证和减少民营企业自利性投入，从而影响PPP项目的合作效率。

<第九章>
结论及建议

本研究首先以垃圾处理行业PPP项目为研究对象，通过嵌入式探索性案例研究方法，初步建构了城市公用事业PPP项目控制权配置对合作效率影响机制的理论模型，厘清了城市公用事业PPP项目控制权配置与合作效率的关系，进而采用解释性案例研究与探索性案例研究相结合的方法，对供水、污水处理、燃气和公交四个不同行业、不同区域、不同回报机制的典型PPP项目进行案例内比较与案例间分析，得到一系列研究命题。本章将通过归纳对不同行业分析所得到的研究命题的共同点和差异点，剖析差异的形成诱因，深刻诠释城市公用事业PPP项目控制权配置对合作效率的影响机理并提出相应的对策建议。

一、研究结论

第一，城市公用事业PPP项目控制权配置对项目合作效率有显著影响。

为了保证研究的内部效度，本研究采用嵌入式案例研究方法，以同一家民营企业参与的四个不同垃圾处理PPP项目为研究对象，探索控制权配置对合作效率的影响机制。研究发现，当企业动态能力相同时，政企之间的控制权配置是影响城市公用事业PPP项目合作效率的核心变量。本研究基于实地访谈与三角验证，识别当前我国城市公用事业PPP项目实践的典型特征，提炼出影响城市公用事业PPP项目合作效率的控制权类型，PPP项目的提议权、审批权和执行权是控制权的三个核心维度。由于城市公用事业所提供的产品和服务基本属于准公共产品，国家出台一系列政策鼓励民营企业积极参与，通过提升企业的专业能力和市场的调节效率，从而提高PPP项目的供给效率。但是，城市公用事业民营化和市场化的同时，更加需要政府的有效监管。因此，我国城市公用事业PPP项目的"监督权"基本由政府掌控，以政府监督民营企业为主，不存在政企之间的分配，因而本研究未将监督权涵盖在内。跨行业案例研究表明，民营企业拥有的提议权、审批权和执行权越高，城市公用事业PPP项目的合作效率越高。

为了提高研究的外部效度，本研究在探索性案例研究的基础上，进一步以供水、污水处理、燃气和公交行业的PPP项目作为研究对象，采用解释性案例研究的方法对已有命题进行检验。同时，根据不同行业的特征，探索更具行业特质的扩展命题。研究发现，尽管城市公用事业PPP项目的行业特征存在差异，但是PPP项目控制权的三个维度特征及其对合作效率的影响存在一致性，即民营企业拥有的控制权越高，城市公用事业PPP项目的合作效率越高。

综上所述，可以得出以下命题。

命题9-1：对于城市公用事业PPP项目，民营企业拥有的控制权越高，项目合作效率越高。

第二，企业动态能力是影响城市公用事业PPP项目控制权配置与合作效率关系的重要调节变量。

企业动态能力理论从动态变化的视角进一步分析了企业内部资源和能力因素对企业竞争力的影响，突破了企业资源异质性和不可流动性的静态视角（焦豪，杨季枫和应瑛，2021）。结合PPP项目的特征以及PPP项目合作效率的关键影响因素，本研究将企业动态能力划分为三个维度，即技术能力、融资能力和资源配置能力。鉴于PPP模式的高效率主要取决于充分利用企业的专业能力，本研究提出企业动态能力是降低PPP项目风险的重要举措，是提高PPP项目收益的重要保障。一方面，具备较强动态能力的民营企业能够更有效应对不确定的外部环境并降低PPP项目风险；另一方面，企业动态能力强意味着其具备高水平的技术能力、融资能力和资源配置能力，是获得更高收益的重要保障。

为了进一步解释所提出的命题，本研究选择不同民营企业参与供水、污水处理、燃气和公交行业的PPP项目作为研究对象，通过案例内分析，发现不同企业拥有不同的动态能力；通过案例间分析，发现动态能力是影响PPP项目合作效率的重要变量，而且企业动态能力对控制权配置与合作效率的关系起正向调节作用。跨行业案例研究都能解释企业动态能力越强，则民营企业拥有的控制权对合作效率的影响程度越大。

综上所述，可以得出以下命题。

命题9-2：对于城市公用事业PPP项目，企业动态能力正向调节民营企业拥有的控制权与合作效率的关系。

第三，民营企业拥有的城市公用事业PPP项目控制权主要通过政企行为进而影响合作效率。不同行业中的政企行为具备不同的协同力度，进而导致PPP项目的合作效率存在差异。

本研究基于"控制权配置结构—政企行为—合作效率"的主框架展开研究，从"激励—反应"经济分析逻辑出发，政府让渡更多控制权给民营企业，以此作为一种"激励"性策略，从而让政府和企业做出有利于提升城市公用事业PPP项目合作效率的"反应"。比如，让渡更多控制权给民营企业有助于政府将更多的精力放在本就擅长的监管行为和治理行为上，可以大幅降低社会管理成本。再比如，根据访谈，如果民营企业拥有更多控制权，就会激励企业更有意愿和动力在专业设备、技术、管理和运营等方面不断创新，使提供的产品符合环保要求，减少成本和环保处罚，增加收益，同时企业也更愿意增加公益性投入、减少自利性投入。

通过探索性案例研究，得到命题4-10、4-11、4-12、4-18、4-19、4-20，提出政企行为是参与城市公用事业PPP项目的民营企业拥有的控制权与项目合作效率的中介变量。本研究将政企行为视为政府行为与企业行为的线性组合，政府行为由"项目治理、服务和支持与保证"三个维度构成，企业行为由"公益性投入和自利性投入"两个维度构成。基于对构念的准确界定，本研究揭示出政企行为是参与城市公用事业PPP项目的民营企业拥有的控制权影响项目合作效率的重要中介变量。

进一步，通过深入剖析供水、污水处理、燃气和公交行业的PPP项目推进过程，发现不同行业中的政企行为的协同力度是导致PPP项目合作效率差异的重要原因。首先，对于供水行业和燃气行业，民营企业拥有的提议权、审批权与执行权是通过政府服务、企业公益性投入来影响PPP项目合作效率的。这就意味着，对于供水行业和燃气行业PPP项目，政府行为中的"政府服务"维度和企业行为中的"公益性投入"维度是民营企业拥有的提议权、审批权和执行权与PPP项目合作效率的中介变量（命题5-3，5-4，7-3，7-4）。其次，对于污水处理行业，民营企业拥有的提议权、审批权和执行权是通过政府项目治理、企业公益性投入来影响PPP项目合作效率的。这就意味着，对于污水处理行业PPP项目，政府行为中的"政府项目治理"维度和企业行为中的"公益性投入"维度才是民营企业拥有的提议权、审批权和执行权与PPP项目合作效率的中介变量（命题6-3，6-4）。最后，对于公交行业，民营企业拥有的提议权、审批权和执行权是通过政府支持与保证、企业自利性投入来影响PPP项目合作效率的。这就意味着，对于公交行业PPP项目，政府行为中的"政府支持与保证"维度和企业行为中的"自利性投入"维度才是民营企业拥有的提议权、审批权和执行权与PPP项目合作效率的中介变量（命题8-3和8-4）。

综上所述，可以得出以下命题。

命题9-3：对于供水行业和燃气行业PPP项目，政府服务是民营企业拥有的控制权与合作效率的中介变量。

命题9-4：对于供水行业和燃气行业PPP项目，公益性投入是民营企业拥有的控制权与合作效率的中介变量。

命题9-5：对于污水处理行业PPP项目，政府项目治理是民营企业拥有的控制权与合作效率的中介变量。

命题9-6：对于污水处理行业PPP项目，公益性投入是民营企业拥有的控制权与合作效率的中介变量。

命题9-7：对于公交行业PPP项目，政府支持与保证是民营企业拥有的控制权与合作效率的中介变量。

命题9-8：对于公交行业PPP项目，自利性投入是民营企业拥有的控制权与合

作效率的中介变量。

第四，不同行业的城市公用事业PPP项目控制权配置存在差异，回报机制、行业产品或服务的公共化程度与路径依赖是导致控制权配置差异的主要诱因。

与政府付费和可行性缺口补助的回报机制相比，采用使用者付费回报机制的PPP项目，民营企业拥有的提议权、审批权和执行权水平更高，即控制权水平更高（如表9-1所示）。PPP项目回报机制主要有三种：政府付费、使用者付费与可行性缺口补助。政府付费指政府直接付费购买公共产品和服务。在政府付费机制下，政府可以根据项目设施的可用性、产品或服务的使用量和质量向项目公司付费；使用者付费指由最终消费用户直接付费购买公共产品和服务，实质是政府让渡给社会资本的一项收费权；可行性缺口补助指使用者付费不足以满足项目公司成本回收和合理回报时，由政府给予项目公司一定的经济补助，以弥补使用者付费之外的缺口部分，是介于政府付费和使用者付费之间的一种选择。在我国的城市公共事业PPP项目实践中，可行性缺口补助的形式包括政府无偿划拨土地、放弃项目公司中政府占股的分红权、授予项目相关开发收益权、投资补助、优惠贷款、价格补贴等。

较之政府付费和可行性缺口补助，使用者付费的城市公共事业PPP项目优势主要表现在两个方面，一是政府可以最大限度地将需求风险转移给项目公司，而且不用提供财政补贴；二是可以通过与需求挂钩的回报机制激励项目公司提高项目产品或服务的质量。本研究选择的案例均为民营企业参与的PPP项目，对于采取使用者付费的项目，都由民营企业承担全部或者大部分市场需求风险。依据控制权配置的基本原则，控制权应更多地分配给风险承担更多的一方。所以对于采用使用者付费的PPP项目，民营企业拥有更多的控制权。与可行性缺口补助和政府付费的回报机制相比，采用使用者付费回报机制的项目，民营企业拥有的平均审批权、执行权、提议权都更高一些，从而平均控制权更高。

表9-1 项目回报机制与控制权配置

项目回报机制	项目名称	控制权配置			控制权
		审批权	执行权	提议权	
可行性缺口补助	公交项目N	2.43	0.44	0.53	3.4
	公交项目C	1.67	0.50	0.44	2.61
	公交项目S	2.57	0.22	0.24	3.03
	公交项目R	0.83	0.25	0.21	1.29
	污水处理项目J	1.67	0.28	0.3	2.25
	污水处理项目N	0.92	0.25	0.42	1.59
	污水处理项目R	1.09	0.2	0.19	1.48
	供水项目H	1.0	0.13	0.42	1.55
	供水项目Q	1.6	0.4	0.29	2.29
	项目平均水平	1.53	0.30	0.34	2.17
政府付费	垃圾处理项目L	1.09	0.30	0.18	1.57
	供水项目S	1.18	0.44	0.53	2.15
	垃圾处理项目R	0.83	0.15	0.14	1.47
	垃圾处理项目Y	1.44	0.32	0.20	1.96
	垃圾处理项目C	0.92	0.17	0.15	1.24
	项目平均水平	1.09	0.28	0.24	1.61
使用者付费	供水项目N	0.625	0.038	0.038	0.701
	污水处理项目H	1.6	0.3	0.33	2.23
	燃气项目G	0.92	0.18	0.19	1.29
	燃气项目X	0.91	0.26	0.28	1.45
	燃气项目H	0.71	0.17	0.14	1.02
	燃气项目S	1.33	0.28	0.28	1.89
	项目平均水平	1.02	0.20	0.21	1.43

民营企业参与使用者付费的城市公共事业PPP项目，比较关注市场需求、需求风险的分配以及排他性。首先，市场需求包括需求量和定价机制。需求量及定价决定了是否可以通过使用者付费收回投资成本并获得合理收益。需求量基

本能被准确预测，而定价需要考虑项目实施成本、使用者对价格的敏感程度以及是否受政府指导价以及《价格法》等的限制。因此，民营企业会尽全力争取与价格变动有关的提议权和审批权，以保证合理的收益。其次，需求风险如何分配主要体现在预测需求量与实际需求量之间的差额由谁承担，政府主导使用费定价下缺口由谁承担。最后，由于项目收益与需求量直接相关，影响项目需求量的最重要因素就是同业竞争，即同时存在的相似类型项目，因此，为了降低项目的需求风险，通常会要求项目具有排他性或者唯一性，在一定期限内不在项目附近新建竞争性项目。比如本研究的垃圾处理R项目，根据特许经营协议，如果市场需要的日垃圾处理量在1000吨以下，政府不与其他企业签订特许经营协议。但是R市人口在项目运营期内持续增长，日处理垃圾量已经超过1000吨，允许适时引入新的PPP项目，企业面临竞争对手的威胁。事实上，为了引入竞争机制以提升政府治理的话语权和主导权，R市政府确实也有引进新的民营企业参与垃圾处理PPP项目的想法。然而，正是因为WM在R项目运营过程中一直拥有更多的控制权，处于主动地位，凭借其自身的资源优势与动态能力，增强了谈判力，最终WM再次获得新的PPP项目的运营权。

产品或服务的公共化程度越高的行业，民营企业拥有的审批权、执行权和提议权越少，即控制权越少。当项目提供的产品或服务公共化程度高，即与公众利益和城市发展切身相关，且涉及多个部门协调、涉及长远规划、超出企业所能承受风险的能力时，政府应该让渡更少的决策审批权给企业（王守清等，2019）。以杭州公交服务为例，杭州是公交都市示范城市，为了建成安全可靠、经济适用、便捷高效的公共交通服务体系，杭州市政府统筹部署公交都市建设与城市治堵工作，全力推进规划研究先行、政策法规健全、基础设施建设、公交服务提升、公交系统升级等十大重点工程，切实落实用地、资金、宣传等保障措施，构建了轨道交通、公共汽电车、水上巴士、公共自行车"四位一体"大公交系统。借助"互联网之城"的优势，移动支付和云计算、大数据被成功运用到杭州公共交通建设之中。杭州已在全国率先实现公共交通移动支付全覆盖，公共交通出行信息服务全覆盖，在考核机制体制、资金保障政策、倡导绿色出行等方面进行了积极探索，创造了公交都市建设的"杭州经验"。以上这些行动单凭民营企业的力量是无法做到的，所以公交行业PPP项目的控制权应该更多地由政府掌控。

　　本研究中公交行业控制权配置结果与已有的研究结论一致。表9-2列出了本研究涉及的五个城市公用事业行业项目控制权配置情况，相比之下，公交行业所提供的产品和服务的公共性程度最高，民营企业拥有的控制权也最低。作为城市最显性最直接的公共服务之一，公交服务与公众利益紧密相关，高质量的公交服务本身就是一个城市文明的金名片。已有研究表明，长期流动的劳动力更倾向于选择流向公共服务好的城市（夏怡然，2015）。城市的竞争归根结底是人才的竞争，想要吸引更多人才，如何提升公交服务或许也是政府必须直面的一个问题。事实上，杭州近几年人口净流入一直名列前茅，与其发达的公交服务是分不开的。鉴于此，政府拥有更多公交行业PPP项目的控制权，能更好地保证PPP项目的合作效率。

　　路径依赖也是影响城市公用事业PPP项目控制权差异的可能原因。我国城市公用事业PPP的发展可以被看作基于政权、政治、文化、经济和偶然因素的路径依赖的结果（Mu等，2011）。例如，威利雅成都自来水六厂作为国内城市公用基础设施领域规范性引进民间资本参与投融资建设和运营的首个PPP项目，为四川省乃至全国的水行业（包括供水和污水处理）PPP项目树立了良好的榜样。依照这种模式，我国供水和污水处理一直占据着最大的PPP项目份额，且政企之间合作更加娴熟，民营企业也可以争取到更多的控制权。紧随其后的是垃圾处理和供热（包括燃气）。相对而言，公交行业PPP项目较少，民营企业拥有的控制权也较少。可能原因：其一，路径依赖和锁定效应使得我国实施的前几个试点项目主要集中于供水、污水处理、垃圾处理和供热（包括燃气）等行业，而全国首家民营企业参与的公交PPP项目以失败告终；其二，供水、污水处理、垃圾处理、燃气项目通常本身就具有良好的财务清算比率，对私人投资者而言更具吸引力，而对于公交项目，各地的公交线路基本固定，新线路的开辟依赖于城市新区域的规划，总体需求有限；其三，公交行业PPP项目的总投资额相对较小。（如图9-1，表9-2所示）

综上所述，可以得出以下命题。

命题9-9：与采用政府付费和可行性缺口补助的回报机制相比，采用使用者付费回报机制的PPP项目，民营企业拥有的控制权更高。

命题9-10：PPP项目产品或服务的公共化程度越高，民营企业拥有的控制权越少。

命题9-11：政府路径依赖程度越高的PPP项目，民营企业拥有的控制权越多。

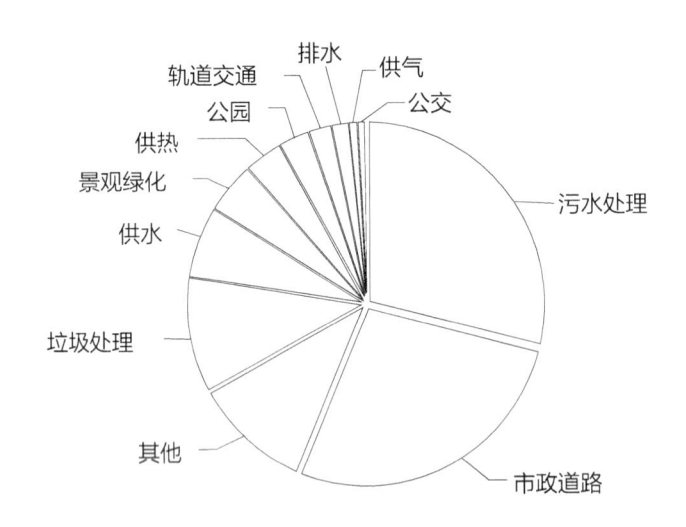

图9-1 城市公用事业PPP项目行业分布

资料来源：根据财政部PPP信息中心综合平台数据整理

表9-2 行业与控制权配置

行业	项目名称	审批权	执行权	提议权	控制权
供水	供水项目H	1.0	0.13	0.42	
	供水项目Q	1.6	0.4	0.29	
	供水项目S	1.18	0.44	0.53	
	供水项目N	0.625	0.038	0.038	
	项目平均水平	1.1	0.25	0.32	1.67
污水处理	污水处理项目J	1.67	0.28	0.3	
	污水处理项目N	0.92	0.25	0.42	
	污水处理项目R	1.09	0.2	0.19	
	污水处理项目H	1.6	0.3	0.33	
	项目平均水平	1.32	0.26	0.31	1.89
燃气	燃气项目G	0.92	0.18	0.19	
	燃气项目X	0.91	0.26	0.28	
	燃气项目H	0.71	0.17	0.14	
	燃气项目S	1.33	0.28	0.28	
	项目平均水平	0.97	0.22	0.22	1.41
垃圾处理	垃圾处理项目L	1.09	0.30	0.18	
	垃圾处理项目R	0.83	0.15	0.14	
	垃圾处理项目Y	1.44	0.32	0.20	
	垃圾处理项目C	0.92	0.17	0.15	
	项目平均水平	1.07	0.23	0.17	1.47
公交	公交项目N	2.43	0.44	0.53	
	公交项目C	1.67	0.50	0.44	
	公交项目S	2.57	0.22	0.24	
	公交项目R	0.83	0.25	0.21	
	项目平均水平	1.88	0.35	0.36	2.59

第五，城市公用事业PPP项目在政企之间的控制权配置存在区域差异，这种差异主要取决于区域经济发展水平和民营企业投资额度。

本研究一共涉及城市公用事业的5个行业20个项目。这5个行业分别是垃圾处理、供水、污水处理、燃气和公交。从区域来看，20个项目中有9个在东部区域，5个在中部区域，6个在西部区域。其中，东部区域的9个项目审批权配置比例平均值为1.21、执行权配置比例平均值为0.25、提议权配置比例平均值为0.24，控制权配置比例平均值为1.70，平均投资额为2.93亿元；中部区域的5个项目审批权配置比例平均值为1.57、执行权配置比例平均值为0.36、提议权配置比例平均值为0.34，控制权配置比例平均值为2.27，平均投资额为4.536亿元；西部区域的6个项目审批权配置比例平均值为1.10、执行权配置比例平均值为0.20、提议权配置比例平均值为0.27，控制权配置比例平均值为1.57，平均投资额为6.865亿元。可见，西部区域项目民营企业拥有的控制权最大，平均投资额也最大。从维度上看，西部区域PPP项目民营企业拥有的审批权、执行权都最大，但是提议权东部最大（如表9-3所示）。财政部公布的最新数据与研究结论一致。根据全国PPP项目信息平台管理项目库2021半年报，2014年至今累计项目投资额排在前三位的均是西部地区省份，分别是云南、贵州和四川（如表9-4所示）。由此我们推断，民营企业投资额度差异是导致控制权配置差异的原因之一。

在政府积极鼓励私人资本投资政府基础设施建设并为此推动立法的大背景下，西部区域的地方政府愿意让渡更多控制权，吸引和激励具有较强运营和管理能力的民营企业参与PPP项目。

本研究对西部区域燃气项目的访谈也证实了研究结论。比如H项目所在地的住房和城乡规划局负责人认为："我们跟东部发达城市不一样，为了吸引民营企业投资我们的PPP项目，我们必须放手，给企业更多的自主权，激发企业的活力。假如我们控制得太多，企业都不愿意来我们这里投资了。"

综上所述，可以得出以下命题。

命题9-12：民营企业参与PPP项目的投资额存在区域差异。与中东部相比，民营企业参与西部PPP项目，平均投资额更大，获得的控制权也更高。

表9-3 东中西三区域PPP项目投资额与控制权配置结果

项目所属区域	项目名称	审批权	执行权	提议权	投资额/亿元
东部	污水处理项目H	1.6	0.3	0.33	5.2388
	污水处理项目J	1.67	0.28	0.3	2.4321
	污水处理项目N	0.92	0.25	0.42	6.5665
	污水处理项目R	1.09	0.2	0.19	1.0649
	垃圾处理项目L	1.09	0.30	0.18	2
	垃圾处理项目R	0.83	0.15	0.14	4.3
	垃圾处理项目Y	1.44	0.32	0.20	1.05
	垃圾处理项目C	0.92	0.17	0.15	1.5
	燃气项目S	1.33	0.28	0.28	2.2
	项目平均水平	1.21	0.25	0.24	2.93
中部	供水项目Q	1.6	0.4	0.29	2.63
	供水项目S	1.18	0.44	0.53	1.65
	公交项目C	1.67	0.50	0.44	1.9
	公交项目S	2.57	0.22	0.24	15
	公交项目R	0.83	0.25	0.21	1.5
	项目平均水平	1.57	0.36	0.34	4.536
西部	供水项目N	0.625	0.038	0.038	20.14
	供水项目H	1.0	0.13	0.42	1.74
	燃气项目G	0.92	0.18	0.19	1.36
	燃气项目X	0.91	0.26	0.28	2.345
	燃气项目H	0.71	0.17	0.14	2.005
	公交项目N	2.43	0.44	0.53	13.6
	项目平均水平	1.10	0.20	0.27	6.865

表9-4 2014年1月至2021年6月累计项目投资额前十名

地区	投资额/亿元	排名
云南	13509	1
贵州	11914	2

续表

地区	投资额/亿元	排名
四川	11429	3
河南	10000	4
浙江	10000	4
山东	8106	6
江苏	7696	7
湖北	7017	8
河北	6923	9
广东	6586	10

资料来源：全国PPP综合信息平台管理库项目2021年半年报

综上所述，本研究得到城市公用事业PPP项目控制权配置对合作效率影响机制的综合模型（如图9-2所示）。

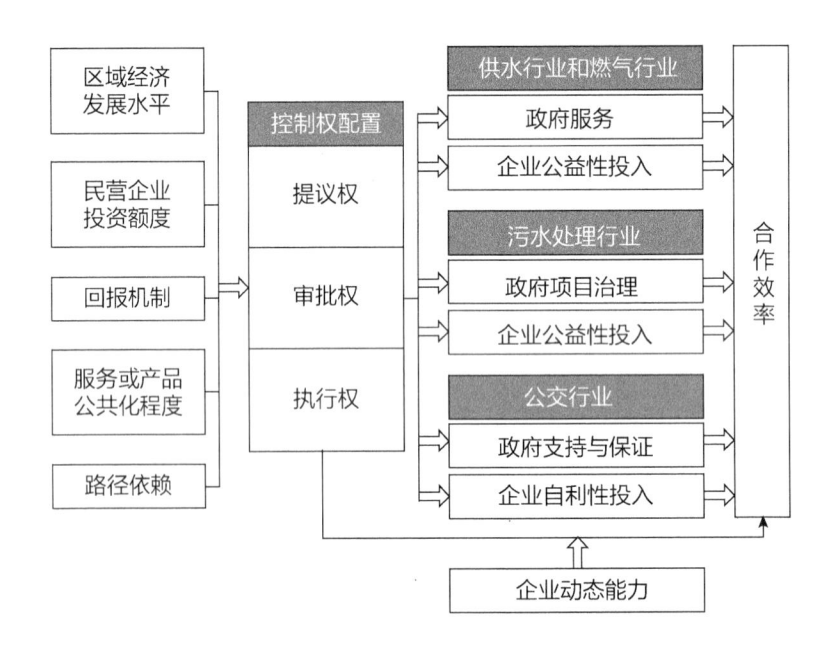

图9-2 城市公用事业PPP项目控制权配置对合作效率影响机制的综合模型

二、对策建议

第一，城市公用事业PPP项目控制权配置是政企之间博弈的结果，政府需要客观评估企业的动态能力，并据此调整政府控制的力度，激发民营企业自主创新潜能，以推进城市公用事业PPP项目的合作效率。

高效合作的PPP项目应该是政府和企业双方各展所长，政府发挥其监管优势，企业发挥其专业优势，实现"双赢"甚至"多赢"。目前的PPP实践中，政企双方主要通过契约的方式，政府将风险转移并让渡控制权给企业来实现这一目标，但是考虑到公众利益及项目自身的特征，政府需要把握好控制权让渡的"度"。对民营企业来讲，参与PPP项目的终极目标是"逐利"，为了更好地降低成本和增加收益，民营企业一定希望获得更多的控制权，却很容易忽视自身能力是否可以胜任。于是，政企在控制权让渡与争取之间进行博弈。

政府需要客观评价企业的动态能力并采取匹配的合作策略。如前所述，企业动态能力主要包括技术能力、融资能力和资源配置能力。为了了解各PPP项目所需要的能力与企业所具备的能力是否匹配，政府需要构建一个企业动态能力评估标准。本研究对企业动态能力维度的划分和编码，可以为政府提供一个综合评价模板，同时可联合银行、保险等机构多渠道完善评估标准，从而更准确地了解企业的动态能力。根据评估结果，对企业动态能力强的企业，政府应该充分让渡各种权利，激励企业更好地发挥其优势；对企业动态能力弱的企业，或者碰到专业技术难题、复杂的环境条件时，政府应该与企业共同解决困难，群策群力最大限度地保证项目的合作效率。

第二，提升城市公用事业PPP项目控制权配置效率是提高合作效率的关键策略，政府需要结合地域特征、回报机制与行业产品或服务的公共化程度以及路径依赖和锁定效应进行综合权衡，制定相对最优的政府控制策略。

城市公用事业PPP项目控制权配置的重点是协调项目合作效率对市场化的需求与地域特征、回报机制、产品或服务的属性、路径依赖和锁定效应对政府控制权让渡的约束之间的矛盾。为了提高PPP项目的合作效率，控制权配置应该重点关注如何发挥企业的专业能力。城市公用事业PPP项目都具有显著的专业化特征，政府应让渡更多的提议权给民营企业，以发挥企业在项目决策中的专业优势。若项目所处区域经济欠发达，项目回报机制是使用者付费，想要吸引民营企业投资，政府需要让渡更多的控制权。此时，政府更需要加强服务，才能保证项目较高的合作效率，如本研究中的燃气行业。另外，对产品或服务公共化程度较高，或者受路径依赖和锁定效应影响较大，传统观点认为不宜让渡过多的控制权给民营企业的PPP项目，如本研究中的公交行业，在决策提议过程中，政府应尽量降低自身意志对项目决策的影响，让处于弱势一方的企业尽量发挥其专业效率，从而提升项目合作效率。

第三，提升企业动态能力是提高城市公用事业PPP项目合作效率的有效举措。尽管PPP项目合作初期的各项资源存在差异，但企业动态能力的提升是化解合作信任瓶颈、激发创新潜能的必要条件。

围绕技术指标和管理体系，进行企业自我诊断，对接准入标准，提升企业资质和动态能力。城市公用事业具有民生必需性、网络性，产品或服务具有准公共物品的性质及地域性、供给的连续性和消费的非均衡性、外部性等特征，并不是所有的民营企业都适合参与，只有拥有核心技术和管理经验丰富、有责任、有担当的民营企业参与城市公用事业PPP项目才有可能获得较高的合作效率。因此，民营企业应该参照准入标准，根据企业内部拥有的资源和外部可动员的资源，决定是否需要联合其他企业的力量参与PPP项目。企业可通过优势互补、共同参与，不断提升企业资质和动态能力，赢得政府的信任。

拥有政治智慧和战略眼光，实现由冒险型企业家精神向创新型企业家精神的转变。民营企业家需要随时关注政策走向，并做出积极反应。我国改革开放的过程中，民营企业家一直起着非常重要的作用。改革开放初期，经济增长模式以要素投入驱动为特征，市场不均衡带来巨大的需求和机会，为了快速实现企业发展，企业家需要承担政策风险，不断尝试制度创新，保持对市场机会嗅觉灵敏，持续加大创新投入。党的十九大报告提出加快建设创新型国家的战略目标，提出我国经济已由高速增长阶段转向高质量发展阶段。在大数据、人工智能、量子信息、物联网等新技术形态和实体经济深度融合的市场机会中，更需要具有创新意识与全球视野的创新型企业家，更需要拥有核心技术、融资能力和资源配置能力的优秀民营企业。

三、局限性和不足之处

首先，本研究将政企行为视为政府行为与企业行为的线性组合，并未考虑两者的交互与协同对提升城市公用事业PPP项目合作效率的影响。后期需要结合政企行为的协同演化特征，对城市公用事业PPP项目控制权配置与合作效率的演化路径进行动态追踪，进一步拓展和完善既有的理论框架。

其次，本研究的潜在假设是民营企业倾向于积极争取城市公用事业PPP项目的控制权，这与绝大多数PPP项目的实施情况相吻合，也得到了一系列具有参考价值和借鉴意义的研究结论，但是，通过访谈发现，现实中还存在一些例外案例。比如危险废弃物处理的PPP项目，对政府来讲，这类PPP项目虽然体量小，但是直接关系到社会安全，政府需要直接管理专业设备与核心技术，需要有效监管民营企业的运营过程；对参与这类PPP项目的民营企业而言，由于PPP项目通常是"微"利的，而且风险较高，所以并没有争取更多控制权的动力，反而倾向于服从行政安排，希望政府拥有更多的控制权。本研究之所以没有特别关注这类案例，是因为这类PPP项目数量较少，情境单一，对于研究城市公用事业PPP项目合作效率的影响机制的贡献非常有限。

最后，本研究虽然进行了嵌入式案例与跨行业案例的深入探索，但是由于资源限制未能进行大规模的数据收集与统计检验；虽然选择了典型的四类城市公用事业PPP项目进行跨案例分析，但未能覆盖所有的城市公用事业项目类型，比如对城市公用事业的电力行业并未涉及，案例的代表性需要进行论证。后期需要扩大案例素材的收集范围，选取高质量的研究样本，采用混合研究方法，以期对城市公用事业PPP项目控制权配置与合作效率的影响机理进行更为深刻的诠释。

参考文献

中文资料

［1］财政部国际司. 从国际经验看成功实施PPP项目的关键因素［J］. 中国财政，2014（15）：44-45.

［2］曹玉玲，李随成. 企业间信任的影响因素模型及实证研究［J］. 科研管理，2011，32（01）：137-146.

［3］曾莉，罗双双. 我国PPP实践中民营企业参与度及其影响因素研究——基于731个县域样本的实证分析［J］. 软科学，2020，34（02）：33-38.

［4］陈炳泉，彭曈. 公私合营模式在交通基础设施项目中关键性成功因素分析［J］. 都市快轨交通，2010，23（03）：17-22.

［5］陈玥，李丹. PPP政策变迁与政策学习模式：1980至2015年PPP中央政策文本分析［J］. 中国行政管理，2017（02）：102-107.

［6］陈明. 中国城市公用事业民营化研究［M］. 北京：中国经济出版社，2009.

［7］陈世金，刘浩. PPP模式决策的影响因素分析——基于发展中国家的经验［J］. 统计与信息论坛，2016，31（05）：70-76.

［8］陈晓萍，徐淑英，樊景立. 组织与管理研究的实证方法［M］. 北京：北京大学出版社，2008.

［9］程涛. 财政政策对我国民营企业投资影响的研究［J］. 商，2015（40）：165-168.

［10］程哲，韦小泉，林静，等. 1984—2013年中国PPP发展的时空格局与影响因素［J］. 经济地理，2018，38（01）：20-27.

［11］仇保兴，王俊豪. 市政公用事业监管体制与激励性监管政策研究［M］. 北京：中国社会科学出版社，2009.

［12］达霖·格里姆赛，莫文·K. 刘易斯. 公私合作伙伴关系：基础设施供给和项目融资的全球革命［M］. 济邦咨询公司，译. 北京：中国人民大学出版社，2008.

［13］杜亚灵，闫鹏. PPP项目缔约风险控制框架研究——基于信任提升与维持的视角［J］. 武汉理工大学学报（社会科学版），2013，26（06）：880-886.

［14］杜亚灵，王剑云. BT模式下工程项目控制权的合理配置研究——基于多案例的比较分析［J］. 软科学，2013，27（05）：56-61.

[15] 范柏乃,唐磊蕾. 基本公共服务均等化运行机制、政策效应与制度重构[J]. 软科学, 2021, 35 (08): 1-6.

[16] 范柏乃,张电电. 地方政府职能转变的制度红利及其生成机制——以行政审批流程为中介变量[J]. 管理世界, 2018, 34 (04): 67-79.

[17] 冯净冰,章韬,陈钊. 政府引导与市场活力——中国PPP项目的社会资本吸纳[J]. 经济科学, 2020 (05): 19-31.

[18] 凤亚红,李娜,左帅. PPP项目运作成功的关键影响因素研究[J]. 财政研究, 2017 (06): 51-58.

[19] 高丽峰,万志华,戴大双. BOT项目最优特许期设计研究[J]. 科技管理研究, 2009 (10): 368-372.

[20] 高若兰,周亦宁,刘继才. 基于前景理论的PPP项目投资者逆向选择问题研究[J]. 中国管理科学, 2021, 29 (01): 36-46.

[21] 龚军姣. 创业活跃区农民人力资本与心理资本对创业决策的影响[J]. 经济纵横, 2011 (12): 125-129.

[22] 龚军姣. 企业家能力对民营企业进入城市公用事业的影响机制[D]. 杭州:浙江工商大学, 2014.

[23] 龚军姣. 民营企业进入城市公用事业的影响因素:企业家能力视角下的实证研究[J]. 财经论丛, 2014 (05): 88-96.

[24] 龚军姣,王俊豪. 企业家能力与城市公用事业进入壁垒研究[J]. 经济学家, 2011 (11): 35-42.

[25] 龚军姣,张敏. 民营企业参与城市公用事业PPP项目的影响因素研究[J]. 经济理论与经济管理, 2020 (05): 100-112.

[26] 龚军姣. 政治关联与城市公用事业民营企业成长——基于首家公交民营企业案例研究[J]. 经济理论与经济管理, 2013 (03): 95-104.

[27] 龚强,张一林,雷丽衡. 政府与社会资本合作(PPP):不完全合约视角下的公共品负担理论[J]. 经济研究, 2019, 54 (04): 133-148.

[28] 管立杰,赵伟. 农村基础设施PPP模式发展的影响因素研究[J]. 中国农业资源与区划, 2019, 40 (06): 114-120.

[29] 何天翔,张云宁,施陆燕,等.基于利益相关者满意的公私合作制项目利益相关者分配研究[J].土木工程与管理学报,2015,32(3):66-71.

[30] 贺静文,刘婷婷.PPP项目争端谈判的关键影响因素[J].土木工程与管理学报,2017,34(04):125-131.

[31] 贺小刚,李新春,方海鹰.动态能力的测量与功效:基于中国经验的实证研究[J].管理世界,2006(03):94-103+113+171.

[32] 胡象明,唐波勇.整体性治理:公共管理的新范式[J].华中师范大学学报(人文社会科学版),2010,49(01):11-15.

[33] 胡振.公共项目公私合作(PPP)控制权配置的决策模型[J].西安建筑科技大学学报(自然科学版)2012,44(1):90-96+108.

[34] 黄秋波.新服务开发前后台结构、知识转移与开发绩效研究[D].杭州:浙江工商大学,2015.

[35] 贾康,孙洁.公私伙伴关系(PPP)的概念、起源、特征与功能[J].财政研究,2009(10).

[36] 江其玟,赵静,吴佳欣,等.公立医院PPP模式合作效率研究[J].卫生经济研究,2019,36(09):38-40.

[37] 江诗松,龚丽敏,魏江.转型经济背景下后发企业的能力追赶:一个共演模型——以吉利集团为例[J].管理世界,2011(04):122-137.

[38] 姜影,周泉.制度质量与晋升压力:我国基础设施PPP项目投资的影响因素分析[J].行政论坛,2021,28(03):131-138.

[39] 焦豪,杨季枫,应瑛.动态能力研究述评及开展中国情境化研究的建议[J].管理世界,2021,37(05):191-210+14+22-24.

[40] 每日经济新闻.国务院推80个"公私合作"项目,铁路港口均在列[EB/OL].http://finance.ce.cn/rolling/201404/24/t20140424_2710313.shtml,2014-4-24.

[41] 敬乂嘉.合作治理——再造公共服务的逻辑[M].天津:天津人民出版社,2009.

[42] 寇元虎.企业动态能力与绩效关系研究[D].北京:北京科技大学,2017.

[43] 赖丹馨,费方域.公私合作制(PPP)的效率:一个综述[J].经济学家,2010(7):97-104.

[44] 蓝志勇，陈国权. 当代西方公共管理前沿理论述评［J］. 公共管理学报，2007（03）：1-12+121.

[45] 经济参考报. 城镇化基建资金缺口或达20万亿［EB/OL］. http://www.jjckb.cn/2013-11-29/content_479195.html，2013-11-29.

[46] 刘华涛. 自然垄断产业激励性管制的新制度经济学分析［J］. 河南大学学报（社会科学版），2014，54（2）：62-67.

[47] 刘戒骄. 公用事业：竞争、民营与监管［M］. 北京：经济管理出版社，2007.

[48] 刘忠艳. ISM框架下女性创业绩效影响因素分析——一个创业失败的案例研究［J］. 科学学研究，2017，35（02）：272-281.

[49] 龙婷婷. 杭绍台高速铁路PPP融资模式研究［D］. 成都：西南交通大学，2018.

[50] 楼婷婷. 不完全信息下PPP项目合作伙伴选择变更及利益分配研究［D］. 重庆：重庆大学，2011.

[51] 卢现祥. 西方新制度经济学［M］. 北京：中国发展出版社，2003.

[52] 鲁庆成. 公私合伙（公私合作制）模式与我国城市公用事业发展研究［D］. 武汉：华中科技大学，2008.

[53] 马慧. 民营企业参与PPP项目的影响因素研究［J］. 现代商贸工业，2018，39（08）：63-64.

[54] 马恩涛，李鑫. 我国PPP项目落地率及其影响因素研究［J］. 经济与管理评论，2019，35（02）：32-43.

[55] 马庆国. 管理科学研究方法［M］. 北京：高等教育出版社，2008.

[56] 毛基业，陈诚. 案例研究的理论构建：艾森哈特的新洞见——第十届"中国企业管理案例与质性研究论坛（2016）"会议综述［J］. 管理世界，2017（02）：135-141.

[57] 毛基业，李高勇. 案例研究的"术"与"道"的反思——中国企业管理案例与质性研究论坛（2013）综述［J］. 管理世界，2014（02）：111-117.

[58] 庞明川. 转轨经济中政府与市场关系中国范式的形成与演进——基于体制基础、制度变迁与文化传统的一种阐释［J］. 财经问题研究，2013，（12）：3-10.

[59] 钱德勒. 看得见的手——美国企业的管理革命［M］. 北京：商务印书馆，1987.

[60] 钱忠好，牟燕. 中国土地市场化水平：测度及分析［J］. 管理世界，2012（07）：67-75+95.

[61] 乔文珊. 基于政府视角的PPP项目运营阶段的动态激励机制研究[D]. 浙江大学, 2018.

[62] 邵颖红, 韦方, 褚芯阅. PPP项目中信任对合作效率的影响研究[J]. 华东经济管理, 2019, 33(4): 148-155.

[63] 沈言言, 郭峰, 李振. 地方政府自有财力、营商环境和PPP项目的投资热度[J]. 财贸经济, 2020, 41(12): 68-84.

[64] 沈言言, 李振. 地方政府自有财力对私人部门参与PPP项目的影响及其作用机制[J]. 财政研究, 2021(01): 116-129.

[65] 孙慧, 贾书华, 王宇宁. 考虑议价力因素的PPP项目控制权配置研究[J]. 工程管理学报, 2018, 32(1).

[66] 孙慧, 卢言红. PPP项目剩余控制权配置的影响因素研究[J]. 武汉理工大学学报, 2014, 36(1): 91-94.

[67] 孙慧, 孙晓鹏, 范志清. PPP项目中再谈判关键影响因素的研究[J]. 国际经济合作, 2010(3).

[68] 孙慧, 申宽宽, 范志清. 基于SEM方法的PPP项目绩效影响因素分析[J]. 天津大学学报(社会科学版), 2012, 14(06): 513-519.

[69] 孙慧, 叶秀贤. 不完全契约下PPP项目剩余控制权配置模型研究[J]. 系统工程学报, 2013, 28(02): 227-233.

[70] 孙娜. 私人部门公平感知对PPP项目履约绩效影响的实验研究[D]. 天津: 天津理工大学, 2017.

[71] 汤薇, 吴海龙. 基于政府角度的公私合作制项目融资效益研究——以BOT与BOO模式为例[J]. 科研管理, 2014, 35(1): 157-162.

[72] 唐纳德·凯特尔. 权力共享——公共治理与私人市场[M]. 孙迎春, 译. 北京: 北京大学出版社, 2009.

[73] 汪峰, 熊伟, 张牧扬, 等. 严控地方政府债务背景下的PPP融资异化——基于官员晋升压力的分析[J]. 经济学(季刊), 2020, 19(03): 1103-1122.

[74] 王超, 赵新博, 王守清. 基于CSF和KPI的PPP项目绩效评价指标研究[J]. 项目管理技术, 2014, 12(08): 18-24.

[75] 王国锋, 车俊. 真心实意为民营企业加油鼓劲, 坚定不移把民营经济做强做优[J]. 政策

瞭望，2018（11）：4-6.

[76] 王节祥，陈威如，江诗松，等. 平台生态系统中的参与者战略：互补与依赖关系的解耦[J]. 管理世界，2021，37（02）：126-147+10.

[77] 王金红. 案例研究法及其相关学术规范[J]. 同济大学学报（社会科学版），2007，18（3）：87-95+124.

[78] 王劲峰，徐成东. 地理探测器：原理与展望[J]. 地理学报，2017，72（01）：116-134.

[79] 王俊豪，周晓梅，王建明，等. 中国城市公用事业民营化绩效评价与管制政策研究[M]. 北京：中国社会科学出版社，2013.

[80] 王俊豪，付金存. 公私合作制的本质特征与中国城市公用事业的政策选择[J]. 中国工业经济，2014（07）：96-108.

[81] 王俊豪，朱晓玲，陈海彬. 民营企业参与PPP的非正式制度壁垒分析——基于新制度经济学的视角[J]. 财经论丛，2017（06）：107-113.

[82] 王俊豪. 政府管制经济学导论：基本理论及其在政府管制实践中的应用[M]. 北京：商务印书馆，2001.

[83] 王俊豪. 产业经济学[M]. 北京：高等教育出版社，2008.

[84] 王俊豪. 深化中国垄断行业改革研究[M]. 北京：中国社会科学出版社，2010.

[85] 王丽丽. 好一朵带刺的玫瑰——访我国著名BOT专家王守清教授[J]. 施工企业管理，2006（06）：2-4.

[86] 王守清，牛耘诗，伍迪，等. PPP项目控制权配置影响因素及合理配置原则[J]. 清华大学学报（自然科学版），2019，59（08）：663-669.

[87] 王守清，张博，牛耘诗. 影响PPP绩效的政府行为清单的识别与应用[J]. 建筑经济，2019，40（08）：25-30.

[88] 王守清，伍迪，彭为，等. PPP模式下城镇建设项目政企控制权配置[J]. 清华大学学报（自然科学版），2017，57（04）：369-375.

[89] 王文彬，唐德善，许冉. 动力和能力双重视角下地方政府PPP参与差异性研究[J]. 建筑经济，2020，41（01）：58-65.

[90] 王熹，徐碧琳，赵涛. 组织间信任对网络组织效率的影响——基于交易成本和交易收益的双重视角[J]. 经济与管理研究，2013（1）：90-99.

[91] 王小鲁. 中国分省份市场化指数报告[M]. 北京：社会科学文献出版社，2016.

[92] 王秀芹, 梁学光, 毛伟才. 公私伙伴关系PPP模式成功的关键因素分析 [J]. 国际经济合作, 2007 (12): 59-62.

[93] 王雪青, 赵敏, 王丹. 政府和社会资本间信任对PPP项目绩效的影响——合作行为的中介作用 [J]. 工程管理学报, 2019, 33 (06): 54-59.

[94] 王卓君, 郭雪萌, 李红昌. 地区市场化进程会促进地方政府选用PPP模式融资吗?——基于基础设施领域的实证研究 [J]. 财政研究, 2017 (10): 54-64+91.

[95] 卫志民, 孙杨. 民营企业参与"PPP项目"的制约因素分析 [J]. 江苏行政学院学报, 2016 (03): 56-61.

[96] 温忠麟, 侯杰泰, 张雷. 调节效应与中介效应的比较和应用 [J]. 心理学报, 2005 (02): 268-274.

[97] 吴思康, 刘穹志. PPP成长的宏观环境: 中国的证据 [J]. 中南财经政法大学学报, 2017 (02): 68-76.

[98] 吴义东, 陈卓, 陈杰. 地方政府公信力与PPP项目落地规模——基于财政部PPP项目库数据的研究 [J]. 现代财经 (天津财经大学学报), 2019, 39 (11): 3-13.

[99] 伍迪. 基于决策视角的PPP项目控制权配置研究 [D]. 北京: 清华大学, 2015.

[100] 夏怡然, 陆铭. 城市间的"孟母三迁"——公共服务影响劳动力流向的经验研究 [J]. 管理世界, 2015 (10), 78-90.

[101] 谢科范, 陈刚. 创业团队利益与风险配置 [J]. 系统工程, 2010, 28 (3): 114-118.

[102] 谢雨鸣, 邵云飞, 钱航. PPP模式下战略性新兴产业评价维度的构建 [J]. 科研管理, 2015, 36 (S1): 292-299.

[103] 辛晴. 动态能力的测度与功效: 知识观视角的实证研究 [J]. 中国科技论坛, 2011 (8): 106-112.

[104] 徐霞, 郑志林. 公私合作制模式下的利益分配问题探讨 [J]. 城市发展研究, 2009, 16 (3): 104-106.

[105] 许娜. 准经营性城市基础设施PPP模式的关键成功因素研究 [D]. 重庆: 重庆大学, 2014.

[106] 许宪春, 王宝滨, 徐雄飞. 中国的投资增长及其与财政政策的关系 [J]. 管理世界, 2013 (06): 1-11.

[107] 杨凤娇. PPP项目绩效影响因素研究 [D]. 重庆: 重庆大学, 2016.

[108] 杨明珠，陈海涛. 合作双方信任与PPP项目管理绩效 [J]. 社会科学战线，2021（01）：256-260.

[109] 杨其静. 从完全合同理论到不完全合同理论 [J]. 教学与研究，2003（7）.

[110] 杨瑞龙，聂辉华. 不完全契约理论：一个综述 [J]. 经济研究，2006（02）.

[111] 叶晓甦，戚海沫. PPP项目合作效率关键影响因素研究——基于控制权视角 [J]. 项目管理技术，2015，13（04）：9-14.

[112] 叶晓甦，吴书霞，单雪芹. 我国公私合作制项目合作中的利益关系及分配方式研究 [J]. 科技进步与对策，2010，27（19）：36-39.

[113] 叶晓甦，易朋成，吴书霞. PPP项目控制权本质探讨 [J]. 科技进步与对策，2011，28（13）：67-70.

[114] 易朋成. 基于控制权理论的PPP项目合作效率研究 [D]. 重庆：重庆大学，2011.

[115] 尹鹏，王富喜，段佩利. 中国基本公共服务效率与城镇化质量的时空耦合关系研究 [J]. 地理科学，2021，41（04）：571-579.

[116] 尹贻林，董宇，王垚. 工程项目信任对风险分担的影响研究：基于扎根理论的半结构性访谈分析 [J]. 土木工程学报，2015（9）：117-128.

[117] 尹贻林，杜亚灵. 基于治理的公共项目管理绩效改善 [M]. 北京：科学出版社，2010.

[118] 于文超，梁平汉. 不确定性、营商环境与民营企业经营活力 [J]. 中国工业经济，2019（11）：136-154.

[119] 袁竞峰，Skibniewski Miroslaw J，邓小鹏，等. 基础设施建设PPP项目关键绩效指标识别研究 [J]. 重庆大学学报（社会科学版），2012，18（03）：56-63.

[120] 袁竞峰，季闯，李启明. 国际基础设施建设PPP项目关键绩效指标研究 [J]. 工业技术经济，2012，31（06）：109-120.

[121] 臧文斌，赵绍阳，刘国恩. 城镇基本医疗保险中逆向选择的检验 [J]. 经济学（季刊），2013，12（01）：47-70.

[122] 詹雷，王波. 上市公司参与PPP的股价反应及其异质性——来自中国沪深两市的经验证据 [J]. 财政研究，2020（08）：101-117.

[123] 张喆，贾明，万迪昉. PPP合作中控制权配置及其对合作效率影响的理论和实证研究——以中国医疗卫生领域内的PPP合作为例 [J]. 管理评论，2009，21（09）：29-38.

[124] 张帆, 罗雪凡. 垄断行业激励性规制改革研究新进展 [J]. 江汉论坛, 2017 (10): 17-21.

[125] 张立荣, 曾维和. 当代西方"整体政府"公共服务模式及其借鉴 [J]. 中国行政管理, 2008 (07): 108-111.

[126] 张淑华, 李潘武. PPP项目剩余控制权配置对合作效率影响的模型研究 [J]. 项目管理技术, 2019, 17 (03): 17-22.

[127] 张淑华. 基础设施PPP项目控制权对合作效率的影响研究 [D]. 西安: 长安大学, 2019.

[128] 张水波, 郑晓丹. 经济发展和PPP制度对发展中国家基础设施PPP项目的影响 [J]. 软科学, 2015, 29 (07): 25-29.

[129] 张涑贤, 杨梦莹, 杨元元. PPP项目关系性规则对合作行为的影响研究——被调节的中介模型 [J]. 科学与管理, 2021, 41 (03): 58-67.

[130] 张天华, 刘子亮, 陈思琪, 等. 行政审批中心的资源配置效率研究——基于中国工业企业数据的分析 [J]. 财经研究, 2019, 45 (09): 127-140.

[131] 张万宽, 杨永恒, 王有强. 公私伙伴关系绩效的关键影响因素——基于若干转型国家的经验研究 [J]. 公共管理学报, 2010, 7 (03): 103-112+127-128.

[132] 张维迎. 博弈论与信息经济学 [M]. 上海: 上海人民出版社, 1996.

[133] 张文君. 积极的财政政策缓解了企业的融资约束吗? [J]. 中央财经大学学报, 2015 (10).

[134] 张羽, 徐文龙, 张晓芬. 不完全契约视角下的PPP效率影响因素分析 [J]. 理论月刊, 2012 (12): 103-107.

[135] 张云华, 丰景春, 李明, 等. 互惠性偏好视角下PPP项目社会资本的控制权分配模型 [J]. 控制与决策, 2018, 33 (03): 514-520.

[136] 张云华. PPP项目控制权初始分配决策研究 [J]. 软科学, 2020, 34 (02): 44-49.

[137] 张喆, 贾明, 万迪昉. 不完全契约及关系契约视角下的PPP最优控制权配置探讨 [J]. 外国经济与管理, 2007, 29 (8): 24-29.

[138] 张喆, 贾明, 万迪昉. PPP背景下控制权配置及其对合作效率影响的模型研究 [J]. 管理工程学报, 2009, (3): 23-29.

[139] 张喆, 贾明, 万迪昉. 公私合作制背景下控制权配置及其对合作效率影响的模型研究 [J]. 管理工程学报, 2009 (3): 23-29, 22.

[140] 张喆, 万迪昉, 贾明. 高科技生物制药行业PPP合作中信任与合作效果的研究——环境不

确定性和合作方行为不确定性的调节[J].科学学与科学技术管理, 2008 (6): 172-177.

[141] 赵琰, 王建东, 陈志鹏, 等. PPP项目绩效评价指标体系及综合评级模型研究[J]. 会计之友, 2018 (04): 110-115.

[142] 郑传斌, 等. PPP关键成功因素对绩效影响的实证研究——以付费类型和关系态度为调节变量[J]. 软科学, 2018 (04).

[143] 钟芳雪. 大型复杂工程项目合作绩效影响因素研究[D]. 成都: 西南交通大学, 2015.

[144] 周鹏, 张宏志. 利益相关者间的谈判与企业治理结构[J]. 经济研究, 2002 (6): 55-62.

[145] 周晓丽. 新公共管理: 反思、批判与超越——兼评新公共服务理论[J]. 公共管理学报, 2005 (01): 43-48+90-93.

[146] 朱健齐, 李天成, 曾靖, 等. 地方政府法治、金融发展和政府与社会资本合作模式[J]. 管理科学, 2020, 33 (01): 154-168.

[147] 左廷亮. BOT项目公司的股东结构选择及股东行为特征研究[D]. 成都: 西南交通大学, 2011.

[148] Abdul-Aziz A R, Kassim P S J. Objectives, Success and Failure Factors of Housing Public-Private Partnerships in Malaysia [J]. Habitat International, 2011, 35 (1): 150-157.

[149] Bennett J, Iossa E. Building and Managing Facilities for Public Services [J]. Journal of Public Economics, 2006 (90): 2143-2160.

[150] Boudet H S, D C Jayasundera, J Davis. Drivers of Conflict in Developing Country Infrastructure Projects: Experience from the Water and Pipeline Sectors [J]. Journal of Construction Engineering and Management, 2011, 137 (7): 498-511.

[151] Brinkerhoff D W, J M Brinkerhoff. Public-Private Partnerships: Perspectives on Purposes, Publicness, and Good Governance [J]. Public Administration and Development, 2011, 31 (1): 2-14.

[152] Casady C B, R R Geddes. Private Participation in US Infrastructure: The Role of PPP Units [M]. Washington DC: American Enterprise Institute (AEI), 2016.

[153] Casady C B, K Eriksson, R E Levitt, et al. (Re) defining Public-Private Partnerships (PPPs) in the New Public Governance (NPG) Paradigm: An Institutional Maturity

Perspective [M]. Public Management Review, 2019.

[154] Casady C B, K Eriksson, R E Levitt, et al. Examining the State of Public-Private Partnership (PPP) Institutionalization in the United States [J]. Engineering Project Organization, 2018, 8 (1): 177-198.

[155] Chan C. Fuzzy Procurement Selection Model for Construction Projects [J]. Construction Management and Economics, 2007, 25 (6): 611-618.

[156] Cheung S, Lam T, Leung M, et al. An Analytical Hierarchy Process Based Procurement Selection Method [J]. Construction Management and Economics, 2001, 19 (4): 427-437.

[157] Chou J S, D Pramudawardhani. Cross-country Comparisons of Key Drivers, Critical Success Factors and Risk Allocation for Public-Private Partnership Projects [J]. International Journal of Project Management, 2015, 33 (5): 1136-1150.

[158] Cronqvist L, D Berg-Schlosser. In Configurational Comparative Analysis, Edited by B Rihoux and C Ragin [J]. Thousand Oaks, CA: Sage Publications, 2012: 69-86.

[159] Delhi V S K, S Palukuri, A Mahalingam. Governance Issues in Public Private Partnerships in Infrastructure Projects in India [Z]. Paper Presented at the Engineering Project Organizations Conference, South Lake Tahoe, CA, 2010.

[160] DiMaggio P, W W Powell. The Iron Cage Revisited: Collective Rationality and Institutional Isomorphism in Organizational Fields [J]. American Sociological Review, 1983, 48 (2): 147-160.

[161] Edkins A J, H J Smyth. Contractual Management in PPP Projects: Evaluation of Legal Versus Relational Contracting for Service Delivery [J]. Journal of Professional Issues in Engineering Education and Practice, 2006, 132 (1): 82-93.

[162] EIU (Economist Intelligence Unit). Evaluating the Environment for Public-Private Partnerships in Asia: The 2018 Infrascope [J]. The Economist, 2019, 2-14.

[163] EIU (Economist Intelligence Unit). Evaluating the Environment for Public-Private Partnerships in Latin America and the Caribbean: The 2019 Infrascope [J]. The Economist, 2020, 4-16.

[164] EIU (Economist Intelligence Unit). Measuring the Enabling Environment for Public-Private Partnerships in Infrastructure [J]. The Economist, 2019, 5-10

[165] EIU (Economist Intelligence Unit). Evaluating the Environment for Public-Private Partnerships in Latin America and the Caribbean: The 2017 Infrascope [J]. The Economist, 2018, 2-15

[166] Fama Eugene F, Jensen Michael C. Separation of Ownership and Control [J]. Journal of Law and Economics, 1983, 26 (2): 301-325.

[167] Fama E F, M C Jensen. Separation of Ownership and Control [J]. Journal of Law and Economics, 1983, 26 (2): 301-325.

[168] Fard H D, A A A Rostamy. Promoting Public Trust in Public Organizations: Explaining the Role of Public Accountability [J]. Public Organization Review, 2007, 7 (4): 331-344.

[169] Forrer J, J E Kee, K E Newcomer, et al. Public-Private Partnerships and the Public Accountability Question [J]. Public Administration Review, 2007, 70 (3): 475-484.

[170] Francesconi M, Muthoo A. Control Rights in Public-Private Partnerships [Z]. IZA Discussion, 2006: 2143.

[171] Freeman R E. Strategic Management: A Stakeholder Approach [M]. Boston: Pitman, 1984.

[172] Glaser B, Strauss A. Discovery of Grounded Theory: Strategies for Qualitative Research [M]. Aldine Transaction, 1967.

[173] Glaser B, Strauss A. The Discovery of Grounded Theory: Strategies for Qualitative Research [M]. Aldine Transaction, 1999.

[174] Grimsey D, M Lewis. Accounting for Public Private Partnerships [J]. Accounting Forum, 2002 (26): 245-270.

[175] Grossman S, Hart O. The Costs and Benefits of Ownership: a Theory of Vertical and Lateral Integration [J]. Political Economy, 1986 (94): 691-719.

[176] Grout P A. Public and Private Sector Discount Rates in Public-Private Partnerships [J]. The Economic Journal, 2003, 113 (486): C62-C68.

[177] Grubisic S M. Transport Infrastructure Construction in Croatia: an Analysis of Public-Private Partnerships [J]. Southeast European and Black Sea Studies, 2015 (3): 327-360.

[178] Guasch J L, Lallont J J, Stephane S. Renegotiation of Concession Contracts in Latin America: Evidence from the Water and Transport Sectors [J]. International Journal of Industrial Organization, 2008, 26 (2): 421-442.

[179] Guba E G, Y S Lincoln. Competing Paradigms in Qualitative Research [J]. Handbook of Qualitative Research, 1994, 14 (1): 532-550.

[180] Hardcastle C, Edwards P J, Akintoye A, et al. Critical Success Factors for PPP/PFI Projects in the UK Construction Industry: a Factor Analysis Approach [J]. Construction Management and Economics, 2005 (5): 459-471.

[181] Hart O, Moore J. Foundations of Incomplete Contracts [J]. Review of Economic Studies, 1999, 66 (1): 115-138.

[182] Hart O, Shleifer A, Vishny R W. The Proper Scope of Government: Theory and an Application to Prisons [J]. Quarterly Journal of Economics, 1997, 112 (4): 1127-1161.

[183] Hart O, Moore J. Default and Renegotiation: A Dynamic Model of Debt [J]. Quarterly Journal of Economics, 1998 (2): 113-141.

[184] Hart O, Moore J. Foundations of Incomplete Contracts [J]. Review of Economic Studies, 1999 (66): 115-138.

[185] Hart O, Moore John. Property Rights and Nature of the Firm [J]. Journal of Political Economy, 1990, 98 (6): 1119-1158.

[186] Hart O. Firm, Contracts and Financial Structure [M]. Oxford: Oxford University Press, 1995.

[187] Hodge G A, C Greve. On Public-Private Partnership Performance: a Contemporary Review [J]. Public Works Management & Policy, 2017, 22 (1): 55-78, .

[188] Hodge G A, C Greve. Public-Private Partnerships: an International Performance Review [J]. Public Administration Review, 2007, 67 (3): 545-558

[189] Graeme Hodge, Carsten Greve. Public-Private Partnerships: Governance Scheme or

Language Game? [J]. Australian Journal of Public Administration, 2010, 69, S8-S22.

[190] Hodge G, C Greve, M Biygautane. DO PPP's Work? What and how have We been Learning so Far? [J] Public Management Review, 2008, 20 (8): 1105-1121.

[191] Chris Taylor. Transparency: The Key to Better Governance? [J]. Managerial Law, 2007, 49 (3): 106-107.

[192] Hui Sun, Yuning Wang, Si Liu. Allocation of Residual Control Rights of a Public-Private Partnership Project Based on 2-Tuple Linguistic Model [J]. Construction Management, 2018, 22 (11): 4230-4239.

[193] Hult K M, C E Walcott. Governing Public Organizations: Politics, Structures, and Institutional Design [M]. Pacific Grove, CA: Brooks-Cole Publishing Co, 1990.

[194] Iossa E, Martimort D. The Simple Microeconomics of Public-Private Partnerships [J]. Journal of Public Economic Theory, 2015, 17 (1): 4-48.

[195] FletaAsín Jorge, Muñoz Fernando. Renewable Energy Public-Private Partnerships in Developing Countries: Determinants of Private Investment [J]. Sustainable Development, 2021, 29 (4): 653-670.

[196] Jacobson C, Ok Choi S. Success Factors: Public Works and Public-Private Partnerships [J]. International Journal of Public Sector Management, 2008, 21 (6): 637-657.

[197] Jasiukevicius L, Vasiliauskaite A. Formation of Optimal Capital Structure in Public-Private Partnership [J]. Economics and Management, 2012, 17 (4): 1275-1281.

[198] Jefferies M. Critical Success Factors of Public-Private Sector Partnerships: A Case Study of the Sydney Super Dome [J]. Engineering, Construction and Architectural Management, 2006, 13 (5): 451-462.

[199] Jensen M. Agency Costs of Free Cash Flow, Corporate Finance, and Takeovers [J]. American Economic Review, 1999, 76 (2): 323-329.

[200] Jooste S F, W Richard Scott. The Public-Private Partnership Enabling Field: Evidence from Three Cases [J]. Administration & Society, 2012, 44 (2): 149-182.

[201] Jooste S F, R E Levitt, W Richard Scott. Beyond "one Size Fits All": How Local Conditions Shape PPP Enabling Field Development [J]. Engineering Project

Organization Journal, 2011, 1（1）: 11-25.

[202] Jordan E, M E Gross, A N Javernick-Will, et al. Use and Misuse of Qualitative Comparative Analysis [J]. Construction Management and Economics, 2011, 29（11）: 1159-1173.

[203] Ke Y, Wang S Q, Chan A P C. Risk Allocation in Public-Private Partnership Infrastructure Projects: Comparative Study [J]. Journal of Infrastructure Systems, 2010, 16（4）: 343-351.

[204] Kettl D F. Sharing Power: Public Governance and Private Markets [M]. Washington, DC: Brookings Institution Press, 2011.

[205] Klein B. Transaction Cost Determinants of Unfair Contractual Arrangements [J]. American Economic Review, 1980, 70（2）: 356-362.

[206] Laamanen T, J Wallin. Cognitive Dynamics of Capability Development Paths [J]. Journal of Management Studies, 2010, 46（6）: 950-981.

[207] Laffont J, Tirole J. A Theory of Incentive in Procurement and Regulation [M]. MIT Press, 1993.

[208] Leiringer R, Schweber L. Managing Multiple Markets: Big Firms and PFI [J]. Building Research & Information, 2010, 38（2）, 131-143.

[209] Li B, Akintoye A, Edwards P J, et al. Critical Success Factors for PPP/PFI Projects in the UK Construction Industry [J]. Construction Management and Economics, 2005, 23（5）: 459-471.

[210] Li J, Song F, Zhao C. Financial Compensation Strategy of PPP Project Based on Game Theory and Intelligent Optimization [J]. Journal of Intelligent & Fuzzy Systems, 2018（3）: 2697-2702.

[211] Liu S, Wang L. Influence of Managerial Control on Performance in Medical Information System Projects: The Moderating Role of Organizational Environment and Team Risks [J]. International Journal of Project Management, 2016, 34（1）: 102-116.

[212] Liu J, P R Peter Love, J S Davis, et al. Performance Measurement Framework in PPP Projects [A]. P3BooK（Proceedings of International Conference on PPP Body of

Knowledge) [C]. Preston, UK, Lancashire: University of Central Lancashire, 2013: 55-64.

[213] Liu T, S Wilkinson. Can the Pilot Public-Private Partnerships Project be Applied in Future Urban Rail Development? [J]. Built Environment Project & Asset Management, 2013, 3 (2): 250-263.

[214] Mahalingam A. PPP Experiences in Indian Cities: Barriers, Enablers, and the Way Forward [J]. Journal of Construction Engineering and Management, 2010, 136 (4): 419-429.

[215] Mahalingam A T, R J Seddon, V Santosh, et al. Creating an Enabling Ambient Environment for PPPs [Z]. Chennai: IIT-Madras & Centre for Development Finance, 2011.

[216] Mahalingam A, G A Devkar, S N Kalidindi. A Comparative Analysis of Public-Private Partnership (PPP) Coordination Agencies in India What Works and What Doesn't [J]. Public Works Management & Policy, 2011, 16 (4): 341-372.

[217] Martimort D, Pouyet J. To Build or not to Build: Normative and Positive Theories of Public-Private Partnerships [J]. International Journal of Industrial Organization, 2008, 26 (2): 393-411.

[218] Martin L L, W C Lawther, G A Hodge, et al. In Private Financing of Public Transportation Infrastructure: Utilizing Public-Private Partnerships [M]. New York: Lexington Books, 2015.

[219] Julieta Matos-Castaño, Ashwin Mahalingam, Geert Dewulf. Unpacking the Path-dependent Process of Institutional Change for PPPs [J]. Australian Journal of Public Administration, 2014, 73 (1): 47-66.

[220] Castano J M, Dewulf G, Mahalingam A, et al. The Complex Interplay Between the Institutional Context and PPP Project Outcomes [A]. In Proceedings of the Engineering Project Organization Conference [C]. Rheden, Netherlands, 2014: 10-12.

[221] McConnell A. Understanding Policy Success: Rethinking Public Policy [M]. Basingstoke, UK: Palgrave Macmillan, 2010.

[222] Merna A, Smith N J. Guide to the Preparation and Evaluation of Build-Own-Operate-Transfer (BOOT) Project Tenders [J]. Asia Law & Practice, 1999, 118 (2): 135-143.

[223] Miles M B, Huberman A M. Qualitative Data Analysis [M]. Thousand Oaks, CA: Sage, 1994.

[224] Mirrlees J A. The Theory of Moral Hazard and Unobservable Behaviour: Part I [J]. Review of Economic Studies, 1999, 66 (1): 3-21.

[225] Moszoro M W, Araya G, Nunez F R, et al. Institutional and Political Determinants of Private Participation in Infrastructure [Z]. Public Private Partnerships for Transport Infrastructure, 2017.

[226] Moszoro M. Efficient Public-Private Capital Structures [J]. Annals of Public and Cooperative Economics. 2014 (1): 103-126.

[227] Moszoro M, Gasiorowski P. Optimal Capital Structure of Public-Private Partnerships [M]. IMF Working Paper, 2008

[228] Muhammad Z, F Johar. A Conceptual Framework for Evaluating the Success of Public-Private Partnership (PPP) Projects [J]. Advanced Science Letters, 2017, 23 (9): 9130-9134.

[229] Opara M, F Elloumi, O Okafor, et al. Effects of the Institutional Environment on Public-Private Partnership (P3) Projects: Evidence from Canada [J]. Accounting Forum, 2017, 41 (2): 77-95.

[230] Osei-Kyei R, A P C Chan. Review of Studies on the Critical Success Factors for Public-Private Partnership (PPP) Projects from 1990 to 2013 [J]. International Journal of Project Management, 2015, 33 (6): 1335-1346.

[231] Oyetunji A, Anderson A. Relative Effectiveness of Project Delivery and Contract Strategies [J]. Journal of Construction Engineering and Management, 2006, 132 (1): 3-13.

[232] Panayides P M, Parola F, Lam J S L. The Effect of Institutional Factors on Public-Private Partnership Success in Ports [J]. Transportation Research Part A: Policy and Practice, 2015, 71: 110-127.

[233] Papadopoulos Y. Problems of Democratic Accountability in Network and Multilevel Governance [J]. European Law Journal, 2007, 13 (4): 469-486.

[234] Pessoa Argentino. Reviewing PPP Performance in Developing Economies [J]. Working Papers (FEP) -Universidade do Porto, 2010 (265): 1-25.

[235] Peteraf M A. The Cornerstones of Competitive Advantage: a Resource-based View [J]. Strategic Management Journal, 1993, 3 (14): 179-191.

[236] Pfeffer J, G R Salancik. The External Control of Organizations: a Resource Dependence Perspective [M]. New York: Harper & Row, 1978.

[237] Pitt M, Collins N, Walls A. The Private Finance Initiative and Value for Money [J]. Journal of Property Investment and Finance, 2006, 24 (4): 363-373.

[238] PPIAF (Public-Private Infrastructure Advisory Facility). The State of PPPs: Infrastructure Public Private Partnerships in Emerging Markets & Developing Economies 1991-2015 [Z]. Washington, DC: World Bank, 2016.

[239] PPP Knowledge Lab. Honduras PPIAF [Z]. Washington, DC: World Bank, 2019.

[240] Proverbs D G, Holt G D, Olomolaiye P O. Factors Influencing the Choice of Concrete Supply Methods [J]. Building Research & Information, 1997, 25 (3): 176-184.

[241] Quiggin John. Public Private Partnerships (PPP) Options for Improved Risk Allocation [J]. University of New South Wales Law Journal, 2006, 29 (3): 289-293.

[242] Ragin C. Fuzzy-set Social Science [M]. Chicago, IL: University of Chicago Press, 2000.

[243] Ragin C C. The Comparative Method: Moving beyond Qualitative and Quantitative Strategies [M]. Berkeley, CA: University of California Press, 2014.

[244] Rasmusen E B. Explaining Incomplete Contracts as the Result of Contract-reading Costs [J]. Advances in Economic Analysis & Policy, 2001, 1 (1): 1-32.

[245] Reside Jr, Renato, et al. Global Determinants of Stress and Risk in Public-Private Partnerships (PPP) in Infarstructure [J]. Journal of International Business Research, 2009, 8: 43-59.

[246] Reynaers A-M, S Grimmelikhuijsen. Transparency in Public-Private Partnerships: Not so Bad after All? [J]. Public Administration, 2015, 93 (3): 609-626.

[247] Robinson H S, Scott J. Service Delivery and Performance Monitoring in PFI/PPP Projects [J]. Construction Management and Economics, 2009, 30 (5): 334-337.

[248] Rosell J, A Saz-Carranza. Determinants of Public-Private Partnership Policies [J]. Public Management Review, 2020, 22.

[249] Roumboutsos A, Liu T. Wilkinson S. Can the Pilot Public-Private Partnerships Project be Applied in Future Urban Rail Development? A Case Study of Beijing Metro Line 4 Project [J]. Built Environment Project and Asset Management, 2013, 3 (2): 250-263.

[250] Sabry M I. Good Governance, Institutions and Performance of Public Private Partnerships [J]. International Journal of Public Sector Management, 2015 (7): 566-582.

[251] Samuelson P A. The Pure Theory of Public Expenditure [J]. Review of Economics and Statistics, 1954, 36 (4): 387-389.

[252] Schmitz P W. Incomplete Contracts and Optimal Ownership of Public Goods [J]. Economics Letters, 2013, 118 (1): 94-96.

[253] Scott W R, J W Meyer. Institutional Environments and Organizations, Structural Complexity and Individualism [M]. Thousand Oaks, CA: Sage Publications, 1994.

[254] Scott W R, R E Levitt, R J Orr. Global Projects: Institutional and Political Challenges [M]. Cambridge, UK: Cambridge University Press, 2011.

[255] Segal I. Complexity and Renegotiation: a Foundation for Incomplete Contract [J]. Review of Economic Studies, 1999 (66): 57-82.

[256] Sharma D K, Cui Q, Chen L, et al. Balancing Private and Public Interests in Public Private Partnership Contracts Through Optimization of Equity Capital Structure [J]. Journal of the Transportation Research Board, 2010, 2151 (1): 60-66.

[257] Shen L Y, Li Q M, Drew D, et al. Awarding Construction Contracts on Multi-criteria Basis in China [J]. Journal of Construction Engineering and Management, 2004, 130 (3): 385-393.

[258] Shleifer A. State Versus Private Ownership [J]. Journal of Economic Perspectives, 1998 (XII): 133-150.

[259] Skietrys E, Raipa A, Bartkus E V. Dimensions of the Efficiency of Public-Private

Partnership [J]. Engineering Economics, 2008, 58 (3): 45-50.

[260] Soecipto R M, K Verhoest. Contract Stability in European Road Infrastructure PPPs: How does Governmental PPP Support Contribute to Preventing Contract Renegotiation? [J]. Public Management Review, 2018, 20 (8): 1145-1164.

[261] Suchman M C. Managing Legitimacy: Strategic and Institutional Approaches [J]. Academy of Management Review, 1995, 20 (3): 571-610.

[262] Teece D J, Pisano G, Schuen A. Dynamic Capabilities and Strategic Management [J]. Strategic Management Journal, 1997, 18 (5), 509-533.

[263] Teece D, Pisano G. The Dynamic Capabilities of Firms: Anintroduction [J]. Industrial and Corporate Change, 1994, 3 (3): 537-556.

[264] Teisman G R, E Klijn. Partnership Arrangements: Governmental Rhetoric or Governance Scheme? [J]. Public Administration Review, 2002, 62 (2): 197-205.

[265] Tiong R L K. CSFs in Competitive Tendering and Negotiation Model for BOT Projects [J]. Journal of Construction Engineering and Management, 1996, 122 (3): 205-211.

[266] Tirole J. Incomplete Contracts: Where Do We Stand? [J]. Econometrica, 1999, 67 (4): 741-781.

[267] Christina D Tvarnø. Denmark: Public-Private Partnerships from a Danish Perspective [J]. Public Procurement Law Review, 2006 (15): 98-108.

[268] Vadali N, Tiwari A P, Rajan A T. Effect of the Political Environment on Public Private Partnership Projects: Evidence from Road Projects [J]. Journal of Infrastructure Development, 2014 (2): 145-165.

[269] Van den Hurk M, L Brogaard, V Lember, et al. National Varieties of Public-Private Partnerships (PPPs): A Comparative Analysis of PPP-supporting Units in 19 European Countries [J]. Journal of Comparative Policy Analysis: Research and Practice, 2015, 18 (1): 1-20.

[270] Van Gestel K, J Voets, K Verhoest. How Governance of Complex PPPs Affects Performance [J]. Public Administration Quarterly, 2012, 36 (2): 140-188.

[271] Van Gossum P, B Arts, K Verheyen. From Smart Regulation to Regulatory Arrangements [J]. Policy Sciences, 2010, 43 (3): 245-261.

[272] Velotti L, Botti A, Vesci M. Public-Private Partnerships and Network Governance: What are the Challenges? [J]. Public Performance & Management Review, 2012 (2): 340-365.

[273] Verhoest K, O H Petersen, W Scherrer, et al. How do Governments Support the Development of Public Private Partnerships? Measuring and Comparing PPP Governmental Support in 20 European Countries [J]. Transport Reviews, 2015, 35 (2): 118-139.

[274] Vining, Boardman. The Political Economy of Public-Private Partnership and Analysis of Their Social Value [J]. Annals of Public and Cooperative Economics, 2012, 83 (2): 117-141.

[275] Vining, Boardman, Poschmann. Public-Private Partnerships in the US and Canada: "There Are No Free Lunches" [J]. Journal of Comparative Policy Analysis, 2005, 7 (3): 199-220.

[276] Waara F, Brochner J. Price and Nonprice Criteria for Contractor Selection [J]. Journal of Construction Engineering and Management, 2006, 132 (8): 797-804.

[277] Wang H, Xiong W, Wu G, et al. Public-Private Partnership in Public Administration Discipline: a Literature Review [J]. Public Management Review, 2018 (2): 293-316.

[278] Warsen R, Nederhand J, Klijn E H, et al. What Makes Public-Private Partnerships Work? Survey Research into the Outcomes and the Quality of Cooperation in PPPs [J]. Public Management Review, 2018 (8): 1165-1185.

[279] Welch C, R Piekkari, E P lakoyiannaki, et al. Theorizing from Case Studies: Towards a Pluralist Future for International Business Research [J]. Journal of International Business Studies, 2011, 42 (5): 740-762.

[280] Williamson O E. Transaction and Cost Economics: The Governance of Contractual Relations [J]. Journal of Law and Economics, 1979 (XXII): 233-261.

[281] Williamson, Oliver E. The Theory of the Firm as Governance Structure: From Choice to Contract [J]. Journal of Economic Perspectives, 2002, 16 (3): 171-195.

[282] Winch G M. Institutional Reform in British Construction: Partnering and Private Finance [J]. Building Research & Information, 2000, 28 (1): 141-155.

[283] Wu L. Applicability of the Resource Based and Dynamic Capability Views Under Environmental Volatility [J]. Journal of Business Research, 2010 (1): 27-31.

[284] Wu X, Peng Y, Liu X, et al. Validity of Generalized Compensation Contract for PPP Project with Consideration of Private Fair Reference Depending on Concession profit [J]. China Finance Review International, 2018 (1): 43-68.

[285] Xiong W, Zhang X Q. The Real Option Value of Renegotiation in Public-Private Partnerships [J]. Journal of Construction, 2016, 142 (8): 1-10.

[286] Yehoue E B, Hammami M, Ruhashyankiko J F. Determinants of Public-Private Partnerships in Infrastructure [J]. Social Science Electronic Publishing, 2011 (06): 99.

[287] Yin R K. Case Study Research: Design and Methods [M]. Thousand Oaks: Sage Publication, 2009.

[288] Yin R K. Case Study Research: Design and Methods [M]. CA: Beverly Hills, 1984.

[289] Yuan J, Skibniewski M J, Li Q, et al. The Driving Factors of China's Public Private Partnership Projects in Metropolitan Transportation Systems: Public Sector's Viewpoint [J]. Journal of Civil Engineering and Management, 2010, 16 (1): 5-18.

[290] Zhang X. Critical Success Factors for Public-Private Partnerships in Infrastructure Development [J]. Journal of Construction Engineering & Management, 2005, 131 (1): 3-14.

[291] Zhang W, Wang S Q, Tiong R L K, et al. Risk Management of Shanghai's Privately Financed Yan'an gonglu Tunnels. Engineering [J]. Construction and Architectural Management, 1998, 5 (4): 399-409.

[292] Zhang X Q. Critical Success Factors for Public-Private Partnerships in Infrastructure Development [J]. Journal of Construction Engineering and Management, 2005, 131 (1): 3-14.

[293] Zhang X Q, Kumaraswamy M M, Zheng W, et al. Concessionaire Selection for Build-operate-transfer Tunnel Projects in Hong Kong [J]. Journal of Construction Engineering and Management, 2002, 128 (2): 155-163.